“十三五”全国高等院校民航服务专业规划教材

民航服务概论

An Introduction to Civil Aviation Service

主　编◎高　宏
副主编◎安　萍　李广春
编　委◎杨　希　邢珊珊　石　慧

清華大学出版社
北　京

内 容 简 介

民航运输的服务属性客观上要求民航服务必须以有效的服务系统与高质量的服务品质来适应民航运输的高速发展的需要。本教材主要内容包括民航服务认知、民航服务基本原理、民航服务目标与思想、民航服务设计、民航服务系统运行与控制、民航服务补救、民航空乘服务、机场地勤服务、民航服务的发展分析等，教材案例丰富，通俗易懂，深入浅出，并就民航服务中的问题与现象，以“观点分析”的形式抛砖引玉，供读者批评，力求为民航服务从业人员及民航服务专业在校生提供全面理解民航服务系统规律、提升专业能力和塑造专业素质的知识与信息平台，以服务于我国民航强国的建设需求。

本书可作为高等院校的本、专科层次的民航服务类专业教材选用，也可作为民航企业培训或有关专业教学人员的参考用书。

本书封面贴有清华大学出版社防伪标签，无标签者不得销售。
版权所有，侵权必究。举报：010-62782989，beiqinquan@tup.tsinghua.edu.cn。

图书在版编目（CIP）数据

民航服务概论 / 高宏主编. —北京：清华大学出版社，2018（2022.7 重印）
（“十三五”全国高等院校民航服务专业规划教材）
ISBN 978-7-302-49328-0

Ⅰ. ①民… Ⅱ. ①高… Ⅲ. ①民航运输-商业服务-高等学校-教材 Ⅳ. ①F560.9

中国版本图书馆 CIP 数据核字（2018）第 004242 号

责任编辑：杜春杰
封面设计：刘 超
版式设计：楠竹文化
责任校对：赵丽杰
责任印制：刘海龙

出版发行：清华大学出版社
网 址：http://www.tup.com.cn，http://www.wqbook.com
地 址：北京清华大学学研大厦 A 座 **邮 编**：100084
社 总 机：010-83470000 **邮 购**：010-62786544
投稿与读者服务：010-62776969，c-service@tup.tsinghua.edu.cn
质量反馈：010-62772015，zhiliang@tup.tsinghua.edu.cn
印 装 者：三河市龙大印装有限公司
经 销：全国新华书店
开 本：185mm×260mm **印 张**：17.25 **字 数**：400 千字
版 次：2018 年 4 月第 1 版 **印 次**：2022 年 7 月第 6 次印刷
定 价：58.00 元

产品编号：073960-02

"十三五"全国高等院校民航服务专业规划教材
丛书主编及专家指导委员会

丛 书 总 主 编 刘永（北京中航未来科技集团有限公司董事长兼总裁）

丛 书 副 总 主 编 马晓伟（北京中航未来科技集团有限公司常务副总裁）

丛 书 副 总 主 编 郑大地（北京中航未来科技集团有限公司教学副总裁）

丛 书 总 主 审 朱益民（原海南航空公司总裁、原中国货运航空公司总裁、原上海航空公司总裁）

丛 书 总 顾 问 沈泽江（原中国民用航空华东管理局局长）

丛 书 总 执 行 主 编 王益友［江苏民航职业技术学院（筹）院长、教授］

丛书总航空法律顾问 程颖（荷兰莱顿大学国际法研究生、全国高职高专"十二五"规划教材《航空法规》主审）

丛书专家指导委员会主任

关云飞（长沙航空职业技术学院教授）

张树生（国务院津贴获得者，山东交通学院教授）

刘岩松（沈阳航空航天大学教授）

姚宝（上海外国语大学教授）

李剑峰（山东大学教授）

张威（沈阳师范大学教授）

成积春（曲阜师范大学教授）

万峻池（美术评论家、著名美术品收藏家）

“十三五”全国高等院校民航服务专业规划教材编委会

主　任　高宏（沈阳航空航天大学教授）　杨静（中原工学院教授）

李勤（南昌航空大学教授）　李广春（郑州航空工业管理学院教授）

安萍（沈阳师范大学）　彭圣文（长沙航空职业技术学院）

副主任　陈文华（上海民航职业技术学院）　郑越（长沙航空职业技术学院）

郑大莉（中原工学院信息商务学院）　徐爱梅（山东大学）

黄敏（南昌航空大学）　兰琳（长沙航空职业技术学院）

韩黎［江苏民航职业技术学院（筹）］　胡明良（江南影视艺术职业学院）

李楠楠（江南影视艺术职业学院）　王昌沛（曲阜师范大学）

何蔓莉（湖南艺术职业学院）　孙东海（江苏新东方艺先锋传媒学校）

委　员（以姓氏笔画为序，排名不分先后）

于海亮（沈阳师范大学）　王玉娟（南昌航空大学）

王丽蓉（南昌航空大学）　王建惠（陕西职业技术学院）

王莹（沈阳师范大学）　王晶（沈阳航空航天大学）

王姝（北京外航服务公司）　车树国（沈阳师范大学）

邓丽君（西安航空职业技术学院）　石慧（南昌航空大学）

龙美华（岳阳市湘北女子职业学校）　田宇（沈阳航空航天大学）

付砚然（湖北襄阳汽车职业技术学院，原海南航空公司乘务员）

朱茫茫（潍坊职业学院）　刘超（华侨大学）

刘洋（濮阳工学院）　刘舒（江西青年职业学院）

许赟（南京旅游职业学院）　吴立杰（沈阳航空航天大学）

杨志慧（长沙航空职业技术学院）　杨莲（马鞍山职业技术学院）

李长亮（张家界航空工业职业技术学院）　李芙蓉（长沙航空职业技术学院）

李雯艳（沈阳师范大学）　李姝（沈阳师范大学）

李仟（天津中德应用技术大学，原中国南方航空公司乘务员）

李霏雨（原中国国际航空公司乘务员）　狄娟（上海民航职业技术学院）

邹昊（南昌航空大学）　邹莎（湖南信息学院）

宋晓宇（湖南艺术职业学院）　张驰（沈阳航空航天大学）

张进（三峡旅游职业技术学院）　张利（北京中航未来科技集团有限公司）

张琳（北京中航未来科技集团有限公司）　张程垚（湖南民族职业学院）

张媛媛（山东信息职业技术学院）　陈卓（长沙航空职业技术学院）

陈烜华（上海民航职业技术学院）　金恒（西安航空职业技术学院）

周佳楠（上海应用技术大学）　周茗慧（山东外事翻译职业学院）

郑菲菲（南京旅游职业学院）　赵红倩（上饶职业技术学院）

胡妮（南昌航空大学）　柳武（湖南流通创软科技有限公司）

钟科（长沙航空职业技术学院）　柴郁（江西航空职业技术学院）

倪欣雨（斯里兰卡航空公司空中翻译，原印度尼西亚鹰航乘务员）

唐珉（桂林航天工业学院）　高青（山西旅游职业学院）

高琳（济宁职业技术学院）　郭雅萌（江西青年职业学院）

黄春新（沈阳航空航天大学）　黄晨（天津交通职业学院）

黄婵芸（原中国东方航空公司乘务员）　黄紫葳（抚州职业技术学院）

曹璐璐（中原工学院）　崔祥建（沈阳航空航天大学）

崔媛（张家界航空工业职业技术学院）　梁向兵（上海民航职业技术学院）

梁燕（郴州技师学院）　彭志雄（湖南艺术职业学院）

蒋焕新（长沙航空职业技术学院）　操小霞（重庆财经职业学院）

出 版 说 明

随着经济的稳步发展，我国已经进入经济新常态的阶段，特别是十九大指出：中国社会主要矛盾已经转化为人民日益增长的美好生活需要和不平衡不充分的发展之间的矛盾，这客观上要求社会服务系统要完善升级。作为公共交通运输的主要组成部分，民航运输在满足人们对美好生活的追求和促进国民经济发展中扮演着重要的角色，具有广阔的发展空间。特别是“十三五”期间，国家高度重视民航业的发展，将民航业作为推动我国经济社会发展的重要战略产业，预示着我国民航业将会有更好、更快的发展。从国产化飞机C919的试飞，到宽体飞机规划的出台，以及民航发展战略的实施，标志着我国民航业已经步入崭新的发展阶段，这一阶段的特点是以人才为核心，而这一发展模式必将进一步对民航人才质量提出更高的要求。面对民航业发展对人才培养提出的挑战，培养服务于民航业发展的高质量人才，不仅需要转变人才培养观念，创新教育模式，更需要加强人才培养过程中基本环节的建设，而教材建设就是其首要的任务。

我国民航服务专业的学历教育，经过18年的探索与发展，其办学水平、办学结构、办学规模、办学条件和师资队伍等方面都发生了巨大的变化，专业建设水平稳步提高，适应民航发展的人才培养体系初步形成。但我们应该清醒地看到，目前我国民航服务类专业的人才培养仍存在着诸多问题，特别是专业人才培养质量仍不能适应民航发展对人才的需求，人才培养的规模与高质量人才短缺的矛盾仍很突出。而目前相关专业教材的开发还处于探索阶段，缺乏系统性与规范性。已出版的民航服务类专业教材，在吸收民航服务类专业研究成果方面做出了有益的尝试，涌现出不同层次的系列教材，推动了民航服务的专业建设与人才培养，但从总体来看，民航服务类教材的建设仍落后于民航业对专业人才培养的实践要求，教材建设已成为相关人才培养的瓶颈。这就需要以引领和服务专业发展为宗旨，系统总结民航服务实践经验与教学研究成果，开发全面反映民航服务职业特点、符合人才培养规律和满足教学需要的系统性专业教材，以积极、有效地推进民航服务专业人才的培养工作。

基于上述思考，编委会经过两年多的实际调研与反复论证，在广泛征询民航业内专家的意见与建议、总结我国民航服务类专业教育的研究成果后，结合我国民航服务业的发展趋势，致力于编写出一套系统的、具有一定权威性和实用性的民航服务类系列教材，为推进我国民航服务人才的培养尽微薄之力。

本系列教材由沈阳航空航天大学、南昌航空大学、郑州航空工业管理学院、上海民航职业技术学院、长沙航空职业技术学院、西安航空职业技术学院、中原工学院、上海外国语大学、山东大学、大连外国语大学、沈阳师范大学、曲阜师范大学、湖南艺术职业学院、陕西师范大学、兰州大学、云南大学、四川大学、湖南民族职业学院、江西青年职业学院、天津交通职业学院、潍坊职业学院、南京旅游职业学院等多所高校的众多资深专家和学者共同打造，还邀请了多名原中国东方航空公司、原中国南方航空公司、原中国国际航空公司和原海南航空公司中从事多年乘务工作的乘务长和乘务员参与教材的编写。

目前，我国民航服务类的专业教育呈现着多元化、多层次的办学格局，各类学校的办学模式也呈现出个性化的特点，在人才培养体系、课程设置以及课程内容等方面，各学校之间存在着一定的差异，对教材也有不同的需求。为了能够更好地满足不同办学层次、教学模式对教材的需要，本套教材主要突出以下特点。

第一，兼顾本、专科不同培养层次的教学需要。鉴于近些年我国本科层次民航服务专业办学规模的不断扩大，在教材需求方面显得十分迫切，同时，专科层面的办学已经到了规模化的阶段，完善与更新教材体系和内容迫在眉睫，本套教材充分考虑了各类办学层次的需要，本着“求同存异、个性单列、内容升级”的原则，通过教材体系的科学架构和教材内容的层次化，以达到兼顾民航服务类本、专科不同层次教学之需要。

第二，将最新实践经验和专业研究成果融入教材。服务类人才培养是系统性问题，具有很强的内在规定性，民航服务的实践经验和专业建设成果是教材的基础，本套教材以丰富理论、培养技能为主，力求夯实服务基础、培养服务职业素质，将实践层面行之有效的经验与民航服务类人才培养规律的研究成果有效融合，以提高教材对人才培养的有效性。

第三，落实素质教育理念，注重服务人才培养。习近平总书记在党的十九大报告中强调，“要全面贯彻党的教育方针，落实立德树人根本任务，发展素质教育，推进教育公平，培养德智体美全面发展的社会主义建设者和接班人”，人才以德为先，以社会主义价值观铸就人的灵魂，才能使人才担当重任，也是高校人才培养的基本任务。教育实践表明，素质是人才培养的基础，也是人才职业发展的基石，人才的能力与技能以精神与灵魂为附着，但在传统的民航服务教材体系中，包含素质教育板块的教材较为少见。根据党的教育方针，本套教材的编写考虑到素质教育与专业能力培养的关系，以及素质对职业生涯的潜在影响，首次在我国民航服务专业教学中提出专业教育与人文素质并重、素质决定能力的培养理念，以独特的视野，精心打造素质教育教材板块，使教材体系更加系统，强化了教材特色。

第四，必要的服务理论与专业能力培养并重。调研分析表明，忽视服务理论与人文素质所培养出的人才很难有宽阔的职业胸怀与职业精神，其未来的职业生涯发展就会乏力。因此，教材不应仅是对单纯技能的阐述与训练指导，更应该是不淡化专业能力培养的同时，强化行业知识、职业情感、服务机理、职业道德等关系到职业发展潜力的要素的培养，以期培养出高层次和高质量的民航服务人才。

第五，架构适合未来发展需要的课程体系与内容。民航服务具有很强的国际化特点，而我国民航服务的思想、模式与方法也正处于不断创新的阶段，紧紧把握未来民航服务的发展趋势，提出面向未来的解决问题的方案，是本套教材的基本出发点和应该承担的责任。我们力图将未来民航服务的发展趋势、服务思想、服务模式创新、服务理论体系以及服务管理等内容进行重新架构，以期能对我国民航服务人才培养，乃至整个民航服务业的发展起到引领作用。

第六，扩大教材的种类，使教材的选择更加宽泛。鉴于我国目前尚缺乏民航服务专业更高层次办学模式的规范，各学校的人才培养方案各具特点，差异明显，为了使教材更适合于办学的需要，本套教材打破了传统教材的格局，通过课程分割、内容优化和课外外延化等方式，增加了教材体系的课程覆盖面，使不同办学层次、关联专业，可以通过教材合理组合获得完整的专业教材选择机会。

本套教材规划出版品种大约为四十种，分为：① 人文素养类教材，包括《大学语文》《应用文写作》《艺术素养》《跨文化沟通》《民航职业修养》《中国传统文化》等。② 语言类教材，包括《民航客舱服务英语教程》《民航客舱实用英语口语教程》《民航实用英语听力教程》《民航播音训练》《机上广播英语》《民航服务沟通技巧》等。③ 专业类教材，包括《民航概论》《民航服务概论》《中国民航常飞客源国概况》《民航危险品运输》《客舱安全管理与应急处置》《民航安全检查技术》《民航服务心理学》《航空运输地理》《民航服务法律实务与案例教程》等。④ 职业形象类教材，包括《空乘人员形体与仪态》《空乘人员职业形象设计与化妆》《民航体能训练》等。⑤ 专业特色类教材，包括《民航服务手语训练》《空乘服务专业导论》《空乘人员求职应聘面试指南》《民航面试英语教程》等。

为了开发职业能力，编者联合有关 VR 开发公司开发了一些与教材配套的手机移动端 VR 互动资源，学生可以利用这些资源体验真实场景。

本套教材是迄今为止民航服务类专业较为完整的教材系列之一，希望能借此为我国民航服务人才的培养，乃至我国民航服务水平的提高贡献力量。民航发展方兴未艾，民航教育任重道远，为民航服务事业发展培养高质量的人才是各类人才培养部门的共同责任，相信集民航教育的业内学者、专家之共同智慧，凝聚有识之士心血的这套教材的出版，对加速我国民航服务专业建设、完善人才培养模式、优化课程体系、丰富教学内容，以及加强师资队伍建设能起到一定的推动作用。在教材使用的过程中，我们真诚地希望听到业内专家、学者批评的声音，收到广大师生的反馈意见，以利于进一步提高教材的水平。

客服信箱：thjdservice@126.com。

从书序

《礼记·学记》曰："古之王者，建国君民，教学为先。"教育是兴国安邦之本，决定着人类的今天，也决定着人类的未来，企业发展也大同小异，重视人才是企业的成功之道，别无二选。航空经济是现代经济发展的新趋势，是当今世界经济发展的新引擎，民航是经济全球化的主流形态和主导模式，是区域经济发展和产业升级的驱动力。作为发展中的中国民航业，有巨大的发展潜力，其民航发展战略的实施必将成为我国未来经济发展的增长点。

"十三五"期间正值实现我国民航强国战略构想的关键时期，"一带一路"倡议方兴未艾，"空中丝路"越来越宽阔。面对高速发展的民航运输，需要推动持续的创新与变革；同时，基于民航运输的安全性和规范性的特点，其对人才有着近乎苛刻的要求，只有人才培养先行，夯实人才基础，才能抓住国家战略转型与产业升级的巨大机遇，实现民航运输发展的战略目标。经历多年民航服务人才发展的积累，我国建立了较为完善的民航服务人才培养体系，培养了大量服务民航发展的各类人才，保证了我国民航运输业的高速持续发展。与此同时，我国民航人才培养正面临新的挑战，既要通过教育创新，提升人才品质，又需要在人才培养过程中精细化，把人才培养目标落实到人才培养的过程中，而教材作为专业人才培养的基础，需要先行，从而发挥引领作用。教材建设发挥的作用并不局限于专业教育本身，其对行业发展的引领，专业人才的培养方向，人才素质、知识、能力结构的塑造以及职业发展潜力的培养具有不可替代的作用。

我国民航运输发展的实践表明，人才培养决定着民航发展的水平，而民航人才的培养需要社会各方面的共同努力。我们惊喜地看到，清华大学出版社秉承"自强不息，厚德载物"的人文精神，发挥强势的品牌优势，投身到民航服务专业系列教材的开发行列，改变了民航服务教材研发的格局，体现了其对社会责任的担当。

本套教材体系组织严谨，精心策划，高屋建瓴，深入浅出，具有突出的特色。第一，从民航服务人才培养的全局出发，关注了民航服务产业的未来发展趋势，架构了以培养目标为导向的教材体系与内容结构，比较全面地反映了服务人才培养趋势，具有良好的统领性；第二，很好地回归了教材的本质——适用性，体现在每本教材均有独特的视角和编写立意，既有高度的提升、理论的升华，也注重教育要素在课程体系中的细化，具有较强的可用性；第三，引入了职业素质教育的理念，补齐了服务人才素质教育缺少教材的短板，可谓是对传统服务人才培养理念的一次冲击；第四，教材编写人员参与面非常广泛。这反映出本套教材充分体现了当今民航服务专业教育的教学成果和编写者的思考，形成了相互交流的良性机制，势必对全国民航服务类专业的发展起到推动作用。

教材建设是专业人才培养的基础，与其服务的行业的发展交互作用，共同实现人才培养一社会检验的良性循环是助推民航服务人才的动力。希望这套教材能够在民航服务类专业人才培养的实践中，发挥更广泛的积极作用。相信通过不断总结与完善，这套教材一定会成为具有自身特色的、适应我国民航业发展要求的，以及深受读者喜欢的规范教材。

此为序。

原海南航空公司总裁、原中国货运航空公司总裁、原上海航空公司总裁

朱益民

2017 年 9 月

前　言

习近平同志在党的十九大报告中指出，经过长期努力，中国特色社会主义进入新时代，“我国社会主要矛盾已经转化为人民日益增长的美好生活需要和不平衡不充分的发展之间的矛盾”。“新矛盾”对人民需要的描述，从原来的物质文化两个方面，扩展到对美好生活的需要，充分体现了恩格斯需求三层次理论，即“生存、享受、发展”等多方面的需求。“美好生活需要”的内涵相当丰富，但从实现层面上看，离不开创造实现美好生活社会微观运行方式与社会服务水平的不断提升，创新驱动将是推动社会发展的主旋律。服务是与时俱进的产物，具有显著的时代特征，是与人民幸福生活紧密相关的战略性支柱产业。服务的供给水平影响着人们对美好生活的满足程度，在实现“中国梦”的战略中，服务业将承担起崇高的历史使命。

民航运输不仅是承载着运输量与规模的概念，其服务属性决定着其在我国服务业发展中占据着战略性的地位。我国民航运输从中华人民共和国成立初期，到改革开放的民航重组，行业的整体格局发生了翻天覆地的变化。我国已跃居世界民航大国的行列，我国民航在经济发展、改善人们生活水平和满足人们美好生活等方面具有不可替代的作用，已经成为我国未来经济发展的战略性产业。同时，借助国际化的发展模式，我国的民航运输通过不断创新与实践，服务体系不断完善，服务水平不断提升，也已成为交通运输服务的标杆与旗帜。但从世界民航发展的视野和不断满足人们对民航生活追求的要求来看，民航运输服务仍有很大的提升空间。在整体规模不断发展的同时，如何在服务观念、服务体系、服务内容与服务方式上注入新的内涵，如何建立良性的服务机制，如何以真情服务创造完美的服务境界等，都是摆在我们面前的重要问题。在我国民航服务发展历程中，人们更多地会重视实践层面的问题，而在民航服务理论层面的研究相对比较弱，特别是在民航服务机制、体系与运行等方面尚缺乏更多的研究。其实，服务作为科学是不言而喻的，能在理论层面对民航服务进行更多解读，也许对未来民航服务的发展，提高服务的品质，乃至对整个服务行业的健康持续发展都是十分重要的。

《民航服务概论》的编写，是我们基于多年对民航服务学科研究与教学实践，对民航服务发展的整体思考而做的一次努力。我们试图从民航运输的系统角度，解读民航服务的系统性、民航服务的内涵和良好服务的微观架构；试图从建立民航服务的理论层面，寻找民航服务发展的内驱力；试图在实施层面，提出实现民航服务的高档次、高品质的保证措施。同时，结合我国民航服务体系的实际情况，对民航实务进行了介绍，就人们关心的制约我国民航服务发展的因素进行了分析，并提出了粗浅的建议。在尊重民航服务基本现状和发展规律的基础上，力图突破原有的民航服务的理论架构，从新的视野理解民航服务，为现代化的民航人才培养做出微薄贡献。

可以说，本教材的编写，是为民航服务的创新与服务升级做出的尚不成熟的探索性努力，尚有诸多不完善之处。同时，我们衷心感谢为服务科学和民航服务的理论建设与实践勇于探索的前辈。因水平和时间所限，本书有诸多不足之处，恳请读者给予更多关注、批评、指正和帮助。

编　者

2017 年 10 月

CONTENTS 目录

第一章 民航服务认知 …… 1

第一节 民航运输系统分析 …… 3

一、民航运输系统 …… 3

二、民航运输系统的特点 …… 9

第二节 服务的概念解析 …… 13

一、从产品说起 …… 13

二、对服务解析的若干观点分析 …… 14

三、服务的概念解析 …… 18

四、服务的本质 …… 23

五、服务的核心 …… 24

第三节 民航服务概念解析 …… 26

一、民航服务的概念 …… 26

二、民航服务的特点 …… 29

三、民航服务的要求 …… 33

第四节 民航服务的内容 …… 35

一、空勤服务 …… 36

二、地勤服务 …… 38

第二章 民航服务基本原理 …… 43

第一节 服务利润链原理 …… 46

一、几个相关问题 …… 46

二、服务利润链的概念 …… 49

三、服务利润链理论的实践意义 …… 52

第二节 无形产品原理 …… 57

一、无形产品的解析 …… 57

二、无形产品的特点 …… 57

三、无形产品原理在民航服务中的价值 ……59
第三节 顾客价值原理 ……61
一、认识顾客价值……61
二、顾客价值的构成因素……62
三、为顾客创造价值的途径 ……64
四、顾客价值在民航服务中的实践意义 ……65
第四节 服务接触原理 ……66
一、服务接触的概念……66
二、服务接触的要素分析……67
三、服务接触的“三位一体”组合系统 ……69
四、服务接触理论的实践意义 ……70
第五节 服务3A原理 ……72
一、理解3A原理的含义……72
二、服务3A原理的内容……73
三、服务3A原理的实践意义……74
第六节 民航服务人员的形象原理 ……74
一、民航服务人员形象的角色定位 ……75
二、民航服务人员形象原理的实践意义 ……79

第三章 民航服务目标 ……81

第一节 民航服务目标认知 ……83
一、目标概念解读……84
二、民航服务目标……86
第二节 民航服务期望 ……91
一、服务期望的分类……91
二、乘客期望影响因素……92
三、服务期望对于民航服务目标的意义……93
第三节 民航服务的目标体系 ……96
一、民航服务的宏观目标……96
二、民航服务的微观目标……97
第四节 民航服务目标的实现途径 ……99
一、影响民航服务目标实现的因素 ……99
二、实现民航服务目标的途径 ……100

第四章 民航服务思想 …… 105

第一节 民航服务思想的内涵及作用 …… 108
一、民航服务思想的内涵 …… 108
二、民航服务思想的作用 …… 109
第二节 民航服务思想体系 …… 113
一、民航服务的核心思想 …… 113
二、民航服务的基本思想 …… 115
三、民航服务的微观思想 …… 116
第三节 民航服务思想的塑造 …… 122
一、深刻理解服务内涵，不断强化服务意识 …… 122
二、正确认识服务本质，明确服务人员与乘客之间的关系 …… 123
三、树立职业意识与职业精神，主动适应服务行业的要求 …… 124
四、历练自己的意志品质，体验服务的快乐 …… 124

第五章 民航服务设计 …… 127

第一节 民航服务设计概念与任务 …… 129
一、服务设计的一般认识 …… 129
二、民航服务设计的认识 …… 131
第二节 民航服务设计的原则与思维 …… 132
一、民航服务设计的原则 …… 132
二、服务设计的思维模式 …… 134
第三节 民航服务设计程序 …… 135
一、乘客识别与公司战略定位 …… 135
二、服务产品设计与需求管理 …… 135
三、服务流程规划 …… 136
四、服务传递流程设计 …… 137
五、服务接触设计 …… 137
六、服务信息系统与乘客管理 …… 138
七、服务变革与创新管理 …… 138

第六章 民航服务系统运行与控制 …… 141

第一节 民航服务系统构成 …… 143
一、服务技术系统 …… 143

二、服务规范系统……143
三、服务组织管理系统……143
四、服务执行系统……144
五、服务监督系统……144
六、客舱安全保证系统……144
第二节 民航服务系统运行……145
一、民航服务系统运行机制……145
二、民航服务运行系统分析……145
第三节 民航服务系统的控制……150
一、民航服务系统运行的关键点……150
二、民航服务系统运行控制过程……152
三、服务过程控制的常用方法……154

第七章 民航服务补救……159

第一节 民航服务失误原因……161
一、服务失败……161
二、航空服务失败的原因……162
第二节 民航服务补救概念与意义……165
一、民航服务补救的概念……165
二、民航服务补救的意义……166
第三节 民航服务补救的原则……170
一、真诚沟通原则……170
二、公开信息原则……170
三、主动积极原则……171
四、迅速处理原则……172
五、承担责任原则……172
六、关心备至原则……173
第四节 民航服务补救的管理过程……173
一、树立服务补救意识……173
二、建立服务补救体系……174
三、鼓励乘客积极投诉……174
四、及时响应乘客投诉……175
五、做到有投诉必有结果……175
第五节 民航服务补救策略……176
一、强化服务补救制度的有效性……176
二、跟踪并预期补救良机……176

三、尽快解决问题 …… 177
四、授予一线员工解决问题的权力 …… 177
五、鼓励和培训乘客投诉 …… 178

第八章 空中乘务服务 …… 183

第一节　空乘服务的认识 …… 185
一、空乘服务概念的解析 …… 185
二、空乘服务是以软服务为先导的完美服务 …… 188
第二节　空乘服务的核心问题与本质 …… 192
一、空乘服务与一般服务的差异 …… 192
二、空乘服务的核心问题 …… 193
三、空乘服务的本质 …… 194
第三节　空乘服务的特点 …… 196
一、飞行安全的至高无上 …… 196
二、服务场所的约束性 …… 197
三、技能性强，服务内容复杂多变 …… 197
四、个性化呵护明显 …… 197
五、空乘人员心理素质过硬 …… 197
六、处理问题果断迅速 …… 198
第四节　空乘服务的内容与程序 …… 198
一、空乘服务的内容 …… 198
二、空乘服务的基本程序 …… 205
第五节　航空安全保卫 …… 208
一、民航安全的解析 …… 208
二、航空安全员总则 …… 209
三、航空安全员责任与权力 …… 210
四、航空安全员工作内容 …… 210
第六节　空乘服务主要影响因素与发展趋势 …… 211
一、民航服务发展的主要影响因素 …… 212
二、空乘服务的发展趋势 …… 213

第九章 民航地勤服务 …… 215

第一节　民航地勤服务的认识 …… 216
一、民航地勤服务概念的解析 …… 217
二、航空公司地勤服务的任务 …… 217

三、民航地勤服务特点……219
第二节 民航地勤服务基本内容……220
一、民航售票服务……220
二、通用服务……222
三、值机服务……226
四、行李服务……227
五、安检服务……229
六、联检服务……230
七、引导服务……232
八、特殊旅客运输……233
九、不正常运输服务……237

第十章 民航服务的发展趋势与对策……241

第一节 影响民航服务的主要因素与发展趋势……242
一、影响民航服务的主要因素……242
二、民航服务的发展趋势……244
第二节 我国民航服务存在的问题与基本对策……247
一、我国民航服务存在的主要问题……247
二、提高民航服务水平的基本对策……248

参考文献……253

第一章

民航服务认知

本章学习目标

☑ 了解民用航空运输系统结构与特点；
☑ 理解并掌握服务及民航服务的相关概念；
☑ 理解民航服务的本质与核心；
☑ 掌握民航服务的特点与要求；
☑ 全面理解航空服务的基本内容；
☑ 能够正确理解民航服务所面临的问题，并能对目前民航服务的实际问题进行思考。

导读

民航引领世界交通运输体系的腾飞

从古代丝绸之路上的骆驼，到郑和率领的由庞大的二百四十多艘海船、二万七千四百名船员组成的远航船队，再到马车、木牛流马，直到今天的公路、铁路、民航、海运以及管道运输这五大运输工具，都记载着交通运输发展的足迹。而民航运输作为最具魅力的运输方式，在“二战”后得到了飞跃的发展，并随着飞行器技术、飞行驾驶技术以及飞行能够保证的系统的不断完善，民航运输的目标从独特的、单一的完成任务，向便捷、享受的飞行体验转变。随之而来的是民航服务的模式从简单协助旅客完成航空旅行过程，到以乘客需求为核心的安全保障型全面的服务转变。民航运输已经成为不可替代的独特运输方式，这标志着时代进步的今天，飞机已经不再是单一的运输工具，而是乘客与服务人员相互交流的空间，乘务员也不再是简单的乘客旅行的助理，而是乘客的全面呵护人；服务方式也不再是你需要什么我就帮您做点什么，而是通过系统的服务设计，系统化的服务规范与过程，精细的服务过程，让乘客获得愉快的旅行感受。未来，我国的民航运输有着巨大的发展空间，特别是随着国产C919系列飞机的逐步投入运营，民航产业将进一步得到快速发展，成为经济发展重要的助推器。与民航发达国家相比，我国民航尽管在服务理念和服务方式上有了重大突破，但在服务的体系、服务理念、服务能力和服务内容上仍存在一定的差距，这使得我国民航服务的模式和思维面临着严峻的挑战。在我们感叹之余，如果仅仅认为民航服务就是一种特殊的运输方式而已，那么我们的民航服务很难走向更高的层次，也无法缩小与世界先进民航服务的差距，这将阻碍我国从民航大国走向民航强国。

要走出民航服务向高水平发展的瓶颈，仅仅靠我们所谓不懈努力的狭隘思维还是远远不够的，需要从系统思维出发，从更高的层面看民航服务，从更宽思维去研究民航服务。俗话说，思维决定想法，想法决定思路，思路决定做法。民航服务不仅仅是一种简单活动的累计，而是基于系统思想的管理性科学，通过认识民航服务系统的内在规律，认清服务的本质，民航服务才能实现跨越式的发展。

引例

有高度才能有视野

在一趟从北京首都机场起飞，飞往美国洛杉矶的航班上，一位好奇的乘客在乘务员工作休闲时间，与乘务员聊天询问有关飞行的事情。下面是这位乘客与乘务员的一段对话。乘客问："乘务员，你说这飞机飞行过程听谁的指挥？"乘务员回答："飞机听航空公司指挥，因为飞机是我们航空公司的。"乘客又问："你说飞机总是延误，原因是什么？"乘务员回答："飞机为什么延误我们也不大清楚，机长告诉我们什么，我们就这么说。"乘客笑了笑，接着又提出一个问题："你也见到过很多国外的乘务员，你觉得你们的优点是什么？你们上岗之前的培训对服务意识的培训多吗？"乘务员犹豫片刻说："他们的服务特别投入，细致入微，比我们做事精细。我们在培训中，老师更多会告诉我们应该如何满足乘客的需求，很少会切实告诉我们为什么要这么做，因为前辈认为能够灵活地应对乘客要求就是好的乘务员。"言谈之中，感觉到这些辛苦、勤奋、可爱的乘务员，由于自身和行业的问题，似乎还缺少点什么？

案例思考：

（1）民航发展的历史对民航服务提出了什么挑战？

（2）如何从民航发展战略角度来全面认识民航服务？

（3）民航服务水平的宏观影响因素有哪些？

第一节　民航运输系统分析

公共交通运输作为社会系统的重要组成部分，在社会进步与经济发展中发挥着越来越大的作用。航空运输作为公共交通的重要方式，自诞生之日起，便因其便捷、灵活、舒适等独特优势而得到了迅速发展，在交通运输体系中发挥着不可替代的作用。近年来，随着航空运输技术的进步，飞行器的安全性得到了保证，这使得机场的保障能力不断提升，运输网络不断拓展，民航运输产业已经逐渐成为经济发展的重要支柱，民航运输已经上升到国家发展的战略层面。与其他交通方式不同的是，民航运输系统的技术性与组织性更加复杂，基于民航运输系统技术特点，满足安全要求的生产组织方式已成为决定民航运输发展的核心问题。民航服务是基于民航系统架构的面对乘客的行为，需要知晓民航大局，只有这样，才能做好民航服务。

一、民航运输系统

简言之，民用航空是涉及除军航之外的与飞行器使用过程相关的所有活动。民航运输是民用航空的重要组成部分，其直接目的就是完成客货在空间的移动，在满足消费者需求的同时，获得企业的发展。这一人、机、物的移动过程，看似民航飞行器的移动过程，实则涉及庞大的系统集成与系统性联动问题。

（一）民航运输系统要素

从民航运输系统运行角度看，一个完整的民航运输系统是由若干个相互联系的有机部分组成的，主要包括以下几个部分：

1. 民航运行监管体系——民航监管部门

民航运输是个国际化程度较高的行业，首先要以国际民航法律法规为体系运行，这是国际化的基本要求，同时，每个国家有自己的国情，需要有与自身发展要求相适应的运行与监管体系。民航运输过程涉及地面服务、空中飞行、交通管理、旅客服务等环节，这些环节需要有统一的监管部门来制定各种运行标准与规范。涉及人民生命财产安全的，就需要有严格的审计与监管；涉及运输主体及消费者利益关系的，同样需要有明确的政策、法律、法规与规范标准，以保障乘客的利益。在统一的民航运输监管体系中，我国设立了民航局以及各地区管理局为行政管理主体，通过政策、法律、法规、运行规则、安全审计等技术及行政手段，对民航运输体系实现行业的指导与监管，以确保我国民航运输的安全运行与健康发展。正是因为有了相关法律法规的规制和相关部门的有效监管，各责任主体才能各司其职，协调一致，有效监管，保障着民航运输的正常运行。

2. 运输任务的承担者——航空公司

航空公司作为一个经济组织，是民航运输任务的承担者，也是责任的主体，其数量和发展水平决定着民航运输系统的规模和整体实力。航空公司的数量与机队规模，标志着整个国家民航的规模与整体水平，只有其具备良好的运行状态、安全保障与服务水平，才能承担起民航运输发展之重任。航空公司与其他经济组织不同，其集多角色于一身，具有运营的特殊性。其一，承担公共交通运输任务，这是民航运输的社会属性，是国家安全、经济发展和社会进步的要求，一个强大的国家必须有强大的民航运输体系和航空企业，所以，做大做强航空公司，是我国民航运输体系的重要任务，容不得半点懈怠；其二，以盈利为目的的基本属性，即遵循自主经营、量入为出、独立核算、创造利润的基本原则，在诚信、契约精神的指引下，履行对消费者的义务，扎实做好服务，勇于承担责任，通过量（运输量）、质（用户满意度）、本（运输成本）、安（飞行与安全）的协同统一，来保证自身的发展；其三，承担社会责任，即以产业报国为己任，本着服务社会、对消费者负责的态度，处理好消费者需求发展与自身能力相匹配的关系，最大限度满足消费者的诉求，在工作的各个环节精益求精，为社会的文明与繁荣做出贡献。

可见，航空公司的使命感是否强，经营是否充满活力，服务能力是否过硬，既关系到企业自身的发展，也决定着我国民航的发展水平。同时，航空公司直接承担满足乘客需求的责任，需要遵循市场规律，有使命感与责任感，积极主动面对消费者的诉求，踏踏实实做好服务工作。在服务管理上，要建立科学的管理机制和灵活的市场反应机制；在服务理念上，要不断学习国际其他航空公司的服务理念，建立自身的服务文化；在服务能力方面，精心设计细节，严谨服务过程，同时，大力开发人力资源，建设作风过硬、爱岗敬业、服务技能娴熟的服务团队。

3. 民航运输的地面保障——民航机场

机场是飞行器起降、停靠与客货出抵港的场所，是民航运输系统的重要组成部分，既关系到民航安全，又决定着民航运输的效率，也是为乘客出行提供服务的重要窗口。从民航的发展规模看，机场作为节点，决定着航线网络的优化程度与覆盖面；从为乘客服务的角度看，机场保障能力与服务水平又决定了民航运输的运行效率以及乘客的满意度。一般而言，民用机场具有以下四个主要特点：

（1）极高的安全性。机场是民航安全的门户，既要保证机场空侧（机场区域可以分为空侧与陆侧）飞机起降、滑行、驻场、应急救援体系的良好状态，保证飞行器及进离港的飞机的安全，又要通过安全检查，保证排除旅客登机非安全因素。同时，机场也承担着货物运输的安全，特别是危险品的安全运输。

（2）良好的组织与服务。在机场区域，人员与货物聚集，特别是航班峰值时，人流剧增，人员复杂，各种流程交叉，需要对机场的运行进行科学的组织与管理，以使人流合理流动，保证运输效率。同时，机场陆侧区域庞大，功能分布广，任何出行的乘客均须完成机场进出港程序，如值机、安检、候机、登机、出入境、行李领取、中转等手续。由于不同乘客的诉求不同，在时间的约束下，需要良好的服务体系辅助为其解忧。特别是对登机流程陌生的乘客，往往感到茫然，有无从下手之感。因此，在符合机场运行技术性要求的前提下，为乘客提供周到细致的服务，成为机场服务工作的重中之重。机场的地面服务体系是否完善，服务水平是否满足乘客出行的要求，在很大程度上决定着民航的发展水平。

（3）业务要求严谨。机场业务种类繁多，且不同业务之间相互交叉，简单背后呈现出复杂性，不允许出现失误或延误。机场法规和相关规范的约束性极强，执行起来必须一丝不苟，如值机手续与行李托运、乘客的登机时间与登机口的安排、乘客的安检与随身携带物品查验等，均须严格按照业务流程来，服务过程要求无差错、负责。任何环节违规或规范执行松弛，均可能给民航运输安全与运行效率带来不利的影响。轻者引发乘客抱怨，影响乘客的顺利出行；重者带来安全隐患或酿成严重安全事故。

（4）信息集成性强。机场的运行需要信息的支撑，而且呈现出信息集成的特性，因此，现代化机场均有科学完善的信息管理系统，如机场安全管理系统（SMS）、航空安保管理系统（SeMS）、航班运行信息系统等。而且基于“一体化交通系统”的信息平台与信息集成，也正在建设与实践中；在面对窗口服务方面，“智慧机场”也在诸多机场推广。机场的信息化建设提高了机场的运行水平，方便了乘客出行，是现代机场服务水平是否满足乘客需求的重要标志。

上述分析可以看到，机场不仅是供飞机起降、乘客出行的场所，更是集中体现民航服务的综合性区域。机场在做好面向航空公司服务的同时，必须面向乘客出行的需要，建立完善的服务体系，以规范为导向，以满足乘客的需求为核心，做到服务体系科学、服务细节精细、服务态度热情，服务环节联系无缝对接，为乘客提供顺畅、便捷的服务。

【案例 1-1】

错过登机谁之过

游客一家三口和旅行社签订了包价旅游合同，参加旅行社组织的境内旅游。按照合同约定，旅行社不委派全陪，但有旅行社的工作人员送机，帮助游客办理登机手续。同时旅行社给予游客书面提示注意事项，但未提及乘坐飞机的基本流程。游客第一次乘坐飞机，换完登机牌后就在候机厅的餐厅等候，没有注意登机时间，也没有注意到机场广播。等到游客发现误机时，航班早已起飞，一个原本愉快的旅行变成无奈之旅。机场随处可见的服务人员在忙什么？其实，不是服务人员不作为，而是因为缺乏指导他们怎样为乘客服务的规章细节。

资料来源：黄恢月. 游客初次乘坐飞机参加旅游误机的责任承担［EB/OL］.（2016-08-12）. http://blog.sina.com.cn/s/blog_62dd8c250102wh1c.html.

4. 民航运输的空中保障系统——空中交通管理

飞机要飞，要在空中飞，要飞得安全，就需要有规则，必须在有效控制的条件下飞，而且空中流量控制、空域管理也需要有智能部门去完成，这是民航运输所必需的保障系统，关系到民航安全与运输效率。空中交通管理是民航的空中保障与监管系统，其任务是有效地维护和促进空中交通安全，维护空中交通秩序，保障空中交通畅通。空中交通管理包括空中交通服务、空中交通流量管理和空域管理三大部分。

（1）空中交通服务。空中交通服务包括空中交通管制服务、飞行情报服务和告警服务：①空中交通管制服务旨在防止民用航空器同航空器、民用航空器同障碍物体相撞，维持空中交通的秩序，使之高效运行；②飞行情报服务旨在提供有助于安全和有效地实施飞行的情报和建议；③告警服务旨在提供警告及协调服务。当需要执行搜寻及救援任务时，由空中交通管制部门协调，实现民用航空器之间的有效联络，以便更高效地完成任务。

（2）空中交通流量管理。空中交通流量是指有助于空中交通安全、有序和快捷地流通，以确保最大限度地利用空中交通管制服务的容量。空中交通流量管理是为符合有关空中交通服务管理部门公布的标准和容量而设置的体系。

（3）空域管理。空域通常划分为机场飞行空域、航路、航线、空中禁区、空中限制区和空中危险区等，空域管理是为飞行需要服务的，可以划设空中走廊、空中放油区和临时飞行空域。

空中交通管理系统作为国土防空体系的重要组成部分，是国家实施空域管理、保障飞行安全、实现航空高效运输的有序运行、捍卫我国空域权益的核心系统。在民航运输过程中，涉及航班的安排、航班的准点率、受天气影响的航班的飞行活动协调、起飞架次和路线的追踪，以及应急的调度等，这些服务质量的好坏将直接影响到航空服务的状态，关系到乘客的安全与利益，也决定着机场地面服务和航班的乘务服务。可以说，空中交通管理系统既是民航运输的保障，也是旅客运输的制约因素，需要民航服务部门根据空管信息做好旅客服务工作，特别是对因天气、流量控制等因素引起的航班延误、取消等，要做好服务预案，避免引发服务冲突与乘客的不满。

5. 民航运输的消费系统——乘客群

乘客是民航运输市场的消费者，也是民航服务的对象，没有乘客就没有民航。民航运输系统的存在是基于乘客的需求，有多大的市场需求，就有多大的民航运输系统；有什么样的需求结构，就有什么样的民航运输系统。正因为如此，研究民航运输发展问题离不开对消费者——乘客的研究，如何建立起为乘客服务的完善体系，最大限度地满足乘客的需要，是推动民航运输健康发展的基本问题。在民航体系中，机队规模、机场保障能力、空管水平都是民航运输综合能力的体现，而民航市场因素又是决定性的，没有需求的拉动，再强大的民航运输体系也无法体现价值。因此，运输能力是基础保证，而民航需求市场的乘客作为民航运输系统的决定性因素，为乘客服务本身就是民航发展的核心要素，只有树立为乘客服务的宗旨，切实解决好如何为乘客服务的问题，真实感受到民航服务的优越性，才能激发民航消费的热情，也才能激发民航服务系统的活力，进而让乘客对民航服务产生感情与信任。

在研究民航系统的传统中，通常是把市场——乘客，作为民航运输系统的外生因素，更多地从民航系统运行结构出发，关注技术性层面。亦即从“飞行”的条件出发，研究更多的是谁去飞（航空公司）、在哪里飞（机场）、怎么飞（空管）、如何监管（职能部门），把其看成是如何安全飞行的封闭的系统，关注其结构与运行状态，而忽视乘客的核心作用。民航发展是为民航消费服务的，这是由民航的商业属性所决定的。没有乘客的惠顾，航空公司的发展就会成为无源之水、无本之木，因此，将乘客群置于民航运输系统之中，建立以满足消费者需要为核心的健全的民航服务体系，拓展服务内容，丰富服务手段，细化服务过程，是从开放系统角度研究民航服务的必要途径。充分认识乘客的价值，把其与航空企业的发展相联系，在充分认识乘客价值的基础上，着力于服务系统的科学化、规范化和服务品质的提高，树立良好的形象与信誉，才能在市场竞争中取得优势，这应该不失为一种新的思维。

6. 非主体服务系统——销售网络系统

在民航运输系统的运行条件中，消费是一个集合，消费群体分布在社会的大系统中，其分散广、需求各异是民航服务消费的特点之一。想要把民航服务产品的生产与消费结合在一起，就需要科学的销售渠道，即销售网络系统。目前，我国的机票销售渠道有分销与直销两种形式。分销即代理制，是航空公司通过代理商将机票销售给最终客户；直销渠道是航空公司通过自己的销售网站或售票点把机票直接销售给终端客户。我国目前采用的主要是分销渠道，其实现的机票销售量大约占总量的 80%。直销渠道销售量约占总量的 20%。如图 1-1 所示为两种销售形式的产业链的示意图。其中，分销模式中，CRS 为中国民航信息网络股份有限公司（简称中航信）的计算机订票系统，其将航空公司与代理人联系在一起，代理人通过 CRS 实现机票的咨询、订票、出票等功能。航空公司需要向中航信支付系统费用，并向代理商支付代理费。

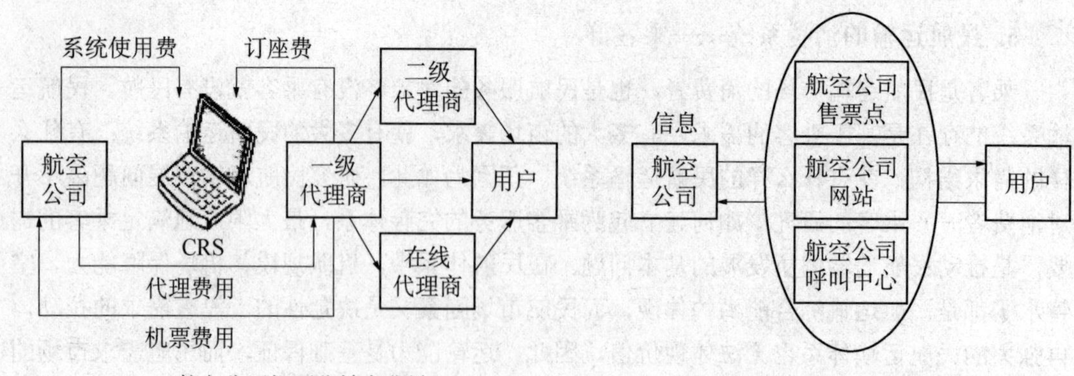

A 航空公司机票分销产业链　　B 航空公司机票直销产业链

图 1-1　航空公司机票分销和机票直销产业链

从民航服务的角度讲，这些非主体服务系统又是不可或缺的，也可以说是民航服务系统的延伸和拓展。在消费者心目中，购买机票是其乘飞机出行的第一步，是民航服务不可分割的一部分，代理商或直销渠道均是航空服务的一部分，同样代表着民航服务的形象。所以，在民航运输服务体系建设中，非主体服务系统规范建设不可忽视，不能仅视为商业范畴，独立于民航系统之外，而需要从民航整体出发，按相应的法律法规去规范机票销售系统，培育健全的市场监管体系，为民航运输的发展服务。

7. 机务系统——飞机的维护维修

飞行器作为特殊的运输工具，其系统复杂的技术性决定了机务维修保障具有突出的地位。安全飞行，保障先行，强大的民航运输系统需要有强大的机务系统为保证。机务维修分为航线维修和定检维修。其中，航线维修是指在机坪上进行的航空维修工作，因为它所有的工作都是在室外停机坪上进行的，因此也称之为“外场”，常是根据飞机航班时间对飞机进行接送、检查、排除故障等航前和航后的所有例行和非例行工作；定检维修是指在飞机飞行了一定小时数后进行的比较大规模的检修，一般按飞行小时或起落架次分为 A、B、C、D 检等级别，各类检查的飞行间隔时间主要因机型而定。A 检频率最高，也最简单。D 检间隔最长，规模也最大，做一次需要好几天甚至还需要更长的时间来完成。飞机的维护维修水平直接关系到飞机能否安全飞行，是航空安全的保障系统，在很大程度上决定着民航运输的发展水平。

（二）民航运输系统结构分析

从民航运输的市场价值来看，民航运输系统是以航空公司与民航消费联系为中枢，以各项保障为基础而组成的互动型系统，如图 1-2 所示。在系统各要素之间，既独立存在——有各自的独立体系与功能，期望与责任指向一致，但各有差异；又相互联系、相互制约与相互配合——每个要素均以其他要素为存在条件，相互依托。民航管理机构从国家战略层面，通过行业发展方针政策，对民航运输的发展方向、规模、战略布局进行宏观调控；运用法律法规与规范，对民航运输的安全性、规范性进行监督、审计与监控，确保民航运输在有效的监控下进行。航空公司作为民航运输业务的主体，直接面对民航市场，需要按市场运行的准则，直接承担客、货运输任务，其行为既要接受民航主管部门的监督，又要在满足消费者需要的同时，获得企业的发展，其承担的更多的是市场责任，对乘客负责，对企业自身发展负责。机场是民航运输的基本条件，也是具有经济属性的企业组织，承担着飞行器起飞降落的安全保障任务，承担着乘客进出港的相关手续办理与相关服务任务，其行为必须符合相关的法律法规与规范规定，接受民航主管部门的审计与监督，在安全保障的前提下，完成对航空公司、旅客的服务任务。空中交通管理作为飞行的空中保障与监管系统，维护着空中交通的秩序，是空中交通安全与畅通的保证，是民航运输体系有效运行的中枢。民航消费者，即客货运输的需求者，是所有民航运输要素的服务对象，民航消费的发展是民航发展的基础和条件，从服务接触角度讲，航空公司、机场是直接的服务提供者，也是民航运输系统存在价值的体现。能否为民航消费者提供优质的服务，是检验民航运输体系发展水平的标志。

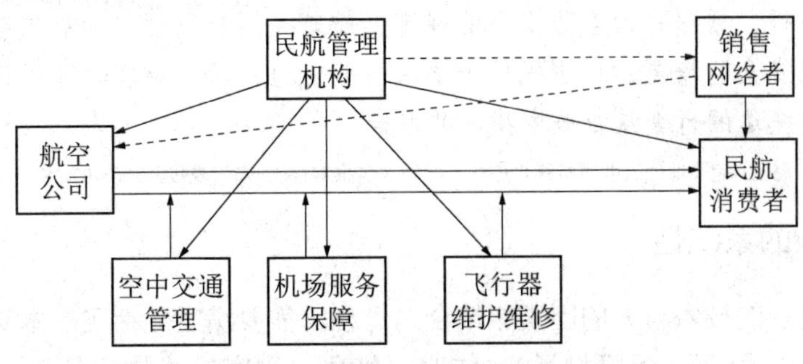

图 1-2　民航运输系统结构示意图

民航运输系统中的其他组成部分，都是民航运输体系中不可缺少的有机组成部分，均通过其特有的功能来保证民航运输系统的正常运行。如飞行器维护维修是民航安全保障的技术支持系统，是民航安全的基础；机票的销售网络，是乘客便利出行的基础，也是一个健全民航运输市场的重要特征。

二、民航运输系统的特点

（一）至高的安全性

飞行器飞行特点直观的表述是在具备飞行条件时，飞机必须起飞（起飞滑行的飞机在一定滑行速度下，必须起飞，而且无法终止），而起飞的飞机必须降落（亦指飞行的飞机经过飞行过程，在任何条件下都必须降落，因为油料所致，而不能永远悬在空中），而降落需要苛刻条件（亦指需要特定的跑道条件与导航设备的引导，否则，就很难保障安全降落）。在飞行的全过程，任何安全隐患，无论是来自气象条件、飞行器本身、机组操作、空管调度，还是运输的客货问题、客舱状况，以及机场的降落环境等，都可能使飞行处于非正常状态，影响飞机的安全飞行，严重者酿成飞行事故，危及乘客的生命安全。所以，民航运输安全的重中之重，一切工作必须围绕着飞行安全这一核心，在任何情况下，都必须努力确保安全飞行，而民航服务的所有环节必须以确保民航安全为前提，无论是地面服务人员，还是空勤人员，必须把保障民航服务作为第一要务，所有乘客也必须在遵守安全规则的前提下，享受民航服务，不允许利己行为给民航安全带来任何伤害。

【案例 1-2】

一切为了飞行安全

2005 年 2 月 25 日，在新郑国际机场，因两位旅客在飞机即将起飞前提出终止旅行，导致机上另外 5 名旅客也因心有疑虑而退了机票。

据机场工作人员讲，25 日 13:50，郑州—深圳—海口的 HU7068 航班的空姐们正准备关舱门时，两名旅客由于忘带出国护照，提出终止旅行。根据相关规定，机组人员会执行旅客清舱程序，不想此举引来其他 5 名旅客的惊慌，他们怕飞机有什么问题，便坚决要求终止旅行，并办理了退票手续。16:13，清舱完毕的飞机终于起飞了。

为了安全飞行，根据我国空防安全的规定，航班关闭舱门后，如有乘客临时终止行程离机，出于航空安全的需要，该飞机机舱要做清舱安检处理。乘客办理了行李托运，安检人员还要把对方托运的行李从货舱中找出并取走。

资料来源：王菁，赵蕾. 起飞前两人要下机终止旅行，吓跑 5 名乘客[N]. 郑州晚报，2005-02-28.

（二）复杂的系统性

飞行是个复杂的技术与人的因素相结合的过程，需要满足包括飞机本身、机组、机场条件（包括起飞、降落、备降机场）、航路、气象、乘客、货物等条件，多因素相互叠加，动态变化，就构成了民航运输的动态系统。这套动态系统存在着随机的不确定性，尽管有严谨的规章规范对其进行掌控，但仍无法做到按主管意愿来完全掌控飞行过程。可以想象，在各种状态多变叠加的情况下，需要极高的保障条件，甚至是苛刻要求，因此，掌控民航运行安全状态就必然成为永恒的话题，也体现出民航运输服务与其他服务的本质区别。只有立足于安全，服务于安全，保障安全，民航运输才能有稳固的发展基础。

【小常识 1-1】

飞机起飞前，要做些什么准备工作?

对于“登机口于起飞前 10 分钟关闭”这句印在登机牌上的提醒，相信经常乘坐飞机出行的旅客一定不会陌生。但是，有些旅客在飞机起飞前 30 分钟到达机场却发现已经停止办理登机手续了。为什么坐飞机要尽可能提早到机场？飞机起飞前的准备工作都有哪些？其实飞机起飞前的各项准备工作远比你想象的要复杂。

事无巨细的航前准备。当你看到飞机晨曦时停靠在廊桥旁时，别忘了前一天夜里飞回来后，地服、负责廊桥安检的人员、机务人员，不但连夜给飞机体检，还要加好航油。飞航班前，乘务员还要在客舱部参加航前准备会，这是乘务组在飞行前最重要的一道准备程序。乘务组要对当天飞到哪里进行确认，之后要检查每位成员的登机证、健康证、乘务员执照、服务牌等，也要了解当天执飞的航线、机长的代号以及有没有特殊旅客等信息，当然还要记住飞机的代码是什么。与此同时，安全员也会检查警械装备是否齐全，乘务员相互之间也会检查一下妆容，因为她们要把最美的姿态和笑容展现给旅客。此时飞行员已经完成了在飞行部的准备工作，正等待着和乘务员与安全员一起前往运行指挥部再开个小会，并领取当天的飞行任务书。这份飞行任务书是法律性文件，里面注明了当天的机长、副驾驶、乘务长、乘务员，以及出发地机场、目的地机场、备降机场等相关信息。

忙碌的地面工作。执飞的机长会向机务了解飞机的状况，机组来之前进行的体检显示飞机一切正常，以保证飞机处于良好的状态。与此同时，副驾驶会在驾驶舱里检查密密麻麻的按钮，乘务组也会再检查飞机机舱内的每一个地方，并与配餐的工作人员进行交接。随着候机室里正在播放的还有15分钟登机的广播，旅客们的行李已经通过航站楼底层的自动行李分拣系统送到了指定区域，并被用货运拖车运到了飞机旁，等待根据手中的装载平衡表装入货舱的不同部位。这是配载员根据旅客人数、行李货物重量、所需的油量以及飞机的体重等数据计算出来的数据，以确保保持飞机在飞行中的平衡。在地服人员的指挥下，乘客开始登机。一位候机员会认真地扫描登机牌，另一位候机员会维持队伍秩序，并引导老人、小孩、头等舱和金银卡旅客进入优先通道登机。乘务长和乘务员已经站在客舱门口等待第一位旅客的到来。

请求起飞，出发。上客完毕，地服会到客舱门前，与乘务长进行交接，等待乘务员清点人数，确认与地服单上的人数一致，乘务长签好字，待地服走出舱门后关上舱门。接着，机务会再次对飞机进行检查；此时，乘务员也整理好了客舱内的行李，完成了其他准备工作。一切准备就绪，飞行员开始与塔台进行联系。机长得到塔台管制员的指令，与之进行一系列数据交接后，飞机被一台强劲的牵引车推出。在机长的操纵下，飞机滑入跑道，并再次向塔台请求指令。伴随着发动机的轰鸣声，飞机腾空而起，冲入云霄，载着旅客飞向目的地！

资料来源：党博．一架客机的“自述”：起飞前，我在做什么［EB/OL］．(2014-02-05)．http://news.carnoc.com/list/272/272619.html.

（三）运行的规范性

为了保证民航运输这一复杂的系统能安全高效地运行，避免差错，我国民航运输主管部门根据国际民航运输法律规范，为我国民航制定了一系列民航运输的法律法规，建立了完整的监管系统。同时，各民航企业也制定了详尽的实施规范，这些规范能确保民航运输企业在规范的规制下健康发展。法律法规是民航发展的纲要，也是民航企业规范、自律的准则，具有很强的约束性。改革开放以来，在我国民航发展的过程中，主管部门颁布了若干有关民航运输的法律法规与规范，如《中国民用航空旅客、行李国际运输规则》《民用航空货物运输安全保卫规则》《中国民用航空危险品运输管理规定》《机场勤务手册》《民用机场管理条例》《机场安全检查制度》以及各航空公司关于空中乘务服务规范、各机场的服务规范等。可以说，建设高标准民航体系，使我国从民航大国走向民航强国，需要法律规范先行，对民航运输的程序、内容、标准、操作细节进行规范。民航未来的发展将面临更复杂的发展环境，需要进一步加强民航运输的法律和规范建设，规范民航运输各责任主体的责任与权利，做到发展有规划，运行有规则，服务有保证；特别是要加强民航服务过程中的相关法律法规建设，规范航空企业与民航消费的权利与义务，维持正常的运输秩序，促进民航运输的健康发展。

（四）人为因素的决定性

高效的工作不在于人数的多少，而在于工作的质量如何。由于民航运输系统的复杂性，即使在严格的规范下，民航运输中仍存在很多问题，如安全差错、服务冲突、工作失误、环节遗漏等，这些问题中绝大部分都与人的因素有关。人的心理状态，组织的管理模式、监控体系、行为方式、职业修养、服务能力等，时刻都会影响工作状态，进而决定工作结果，特别是面对复杂而庞大的民航运输系统，稍有闪失，即使仅是细节上的失误，也会酿成大错，甚至无法挽回。因此，驾驭民航运输系统，需要抓好人为因素，从管理者和服务者入手，提高安全意识、服务意识、职业道德，培养良好的行为习惯、娴熟的服务技能和灵活地处理问题的能力，加强企业服务文化建设，使规范的强制性与责任性、自觉性完美结合。

【案例 1-3】

小失误，大麻烦

某日某乘务组执行航班，大约 8:55 旅客开始登机，在此之前，乘务组已获知该航班有 27 名旅客，在最后一名旅客登机后，负责数客的二号位乘务员查看计数器正好是 27 人，于是报告乘务长。此时，地面人员拿着舱单、申报单、货单等文件上飞机，乘务长询问："是 27 位旅客吗？"地面人员确定地说："是 27 位。"于是，二号位乘务员就进行了"防登错机"广播，乘务长也忙着检查核对各种文件，一切就绪便报告机长，机长同意关门。乘务长和二号位乘务员执行完"关机门前检查单"核对工作后关门。稍后，地面服务人员敲打舱门，机长通知乘务长开门，于是乘务组解除待命后开门，值机人员告诉乘务长，旅客少了一位，实际登机人数是 26 人，乘务组重新核对人数，证实确是 26 人。由于尚未登机的第 27 名旅客的证件有问题，修改舱单后飞机放行。

资料来源：https://wenku.baidu.com/view/01870707e87101f69e3195c6.html

案例分析：

（1）乘务长误将送舱单人员当作负责旅客登机的值机人员，并将其告诉的（舱单上）"是 27 位"误认为"已登机 27 位"，这是造成这起事件的直接原因。

（2）数客乘务员工作不细心，预知只有 27 名旅客时，思想松懈、麻痹，数客错误，是造成这起事件的间接原因。

（3）由于该航班在旅客登机时已经延误了 55 分钟，这给乘务组心理上造成了一定的影响，存在尽早关门、尽早起飞的心理因素。

（五）需求的多样性

随着民航消费的大众化，乘客群体呈现多样化趋势，由于乘客的性别、职业、教育、宗教、性格的不同，使得其需求心理与诉求各有不同，且对服务的体验也不尽相同。特别是面对大众消费和过高心理预期的矛盾，诸如服务冲突、乘客不满和抱怨不断出现，民航服务面临着严峻的挑战。各航空服务企业，需要努力适应民航需求的变化，细化服务环节，确定不同的目标市场定位，通过服务创新，强化个性化服务，创建自己的服务特色，满足不同层次的需求，建立良好的社会口碑。

第二节 服务的概念解析

从一般意义上讲，服务是现实生活中一种普遍的社会现象，个体对个体、个体对组织、组织对组织的关系均是一种服务关系。为他人做点事情，使他人方便，这种简单的服务关系就构成了社会关系和谐运行的基础。然而，企业的服务与一般意义上的服务有明显的不同，企业的服务行为首先是基于企业的经济目的，本质上是一种商业行为。同时，人类朴实的服务观，又是企业服务的微观基础，离不开社会伦理、道德、价值观的约束。也不能离开企业的社会责任而孤立地认识服务。特别是当前面对高速发展的经济与日新月异的社会进步，从把社会价值与企业发展相结合的角度出发，全面认识企业服务的含义，既要把握好服务的内涵，又要拓展服务的外延；既要从有形的层面去看服务，又不能忽视无形的精神层面的作用。只有尊重服务的交换属性，又重视服务的社会价值，以企业服务的社会价值与责任为导向，全面科学地认识服务，才能为构建符合未来企业发展的服务体系与服务模式奠定基础。

一、从产品说起

服务是产品内涵延伸的结果。通常人们把产品定义为符合一个标准、具有一定使用功能的实体，亦称有形产品。有形产品是通过生产过程产生的，具有可见性。有形产品在满足人们需求的过程中，需要一系列的辅助过程才能使其充分地满足人们的需求，比如售前、售中和售后服务等环节。也就是说，有形产品的市场化离不开无形的手段或过程的配合，特别是产品同质化趋势下，与有形产品相关的无形手段所起的作用越来越明显，成为产品整个生命周期中不可或缺的重要组成部分。另外，随着社会的进步，人们的需求不断变化，开始更重视精神需求和生活质量提高方面的需求。同时，满足人们需求的手段不断丰富，于是，与有形产品不直接相关的消费，经过不断地培育衍生，如旅游、休闲、娱乐、信息、银行、保险、运输等非实体产品的需求日益增加，已经从消费结构的补充角色，逐渐转变为消费的主导角色，第三产业因此出现了。第三产业就是今天我们所说的服务产业，生产无形产品。在现代经济的增长模式中，第三产业的发展水平已经成为经济健康发展的重要标志，经济发展水平越高，第三产业所占的比例就越大，且已经成为经济新常态下重要的经济增长方式。

无形产品理论以独特的视野和完整的理论架构，丰富了产品理论，拓展了产品的内涵，为第三产业的发展提供了理论依据。今天，很多学者把产品定义广义化，称产品为“满足人们需要的所有东西”，即从满足人们需求的角度看产品，挖掘无形利益与便捷性对满足人们需求的功能，也有学者形象地把有形产品与无形产品称之为推动社会进步的两个车轮，缺一不可，相互补充。在我国的产业结构中，服务产业比重较低，影响了我国产业的合理结果，在未来的经济发展战略中，不断地补齐服务的短板是经济结构调整的重要途径。

第三产业所生产的无形产品的最大特点在于其承载着满足人们提高生活质量、满足人们精神需求、提高社会与经济运行质量的责任。在无形产品生产和消费的循环中，把无形产品转化成消费者能够体验到的某种利益，就需要一个过程相伴，这就是服务的过程，也属于特殊的生产过程，这个过程是面对消费者的密切接触与参与，需要以特殊的方式面对具有复杂的消费心理的消费者。所以，从满足人们的某种远景与设想到服务契约的实现过程，均需要以思想为先导，用科学的服务设计、严谨的服务规范、丰富的服务内容、细致入微的服务细节及良好的服务文化为其提供保证。无形产品的生产与消费是一门特殊的科学，它不仅揭示了无形产品的特点和生产规律，更给出了满足人们对无形产品需要的基本方式。在第三产业未来高速发展的背景下，深入研究与无形产品相关的服务业运行规律，具有重要的实践意义。

二、对服务解析的若干观点分析

服务本身包括多个领域，不同行业的特点不同，对服务的界定也不尽相同，本教材是以过程为特征的服务领域为研究对象，从服务过程属性去认识服务的内涵。那么究竟什么是服务？综合国内外专家的研究成果，我们可以粗略归纳为三个层面，以更好地分析服务的内涵。

1. 特殊产品观——商品交换关系

服务是特殊的产品，既然是产品就是为了交易，而交换就是出于一定的目的。支撑这种观点的阐述诸多，归纳起来不外乎认为，服务是一种基于有目的主动的行为，服务存在的价值在于可以为他人做事，并使他人从中受益的一种有偿活动。有偿性与他人收益就成为服务的核心问题，有偿就是获得经济收入，是服务的目的；付出是受益的代价，利益最大化和代价的最小化就成为交换关系下服务行为的基本导向。

在现实社会中，服务的需求是社会需求的一部分，因为无形的服务需求带给人们的满足是有形产品不能替代的，比如我们乘交通工具出行，无论选择什么样的交通工具，其基本目的是解决到达某一目的地的途径，这必须依赖交通运输服务的提供者。交通工具各有差异，选择的交通工具和服务方式不同，其便捷、舒适、安全、舒畅等各有差异，所带给人们的满足程度不同，不同消费的诉求与不同交通工具所带来的满足程度不同，这就构成了交换条件的差异。服务者需要收费，要付出成本，追求收益最大化；出行者以有偿换取服务，实现自己的期望，追求利益最大化。这种不同主体追求“最大化”的过程就形成了服务交易的博弈，而以服务契约约定的双方利益均衡就成为服务产品实现交易的基本点，也是商品交易属性的体现。这其中包括以下四个层面的问题：

（1）服务以契约为基础，实现过程的付出超越契约本身。服务具有简单中复杂、复杂中简单的特性，提供服务的付出往往无法量化。契约是服务的基本约定，是服务产品边界的描述，无法囊括服务过程的所有要素，因为服务过程中，服务者的态度、个性、情感交叉，与服务过程相伴。也就是说，看似简单的服务行为，其实是有多种显现和隐藏的因素在起着决定作用，而无法如契约所描述。可见，服务的生产与消费不是一蹴而就的简单过程，而是由服务过程和服务接触点所组成的链式结构来完成的。一个链接失误就可能导致整个服务的失败，在链式结构中，人的意识与投入状态的“软服务”起着重要作用，决定着服务品质，影响着消费者的体验。

（2）服务以利益为目标，服务的内容超越利益范畴。狭义的利益博弈是以均衡为边界，交易双方彼此以最小投入换取最大的收益。而服务是接触性产品，具有很强的情感色彩和体验性，服务者按契约约定提供服务，只是服务者所提供的服务内容除了契约标的的内容外，还具有情感和即兴的特点，契约中无法体现，却又是实现服务所不可缺少的。只有服务内容和服务过程更贴近消费者的内心需要，并被消费者所感受与体验到，这样的服务才具有吸引力，也能唤起消费者内心的情感，良好的形象永驻于心，形成重复消费的心理定式。所以，企业追求利益的过程需要以满足消费者需求为前提，企业的目的实现是服务过程的结果，而非孤立行为所能追求的。

（3）服务手段多样化，和谐是服务追求的最高境界。服务内容以及实现手段是实现企业服务目的的基本途径，服务的内容与途径是企业服务精神的载体，每个服务细节均体现着服务者的服务意识和服务态度，会影响到服务对象的内心体验。只有服务体验深刻才能满足消费者的需要，因此，追求卓越的服务诉求在于更好地满足消费者的需要，本质上体现了企业对消费者价值的重视程度。服务的契约关系通过诚信与自律来满足消费者的需要，但如果将服务关系禁锢在固化的交换关系中，服务的契约关系就很难展现出其完美、活力和可知性，条条框框的服务契约的背后，容易使服务缺乏灵魂，丧失人性化的关怀。无形产品的感受性告诉我们，服务是基于关怀与方便他人的自觉性的行为，契约可以约束服务的内容，但无法约束服务者的心理状态。因此，离开了人文关怀与和谐的氛围，服务就成为僵化的模式与机械的过程，只有手段的多样化与贴近服务心理，才能把完美的服务过程呈现给消费者，亦即体现出服务的初衷。

（4）服务需要思想的指引，更需要良好的服务设计做保障。基于服务的接触性、系统性的基本特点，任何有魅力的服务首先取决于服务思想的境界，思想引导行为，可以说思想境界有多高，服务水平才能有多高，只有思想意识上解决了想为消费者提供什么样的服务、怎样去实现这样的服务问题，服务才能在更高层次上展现其魅力。但服务思想的实现，需要系统的服务规范，否则，服务思想就会成为空中楼阁。在服务思想指引下，服务企业需要对服务系统进行科学的服务设计，使服务更系统化、层次化、丰富化，而不是让服务停留在“口号”上。在诸多服务行业中，之所以将民航服务作为标志，就在于民航服务能把一个看似简单的事情变得巨细，并通过服务规范变得精致，正所谓“考虑越周全，消费者越方便，越细致，服务越有品质”。

2. 朴素服务观——人人为我，我为人人

服务的微观基础是朴素的服务观，服务是一种相互帮助的温暖行为，在他人不便或需要的时候伸出援助之手，是一种相互辅助的行为。亦即在人与人交往接触中，为他人提供便利或帮助的行为，其具有很强的自然与情景性。我们可以从以下几个层面看朴素服务观：

（1）从社会层面看，服务是人类依存的形式，也是社会有效运行的基本方式，人们之间的服务行为无处不在、无时无刻不在，这也集中地体现出服务具有的社会功能。人们的存在状态依赖于社会的服务生态，社会的服务文化越深厚、服务体系越完善、服务的质量越高，社会就越和谐，人际关系也越融洽。我们所倡导的和谐社会离不开服务理念的贯穿。

（2）从个体层面看，每个人既是服务的提供者，也是服务的受益者，人与人之间形成了相互服务的依存关系。每个人都有困难的时候，有他人的帮助才能跨越这些坎坷，人在帮助他人的同时自己也会获得快乐的满足感，“赠人玫瑰，手有余香”，辩证地说就是“人人为我，我为人人”。我为他人的同时也是为了自己，把其上升到更高的层面去认识就是人的价值观体现，欣然为他人服务的行为习惯就会成为社会运行的润滑剂，构成了社会和谐发展的基础。还应该大力倡导互助互爱的风尚，使之蔚然成风，而非特别针对特殊群体。所以，一个民族的素质与价值观对良好的服务状态起着潜移默化的作用。提高服务水平需要社会文明系统的支持。

（3）从民族层面看，服务是一种民族精神。中华民族是“礼仪之邦、友善之邦、互助之邦”，体现了源远流长的服务文化，有着为世界所称道的传统礼节。因此，从民族的角度讲，服务本身是民族文化的传承，其对外体现民族风貌。我国的民航服务需要具有民族的品质，以弘扬民族文化。

总之，朴素服务观是服务发展的微观细胞，其价值在于它是更高层次服务观——微观架构的基石与土壤。服务不仅在于服务本身所凸显的功能价值，更是良好的、朴实的社会服务意识，培育着社会服务意识与文化。正是深厚的服务文化底蕴，塑造着我们的服务风尚，但更应该在传统的服务文化基础上，不断培养适合现代社会发展的服务文化，使朴实的服务文化不断地升华。服务基础是人们对服务的认知，以及深扎在心灵深处的善良、热情、和谐和信任，更需要基于人性的善良与自然流露，这样的服务才能具有灵魂和温度，才具感染力和人性的魅力。所以，无论多么博大精深的服务理论与完美的服务体系，在微观上都离不开朴素服务观的基础，再高超的服务技能，都离不开服务细节上的磨炼与细小行为的积累。当从社会进步层面审视服务的时候，当朴素的服务观扎根于每个人的心灵的时候，当服务的动机油然而生的时候，我们再谈服务品质，谈过各个行业的服务，才能具备真正的基础。应该说，提高服务行业的水平，需要全民的服务素质与修养的全面提升。

3. 服务的品质观——顾客的感知与期望

服务的魅力在哪里？是服务的内容，还是服务的流程、服务的便捷性？服务是面对消费者的，消费者的满意与否是检验服务的唯一标准。无论服务内容或是服务流程等都是为

满足消费者需要而存在的，它是服务的形式，是实现服务最终目标而存在的手段。但这些不能诠释服务的全部内涵。服务活动的一系列过程都是直面消费者，是建立消费者内心感受的过程，试想，如果服务过程磕磕绊绊，服务者心不在焉，或服务者与服务对象之间配合缺乏默契，或消费者没有得到根本的尊重，那么即使服务存在，也谈不上是消费者需要的那种生活服务。现代服务科学的研究趋势表明，传统的以服务内容和服务过程为对象的静态的服务观，已经无法适应人们日益增长的精神文化生活的要求，体验型服务已经悄然兴起，并在指导着服务观的转变。正是服务中的热情、周到、尊重、贴心等精神层面的要素，与服务中可见因素的完美融合，才使服务更加温馨，并使顾客体会到“宾至如归”的感受；也正是服务者的服务意识的自然流露，高度的责任感、自豪感，使消费者感受到尊重与自身的价值，享受着超值的服务。这些提升消费者感知度，满足其期望的全方位服务模式，体现了服务的境界，亦即服务品质观的体现。

对服务的品质观，很多学者进行了大量的研究，Regan（1963）最早提出服务品质的概念，认为服务具有无形性、异质性、不可分割性和易逝性四大特征。Juran（1974）认为品质是指适合顾客使用。Crosby（1979）认为品质没有清楚的指标衡量，而只是要合乎标准或规格并满足顾客的需求。20 世纪 80 年代，关于服务品质研究上升到了新的高度，将视角由服务提供者移至顾客，引发了服务品质研究的革命。芬兰学者 Gronroos（1982）根据认知心理学理论，提出了顾客感知服务品质概念，认为服务品质是一种顾客感知，由顾客的服务期望与感知实绩的比较决定，因此，服务品质的评价者应该是顾客而不是企业。Lewis 和 Booms（1983）从服务提供者的角度出发支持了 Gronroos 的观点，认为服务品质是提供服务和期望服务吻合的程度，即提供的服务要和顾客期望的服务一致，指明服务不仅要以顾客为中心，更要实现服务和期望服务有机吻合。为了揭示服务品质的本质，Garvin（1984）归纳了有关服务品质的五种方法，即哲学法（服务品质是直接事实，只有接触才能够感受到）、产品法（服务品质来自可衡量的差异，被测指标水平表明服务品质）、使用者法（服务品质取决于使用者，最能满足消费者需求的服务即是高品质）、制造法（品质为符合的程度）和价值法（以价格衡量品质），并指出对服务品质的衡量应从以上几方面入手。Parasura-man、Zeithaml 和 Berry（1985）认为服务品质的评估函数由顾客的期望、服务过程品质、结果品质三个变量构成，当顾客的期望未能被满足时，代表“不能接受的品质”；当达到顾客的期望时，表示“满意的品质”；而服务超过期望水平时为“理想的品质”。因此，顾客对服务品质的满意度，主要基于期望服务水平与实际服务水平的比较。这三人并于 1988 年进一步指出，服务品质是顾客整体性的评价，是动态过程，服务品质来自接受前的顾客的服务期望与接受服务后的认知过程的比较。因此，服务品质的衡量不仅包括对服务结果的评价，也包括对服务过程的评价，其观点确定了基于感知与期望的服务品质的主流，且成为更广范围研究服务品质的基准。

在现代服务境界下，服务的品质观强调服务应该体现出完美性、赏心悦目的境界以及服务对象所获得愉悦的内心体验；在服务的过程中，表现在服务周到、精致、贴心、便捷性。因此，高品质服务应该具备如下几个要素：第一，服务环境幽雅，是一种可给人带来享受的空间与场所；第二，服务设计的完美性，每一项服务都能切入服务对象的内心需求；第三，服务者对服务过程的完美驾驭，通过其服务的行为细节，将服务内容与服务对象的需要、服务者完美地结合起来，并在与服务对象的接触中充分传递服务精神，达到赏心悦目的服务意境；第四，服务规范的无缝隙性，为服务对象进行周到的考虑，做到服务内容全方位覆盖，服务过程自然顺畅，服务活动无瑕疵。

服务的品质观拓展了服务科学研究的视野，为其提供了多维度的研究思路，如从安全、稳定性、态度、完整性、调整反应、接近性、及时性等七维结构说，到结果品质和过程品质，再到今天推崇的有形性、可靠性、反应性、信赖性和移情性（其中可靠性属于服务结果，而其他四项则属于服务过程的各种措施和服务接触）的五维结构说，都是在不断地追求一个完美的服务境界。可以说，服务的品质观多维度地分析了服务的内涵，对全面理解服务，乃至提升服务水平都起到了导向性的作用。

三、服务的概念解析

1. 从两个案例说起

【案例 1-4】

只有一名乘客的航班

英国航空公司所属波音 747 客机 008 号班机，准备从伦敦飞往日本东京时，因故障推迟起飞 20 小时。为了不使在东京候此班机回伦敦的乘客耽误行程，英国航空公司及时帮助这些乘客换乘其他公司的飞机。共有 190 名乘客欣然接受了英国航空公司的妥当安排，分别改乘别的班机飞往伦敦。但其中有一位日本老太太叫大竹秀子，说什么也不肯换乘其他班机，坚决要乘英国航空公司的 008 号班机不可。实在无奈，原拟另有飞行安排的 008 号班机只好照旧到达东京后飞回伦敦。一个罕见的情景出现在人们面前：东京—伦敦，航程达 13 000 千米，可是英国航空公司的 008 号班机上只载着一名旅客，这就是大竹秀子。她一人独享该机的 353 个飞机座席以及 6 位机组人员和 15 位服务人员的周到服务。有人估计说，这次只有一名乘客的国际航班使英国航空公司至少损失了 10 万美元。从表面上看，的确是个不小的损失。可是，从深一层来理解，它却是一个无法估价的收获，正是由于英国航空公司一切为顾客服务的行为，在世界各国来去匆匆的顾客心目中换取了一个用金钱也难以买到的良好的公司形象。

资料来源：http://www.njliaohua.com/lhd_9j6g649std6u75f0ar6h_4.html

【案例 1-5】

1999 年 3 月 9 日，海南航空股份有限公司从广州飞往成都的一个航班上，148 个座位，只有一名乘客。一架波音 737 客机，从广州飞往成都，总费用在 7 万~8 万元，只运载一名乘客，远远不够运输成本，但飞机照样起飞，而且，航行途中照样进行乘客抽奖活动，这位唯一的乘客以 100%的中奖率获得了一张免费的机票，等于不花钱享受了乘坐专机的待遇。

资料来源：高铸成. 这次航班该不该飞［N］. 中国旅游报，1999-06-04.

两个案例很简朴，也有多种解读，但归根结底都道出了服务的精髓所在：第一，契约精神，规矩需要共同遵守；第二，乘客需求的满足是其权利，任何人无权剥夺；第三，企业发展需要获得乘客的信赖与好感，企业必须解决长远问题才能有眼前的利益所得。从案例可以看出一些服务的弦外之音：服务是承诺的兑现，既是商业行为，但又超越商业行为本身，无法用价值去衡量。面对服务对象千变万化的需求，只有服务的行为超越契约本身界定，那么服务才能收获除受益之外更重要的以此为基础的企业信誉积累，也必将收获未来企业发展的预期。服务过程所导致的服务结果似乎是个神秘的过程，其中服务者的服务精神以及所表达的对乘客内心的尊敬具有催化作用，以情动人，以真诚善良去感化人，都是优质服务不可或缺的要素。

2. 服务的概念

（1）相关研究的定义。对服务的诸多定义可谓是服务科学的一大特点，也反映了服务科学的包容性之广泛，涉及的范围之宽，一直没有非常严格的学术语。早在 1690 年，古典经济学家威廉•佩蒂就阐述了有关第三产业的思想。关于三次产业划分的思想是英国经济学家、新西兰奥塔哥大学教授 A.费希尔 1935 年在《安全与进步的冲突》一书中提出的，他同时把“第三产业”定义为提供“服务”的各类经济活动。英国经济学家、统计学家克拉克在其 1940 年出版的专著《经济进步的条件》中，首先把整个国民经济划分为三个主要部门，即现在普遍接受的对三个产业的划分：农业——第一产业；制造业——第二产业；服务业——第三产业。以“服务业”代替了“第三产业”，自此服务业才作为一个完整的概念开始进入系统的理论研究领域。国内外专业学者对服务的定义研究源远流长，观点各异，但可以归纳为以下三类：

其一，服务附属于有形产品，是产品的重要组成部分。其代表观点有两个。美国市场营销学会（1960）的定义：服务是伴随着货物销售一并提供给顾客的利益、满足某种需求及其他活动；里根（Regan，1963）的定义：服务是顾客购买产品或服务时所得到的一种无形的满意结果或有形与无形相结合的活动。这两种定义都突出了服务与产品的联系性，认为服务对有形产品有延伸作用，服务既可以是独立的产品，也可能是有形产品的一部分。

其二，服务提供一种解决方案，是提供给他人的方案组合。格罗鲁斯（Gronroos，1990）的定义：服务是一种或一组具有无形性特征的活动。服务最重要的功能就是向顾客提供问题的解决方案。

其三，把服务作为一种独立的产品形体——无形产品。如白瑟姆（Bessom，1973）的观点：对于消费者而言，服务是能够向他们提供任何利益或满足某种需求的活动。这些活动，他们个人没有能力自我提供或者不愿意自我提供。莱蒂宁（Lehtinen，1983）的观点：服务是一种或一系列活动，它是在顾客与服务提供者或者设备的互动过程中完成的。科特勒等（Kotler&Bloom，1984）的观点：服务是一方向另一方所提供的一种活动或利益，它通常是无形的，而且不牵涉到所有权的变化。服务的生产可以与有形产品相关，也可能无关。格罗鲁斯（Gronroos，2000）的观点：服务是由一系列或多或少具有无形性的活动所构成的一种过程，这种过程是在顾客与雇员、有形资源的互动关系中进行的，这些有形资源（有形产品或有形系统）是作为顾客问题的解决方案提供给顾客的。小厄尔·萨赛（W. Earl Sasser）从服务主客体关系来看，把服务定义为：服务是顾客通过相关设施和服务载体所得到的显性与隐性收益的完整组合。1991 年 8 月国际标准化组织（ISO）正式公布的世界上第一套关于服务业开展质量管理、建立质量体系的国际标准 ISO 9004-2 中将服务的概念描述为：为满足顾客的需要，在与顾客的接触中，供方的活动和供方内部活动所产生的结果。从定义中看，服务的定义包括了三层内容：一是指出了服务的目的，即为了满足顾客的需要；二是指出了服务的条件，即必须在供方与顾客的接触中进行；三是指出了服务的内容，即指供方的活动和活动所产生的结果。

我国进入以服务为主导的社会经济形态比较晚，因此，对服务的认识仍无统一的说法。2009 年 9 月版《辞海》（第六版）的诠释：服务是为集体或别人工作，服务部门包括为生产和为生活服务的各个部门，都属于第三产业。2012 年 3 月由罗凤竹主编的《汉语大词典》的解释：服务是为社会或他人利益办事。张宁俊（2006）对服务下的定义是：服务是一种提供时间、空间和形式效用的经济活动、过程和表现，它发生于与服务人员、有形资源的相互作用中，但不发生所有权的转移，直接或间接地使服务接受者或拥有的物品形态发生变化。张淑君在《服务管理》（2010）一书中指出：服务是通过与顾客接触而形成的在一定时间范围内满足顾客需要的一系列活动。

从上述对服务定义的表述中，我们可以总结出以下几点：第一，对服务均强调无形性，也许是有形产品的延伸（如销售服务），也许是独立的方案（如各种咨询方案或解决问题的方案设计），也可能是实现消费者利益过程的活动组合，提供的是一种利益；第二，服务均需要某种载体，无论是有形产品消费的延伸（与销售有关的技术、安装、使用、维护保养等），还是基于某一问题的解决方案（需求的诉求），甚至是基于某一特定的环境、工具、场所（交通运输、旅游餐饮、会议等），服务不是抽象存在的，必然有附着体。第三，服务均具备目的性、契约性、无形性、接触性等基本特点。特别是服务的接触属性，更本质上揭示了服务与有形产品的不同之处，强调服务是在人与人接触过程中协同来完成的，需要服务者的服务意识和服务精神，尽心尽力去追求完美的过程。

（2）本教材对服务的定义。从本教材研究对象的特点出发，我们对服务做如下定义：服务是一种商业性契约行为，是借助一定的载体，向消费者提供最大的利益或对某种需求的满足的一系列综合性活动。这样为服务下定义，是基于以下几点考虑：

第一，服务活动是商业目的与社会进步的客观要求。服务是基于商业目的、有组织的活动，是企业满足市场需求的自主行为，需要权衡商业利益实现的可能性。企业是经济组织，只有实现商业目的，企业才能生存与发展，这是客观规律，是服务存在的条件与规范化的推动力；同时，企业履行社会责任是其实现经济目的的前提，人与人之间自然的服务关系是服务走向科学的基础，一个高度文明的社会，人与人自律形成的互助关系和社会组织功能的双重作用，是社会运行的基础，这里企业作为社会组织，其行为承担着十分重要的作用。企业必须承担社会责任，责无旁贷，才有其存在的社会价值；企业只有植于社会，才能获得更大的发展空间。所以，服务的商业属性与社会进步是统一的整体，提高企业的服务水平需要社会进步的支撑；同时，通过企业的服务活动，反过来又会促进社会进步与发展。

第二，服务是契约下的行为。服务者与消费者之间关系的本质是服务与服务是否满足需求的关系，是一对矛盾体，契约是双方权利和义务的约定，企业要践行契约精神，诚实守信，兑现服务的承诺。在竞争的市场环境下，契约本身约定了消费双方平等的利益关系，但市场需求又决定了企业在服务过程必须竭尽全力让消费者获得利益的最大满足，进而树立企业形象，凝聚市场人脉，塑造良好的口碑。所以，服务必须以消费者获得利益的最大满足为目标，从而保证企业利益的实现。

第三，服务是借助一定的载体，亦即服务活动的附着体。如航空服务中的空乘服务，需要以接触或飞机客舱为载体；机场地勤服务要以机场的功能为载体；餐饮服务要以酒店为载体，等等。载体解决的是什么性质的服务，在哪里服务，在什么条件下服务等问题，是消费者消费服务的依据。所以，服务的载体不同，服务规范与方法就有差异，但服务的本质是不变的，即为消费者提供利益或对某种需求的满足。

第四，服务者的决定性。服务的无形性一方面体现在服务产品提供给消费者的是一种利益或对某种需求的满足，另一方面这一满足过程是由服务者主导的与消费者的互动过程，即服务过程的接触。无接触亦无服务，服务者的意识、能力、责任心等精神风貌支配着服务过程，其差别必然体现在服务质量之差异上，其决定了服务的品质。所以，在微观层面上，优秀的服务者是决定服务品质的决定因素。从完成服务过程的要求来看，一个合格的服务者需要具备四个心理特质。①主动承担的心理。从职业角度看，服务者应该主动承担职业责任，不存在容许推卸与选择的问题，你是服务者就必须承担服务者应该承担的责任，这既是服务者对职业的忠诚，也是对服务对象的庄严承诺，还是对行为的一种约束。②欣然承认的心理。从行为过程看，服务行为是以心态为前提的，一个人从心理上有对服务认可的价值取向，内心才能欣然承担服务的责任，其行为才会更加主动热情，服务就会充满热情，才有自然和谐之感，才能具有持续的生命力。“一个人若没有热情，他将一事无成，而热情的基点正是责任心。”（列夫·托尔斯泰）当服务成为一种主动行为时，内心体验就会有愉悦的感受，服务行为才能持续，才能坦然面对服务中的困难，悦然于心，才能锐意于行，服务才能成为一个自然过程。③服从的心理。从服务的主客体关系看，服务是服务者与服务对象之间内心与行为的交互活动，服务者的服务过程必须服从需求者的愿望与要求，将自己定位于为他人意志的实现者的角色，在平等的人格基础上，发现并满足服务对象的需要，顺应服务对象的需要，而不是主导服务对象的意志。④悉心致力的心理。服务的状态与质量往往隐藏于服务者的内心与投入的状态，而服务又是一种体验性的活动，无法量化，也非局限于利益关系，具有明显的内心活动驱动性，尽心或敷衍了事，完全在一念之间。为了完美体现服务无形性和内心体验性的特征，就要求服务行为必须由心而致，在主动意识的驱动下，悉心以对，将服务做得尽善尽美。

第四，服务是经由服务过程使消费者获得满意结果。服务过程是实现服务的途径，服务的结果是服务过程的积累，过程的巨细性正是展现服务魅力的载体，过程完美性是服务体验性的保证，需要做到服务环节与需求的融洽、服务规范与服务过程的结合、服务者与服务细节的匹配，更需要服务全要素的相互配合，才能使服务达到完美的境界。这就要求服务提供者充分理解消费者的诉求，全面提升与塑造服务者的素质，同时，更需要科学的服务设计以及周到而细致服务规范的保证。只有在服务过程中充分展示出丰富的，且能为消费者所感受到的东西，才能激发消费者的内心感受，引起消费者的共鸣。

通过上述对服务内涵的解析，我们可以看到，服务活动包含在有形与无形之间，契约是服务的基础，但不是服务的全部，更不是能用规范和内容来进行诠释的，因为服务过程的互动状态，无法进行定量考核，也无法精确地跟踪，是一种职业情操下的自我行为。同时，服务又是以满足他人利益为目标的心理与行为相互统一的工作。离开了良好的服务设计，服务有可能远离服务对象的需求；离开服务者的良好心态，服务就失去了生命力；离开了服务者心理上的欣然接受，服务就失去了美感与喜悦，服务就成为敷衍了事；离开了服务细节的践行，服务就成为空中楼阁，服务的品质就会黯然失色。因此，所谓真正意义上的服务，既有服务组织者广阔的胸怀与责任，也有对服务的良好设计与细节的安排，还要表现在服务者通过喜悦的心情、热情的态度，向服务对象传递的真诚之心。

【案例 1-6】

服务就是精益求精

一位上了年纪的外宾来到酒店大堂，走到大堂经理面前，告诉大堂经理，他在该酒店住了一个星期，当天将要离店回国。在住酒店期间，不论他走到哪里，都会受到服务员无微不至的照顾。酒店的设备虽然一般，但服务很好，服务人员在举止、礼貌和服务等方面都表现出较高的素质，给他留下了深刻的印象。因此他在离店前特地找到大堂经理，想要表达自己对饭店和服务人员的感激之情。这时，外宾拿出了一张意见卡，是客房内的《宾客意见卡》，外宾打开意见卡，大堂经理看到客人在上面的满意栏上都画了钩，并在空白处写下了对酒店的赞美之词。这位外宾对大堂经理说："在这一个星期中，我对贵酒店各方面都很满意，但是在我将要离开时并且在意见卡上表达了满意和感激之情后，就是这张意见卡给我留下了一点点遗憾。希望贵酒店在管理上能做得更细一点。"

大堂经理从外宾手中接过意见卡一看，明白了。客房内的《宾客意见卡》是折成三角形放在写字台上的，由于长时间没有打开过，在三角形的空间内积有一些灰尘。外宾打开意见卡写完后，抬起手一看，手和衣服被这些灰尘弄脏了。就是这一点灰尘，在这位对酒店评价很高的外国老人心中留下了遗憾。意见卡上有一点灰尘，从表面上看也不是什么大问题，擦干净也很简单，但就这一点点灰尘，再往深里分析，就不是什么小事了。

资料来源：郭熬榕. 意见卡的启示［EB/OL］.（2010-06-22）. http://dyzhilz.blog.163.com/blog/dtatic/1657505422010522 412027.

【信息卡】

服务的英文 SERVICE 给我们提供的信息

SERVICE 中的每个字母都表达着服务的基本要求和丰富的内涵，对理解服务有很多有益的启示。

（1）S——Smile（微笑）：服务员应该对每一位旅客提供微笑服务，所以微笑服务是服务的第一要素，也是最基本的服务要求。

（2）E——Excellent（出色）：服务员应将每一个服务程序、每一个微小的细节做得更加完美，服务工作才能做得更出色。

（3）R——Ready（准备）：服务员应该随时准备好为旅客服务，需要具有主动的、超前的服务意识。

（4）V——Viewing（看待）：服务员应该将每一位旅客看作需要提供优质服务的贵宾，尊重旅客。

（5）I——Inviting（邀请）：服务员在每一次服务结束时，都应该显示出诚意和敬意，主动邀请旅客再次光临。

（6）C——Creating（创造）：每一位服务员应该想方设法精心创造出使旅客能享受其热情服务的氛围。

（7）E——Eye（眼光）：每一位服务员都应该始终以热情友好的眼光关注旅客，适应旅客心理，预测旅客需求，及时提供有效的服务，通过与服务对象的互动过程，使旅客时刻感受到服务员的关心与爱心。

资料来源：高宏. 空乘服务概论［M］. 北京：旅游教育出版社，2017.

四、服务的本质

服务的本质就是服务自身拥有的属性，一旦离开了这些属性，服务将不复存在。服务活动的普遍性在于服务的提供者意志与需求者诉求的结合，其内部存在一个决定自己的终极因素，即“服务的本质”。“服务的本质”存在三个基本要素：第一，愿意并且能够提供服务；第二，需求者存在着对服务的必要需求；第三，有将两者紧密联系的纽带。如果考虑到服务对企业发展的决定性，在这样的“游戏”规则下，服务特征应该是“我愿意为你服务”，所以，服务的本质就是理解并尊重服务对象的心理与价值，通过服务行为来满足其需求，并使双方获得愉快的内心体验，体现双方的价值，共同感受服务的快乐。

服务的本质回答了“怎么做服务才能凸显服务存在的意义”，或者说“这样做才叫服务”。在服务现象普遍存在于社会各个层面的时候，我们有时感受不出享受服务的喜悦之感和提供服务的荣光的原因，也许就在于服务与期待之间的背离，其根本原因在于对服务本质认识上有偏差：服务者追求利益最大化的直观感受和服务对象的固执己见，形成了近乎对立的两个方面，必然失去了和谐的基础，服务的境界也就无法体现了。因此，从服务的本质出发，需要构成服务系统的服务者和服务对象对自己的行为进行调整。第一，把责任转化成发自内心的动力，从内心的情感出发，视消费者为亲人，由衷地去提供服务，给乘客以无微不至的关怀、爱护；第二，服务过程需要情感的升华，以关怀的态度去对待服务，因为对服务的期待本身就是渴望被关怀的心理，生冷的服务会使人感到忐忑不安或者无助；第三，获得满意的服务也需要理解服务者，配合服务者，用积极的心态参与服务，才能使服务过程顺畅而充满活力；第四，享受服务的快乐，服务者要以服务为荣，通过服务感受服务的快乐，被服务者也要敞开心扉，以大爱拥抱服务，感受服务的喜悦，获得愉悦的内心体验。

【案例 1-7】

乘客为什么要投诉我?

一架经由西安经停飞往乌鲁木齐的航班，在经停后继续飞行。很快进入为乘客送餐时段，乘务员们拖着疲惫的身躯开始为乘客送餐食，乘务员小王是一位见习乘务员，她面带微笑，小心翼翼地为乘客送着餐。当送到 8 排 A、B 座位的时候，这两位女乘客说："我们身体不舒服，不想吃了，你就为其他乘客送餐吧!"小王也没有多想，就说："那我们先把餐食保存好，一会儿您二位想吃饭就用呼叫铃喊我们，我们再给您送来!"言语之间充满着和谐。小王和另一位师姐就继续为其他乘客送餐了。当餐食时间过后，乘务长巡舱的时候，坐在两位女士同排 C 坐的乘客向乘务长提出要投诉实习乘务员小王，小王得知后，一头雾水，觉得她的服务也没有什么过错和失误，为什么这位与两位女士不相关的乘客要投诉她?尽管这位乘客当时没有直接写投诉信，但下飞机前，要了一张投诉单，说要保留投诉的权利。小王想了一夜终于找到了答案，体会到了服务的真谛。从此，小王吸取教训，不断增进对服务的理解，服务能力不断提高，不久就成为公司的服务标兵。

资料来源：毕业生的工作经历

五、服务的核心

服务是通过过程追求结果的一项综合性活动，这个结果就是让消费者满意，以保证企业的持续发展。而为了实现服务的目的，不同的企业、不同的服务者都在想尽办法，各显其能，来提升服务的品质。那么，在服务的过程中，不同的服务者、不同的服务方式能让消费者满意的究竟是什么?在服务的过程中究竟是什么因素在起着决定性作用呢?在逻辑上，服务是服务者提供给消费者的一种利益——具有明显内心体验的无形的东西，也就是说，当服务者以仁爱之心化作友善之举时，服务才能走进消费者的内心，走心才能感染人，可见，决定服务品质的必然是服务者内心世界里蕴藏的服务心态与意识，及其在服务过程中的体现。也就是说，服务者所具备的服务心理品质、服务能力与技巧各不相同，但优秀的服务均具有一个共同的品质，即用心做事。因此，我们认为服务的核心问题是发自内心的服务行为，用心与否是衡量服务品质的核心问题。这里包括三方面的含义:

1. 服务者的心态

服务心态是服务者对自己、对服务的看法和态度，态度是行为最初的动力，它决定着一切行为方式，影响着行为的结果。如果没有积极正确的态度，也就无从谈及服务，心不在焉，行为固化，这样的服务怎么能唤起服务对象内心的响应呢?从组织层面看，服务的核心问题应该拓展到服务企业所追求的服务使命、服务宗旨以及服务精神，有使命感、有担当的企业才能成为优秀的服务企业。

新加坡航空公司（SIA）是一家获国际认可的、世界一流的航空公司之一，被公认为国际上盈利最高的航空公司之一。它经常被选为"最优秀的航空公司""最优秀的商务舱""最优秀的机舱服务""最优秀的机上便餐""最守时和最安全的航空公司""商业旅行最佳选择”“最优秀的航空货运公司”，甚至获得“亚洲最受尊重的企业”的殊荣，他们一直秉承“任何事都要做到最好”，认为在 100 件事情上比别人强出 1%，要比在一件事上强 100%好得多，这 1%就是比别人多用的“心”，不仅多用心，而且见于行。乘客购买的是整个旅程的全部经历，卓越的服务就意味着服务的各个方面都必须出色，从主要环节到服务的细节，从订票到机场服务、飞行中的服务、餐食、座位、茶以及老顾客的服务项目等，都做到了完美无瑕，这样的服务具有无比的感召力。同时，从服务的个体来看，服务者的心态也离不开服务人员的服务意识和积极的服务心态，优秀的服务团队是创造优质服务的保证，优秀服务团队的培养是服务企业的重要任务。

2. 服务者的心境

心境是一种微弱、平静而持久的带有渲染性的情绪状态，具有显著的弥散性，可谓“忧者见之而忧，喜者见之而喜”，积极良好的心境可以提高服务的绩效，帮助人们克服困难，保持身心健康。在服务的过程中，服务者通过接触向服务对象传递服务信心，其情绪状态和情绪表现会形成一种服务氛围，这种氛围无时无刻不在影响着服务对象的心理感受，而且会驻留于服务对象的心里。所以，想要创造优质的服务，需要服务者以对企业忠诚、热爱职业、真爱顾客之心，调整好自己的情绪状态，保持一种积极健康、乐观向上的心境。

3. 心理自我调控

服务面对的环境是复杂多变的，所遇到的情景也是千变万化的，有快乐的内心体验，也时常会遇到不尽如人意的情况，甚至有可能与乘客产生矛盾与冲突。另外，工作疲劳会导致身心状态失衡，多种因素的交互作用、多重压力的叠加，容易使服务者产生不良的情绪，这就需要服务者具备良好的心理素质和自我调整能力。只有乐观向上，才能克服困难，将服务的宗旨坚持到底。

认识服务的核心，还需要做好以下几方面工作。

（1）搞好服务文化建设。服务企业必须坚持以服务宗旨与愿景为核心的服务文化体系建设，并坚定不移地贯彻始终。毕竟任何服务都是企业的行为，这种顶层服务思想体系的设计，会从根本上把握微观层面的服务方向。比如，海航集团企业文化以“至诚、至善、至精、至美”为宗旨，以“为社会做点事，为他人做点事，为自己做点事”为理念，以“大众认同、大众参与、大众成就、大众分享”为企业精神，这是铸就海航辉煌发展的基石，推动了海航的持续发展。

（2）端正对消费者的态度。消费者是企业发展的源泉，想要拥有消费者就必须首先尊重消费者，消费服务的过程就是对服务细节真切的体验，其需要在服务体系设计的细节中体现对消费者的尊重，迎合消费者的需求预期，每一个环节都能体现出“我们的个性化服务带给您惊喜无限”（汉莎航空的服务理念），为消费者带来愉悦的内心体验和持续的内心感受。

（3）为服务者创造良好的工作环境。服务者是为消费者服务的实施者，培养其服务意识和服务能力还远远不够，他们本身的需求必须得到满足，他们的职业发展遇到的问题必须努力解决。为其创造良好的工作与职业发展环境，营造良好的工作氛围，以激发其持续的工作热情，有助于把服务者之心归一到服务的细节，这样的服务才具有魅力，才能更持久。

【观点交流 1-1】

服务是一种精神

精神植根于灵魂深处，其无时无刻不在掌控服务行为的方向。服务主体（服务的提供者，即提供服务的组织，服务人员只是服务的实施者）在提供服务的过程中，会对服务对象（服务的需求者）表现出一种企业精神，服务对象接受服务过程并延续内心体验，服务内容是暂时的，而服务精神是永恒的。当服务传递了一种友爱、关怀、理解的时候，服务的内容与过程便成为传递这些企业精神的载体；当一种企业精神渗透在服务内容与服务过程中时，服务就成为一种人与人之间交流与互动的快乐体验。离开了企业精神，服务就成为一种机械行为。服务客体（服务内容与过程）是满足人们需求的途径，它只是实施服务的形式，而不是服务的全部，当服务主体将一种企业精神渗透到服务内容以及服务过程中时，服务就会成为一种享受，就具有了人性的关怀。

从精神角度理解服务，是与同样的服务过程给人以不同体验相联系的，也是不同服务主体的本质差别所在。我们知道技术层面的服务，如内容和程序可以通过规范来确定，为了提高服务质量，这些规范可谓是“尽善尽美”“完善备至”，但服务实施后给消费者的体验却有很大差异，其根本原因在于支撑服务行为的精神本身以及精神在服务过程中体现出的差异，亦即不同服务宗旨、服务理念的差异导致服务质量与顾客满意程度的差异。因此，服务不是简单的行为，而是一种以意识、精神、文化为依托的行为。

第三节　民航服务概念解析

民航运输服务是一种特殊的服务，与整个社会的服务水平息息相关，备受人们关注，民航服务的发展任重道远。因此，认识民航服务需要从其特点出发，研究民航服务的基本规律，梳理民航服务的内涵与特性，以进一步提高民航服务水平。

一、民航服务的概念

广义而言，民航服务是提供航空交通运输服务的系统总称，是以飞机为运输工具，以航空港为基地，通过一定的空中航线，为乘客或货主提供运输服务的活动总和。根据民航服务活动的属性，通过市场的细分，我们可以把民航服务活动分为两大类：第一类，具有独立技术性的服务工作，与乘客之间不发生直接接触。如飞行器维护维修、空管、签派、飞行器驾驶、飞行计划、运行控制、气象情报、设备保障、空港空侧运行管理等活动，这些活动属于技术性保障与运行管理系统，均与飞行活动有关，其活动过程与乘客之间无直接接触，具有独立于乘客的属性。第二类，服务于乘客出行，直接与乘客接触的工作，如客舱服务、客舱安全保卫、行李货物运输、值机、登机前安全检查、票务与服务、咨询服务、要客服务、乘客离达、中转服务等。这些活动具有明显的特点：直接与乘客接触或与货物运输相关，在相关技术与服务规范下，乘客要直接参与到服务活动中，通过航空服务人员与乘客直接接触来完成。

根据本教材对服务的专业定位，本教材的民航服务范畴限定在后者，即与服务对象直接接触的各项民航服务活动。概括起来，我们将民航服务定义为：按民航运输技术与规范的要求，以满足乘客需求为目标，通过乘客直接参与完成的或享用的一系列活动的总称。对民航服务的定义，可以从以下几个方面来理解。

（1）民航服务以技术与规范为前提。意指民航是以安全性为前提的运输行业，服务的技术规范是保证飞行安全的前提，技术与服务规范既是对完成服务的基本约束，也是规避安全风险的屏障，不可违章违规。

（2）民航服务以满足乘客需求为目标。这突显出民航服务以乘客需求为核心，体现了民航服务的市场属性和服务活动的市场价值，符合了市场需求对拉动民航发展的基本规律；乘客的直接参与或享用性，既突出了民航服务与纯技术性保障之间的区别，又强调了乘客作为民航服务的基本要素是不可缺少的，离开了乘客参与的民航活动就不属于民航服务的范畴，而应归属于技术保障的范畴。在以乘客需要为服务导向的前提下，乘客具有双重角色：既是民航服务的参与者，也是民航服务的受益者，民航服务的基本导向必须基于乘客的需要，以乘客对民航服务的感受来反观服务行为的品质，强调乘客满意度对民航企业发展的决定性作用。

（3）民航服务的综合性。民航服务是多种因素交互作用的结果，非单一因素所决定的。一方面，民航服务活动本身比较复杂，需要考虑诸多因素，如法规、规范的执行情况，服务者与服务对象和谐与否等，完善的民航服务需要从服务设计入手，把服务的目标落实到服务的细节中，充分发挥服务者的主观能动性。另一方面，强调服务结果的质量监控的复杂性，即必须进行服务的管理、监督与控制，以保证服务的状态处于良好水平。再有，就是乘客评价的复杂性，乘客对服务的评价具有很强的主观性，是一种心理感受，要提供乘客满意的服务，必须关注乘客的需求预期。

（4）服务是无形的，但无形中也包含着有形的因素。一方面，有形性是指民航服务离不开服务环境和服务设施，属于实现服务的硬件条件，比如，机场候机楼布局、光线，客舱卫生情况、设备完好程度，餐食的品种与质量等；另一方面，有形性是指服务中按服务规范实施的服务过程，如乘务员个人的亲和力、仪态仪表、迎宾服务、引导服务、咨询服务、餐食服务等，是可视的或可以直接接触感受到的。同时，服务者的服务意识、职业情操、精神面貌会直接或间接地影响服务过程，看似无形的因素却在决定服务品质中起着决定性的作用。

【观点交流 1-2】

乘客利益与民航企业利益的一致性

人们经常会见到乘客与民航服务企业发生矛盾冲突，也因此有人会抱怨民航服务不好，也会有人认为乘客不成熟，以致形成一种相互抱怨的恶性循环。我们现在研究民航服务也越来越走极端：民航企业千方百计提高服务水平，不惜代价地满足乘客的要求，把乘客的抱怨化作“力量”，但很少从消费者的角度去对其行为进行反思，乘客理智吗？成熟吗？

民航是经济组织，毫无疑问，满足消费者的需要是其发展的基本条件，从企业的社会责任和市场责任出发，需要坚定不移地坚持以满足乘客需求作为活动的重心，牢牢夯实发展的市场基石。但现实中，时常会出现过分强调企业自身利益现象，利用垄断的优势，把企业利益凌驾在乘客的利益之上，辜负了乘客的期望，伤害乘客的感情。乘客的民航服务的消费，与其他消费的最大不同，在于民航运输本身的技术属性，安全飞行需要特定的条件，乘客的行为必须符合各种法律法规和规范的要求，而在现实中，很多乘客缺乏民航的基本常识，有一种“我消费，我做主”的心态，随心所欲，无视规范的现象时有发生，各种服务冲突屡见不鲜。这说明，我们的乘客尚不成熟，还处于低级消费阶段。其实，在民航发达国家，诸如航班晚点、取消的现象也经常发生，即使乘客因各种原因很是焦急，但他们表现得很淡定，很有耐心，很少会见到与地服人员、乘务人员发生冲突的现象。因为他们清楚，正常情况下，民航的一切行为都是为了乘客的安全出行，如果安全不保，乘客的一切需求都会化作泡影。

可见，民航服务中，乘客与航空服务之间是利益共存关系，良性的民航服务秩序，需要民航服务提供者与乘客共同努力，是水与舟的关系，缺一不可。这就要求，乘客与民航服务企业各自要承担应该承担的责任与义务。民航服务企业要加强管理，尽量避免因工作失误或不到位而给乘客带来不便，如果出现问题，要坦诚面对，向乘客做如实的说明，取得乘客的理解与配合，而不能隐瞒或欺骗。在服务中也要做到站在乘客角度思考问题，避免高高在上、盛气凌人的作风，以建立和谐的乘客关系；作为乘客群体，必须提高民航的安全意识，全面普及民航运输的基本知识与出行常识，尊重民航服务人员的劳动，尊重他们的人格，多一点宽容，多一些理解，使自己的行为合乎民航法律法规规范，做一个理智的消费者。

【案例 1-8】

新加坡航空公司给我们的启发

新加坡航空公司成立于 1947 年，除了十分重视市场营销、品牌，致力于创造一个既国际化又保留亚洲风格的、与众不同的航空公司的形象外，更重要的是，公司高层坚持强调服务对顾客的重要性，不断地提醒员工们乘客才是公司存在的唯一基础。公司意识到空乘人员是乘客与航空公司之间最主要的联系纽带，不断塑造空姐的“新加坡小姐”魅力亲善形象，严格筛选与培训，实行激励性很强的工薪体系事业规划，在着装设计上独具特色，成为公司“提供高质量人员服务”这一宗旨的标志。空姐漂亮的制服与个人魅力使乘客在客舱内度过了美好的时光。公司的高层清楚地认识到了强化顾客哲学与服务文化的重要性，强调保持公司整体形象的原则是：第一次乘坐公司航班的乘客是由组织内的所有层次共同承运的，而不是乘务员个体，乘客在每一次接触时获得的待遇最为重要，必须把顾客的利益放在首位。另外，为了能第一时间满足乘客的需求，他们订立了一条规则：员工与乘客打交道时要尽量灵活，不惜为此花费更多时间与精力。不能因公司的利益而指挥乘客。在餐饮方面，每周菜单都有变化，以迎合乘客的要求。公司鼓励乘客积极提意见以反映问题，一旦乘客提出的意见被接受了，公司就坚决采取行动加以改进，所有的投诉都记录在案，并跟踪到底。

新加坡航空公司不是单单针对某一方面比对手强许多，他们要求每一样都只好上一点点，这就需要全面的创新，时时创新。新加坡航空公司应用了“40—30—30 法则”，意思是40%的资源用来培训和激励员工，30%的资源用来评价服务过程和程序，剩下的30%用来创造新产品和服务理念。新加坡航空公司的创新致力于给客户带来“惊喜”，举一个A380 的例子。新航 A380 的头等舱和经济舱的套间中的座位是所有公司中最宽的。在个性化服务上最难的问题就是在人力资源管理方面下功夫。新加坡航空公司要求每个员工有灵活的处事方法，如顾客需要一项服务，但是恰好这项服务没有准备，那么员工必须当时应承下来然后到后厨商量着解决，可以准备一些替代品诚恳地拿到乘客面前，只要不是太挑剔的乘客一般都会接受。

资料来源：http://3y.uu456.com/bp_0py1k0gu339x6b7430v6_1.html

二、民航服务的特点

民航运输是一个特点鲜明的特殊的服务行业，在具备一般服务行业基本特点的基础上，还具有明显的自身特点。

（一）安全性

安全是任何行业发展的基础，而民航运输服务中，运输工具的特殊性决定了安全要求处在首要地位，如果失去了安全保障，民航运输将失去其生存的条件。要保证民航安全，需要树立全员、全过程的安全意识，严抓死守；需要建立系统性的安全防范机制与措施，筑起牢固的防护墙，消灭非安全因素滋生的土壤；需要坚持预防为主原则，以过程控制保安全；需要把安全责任落实到服务的细节中，做到人人都是民航安全的护卫，人人参与民航安全维护与保障。民航人需要树立的最基本的安全理念就是“先有安全，才有服务”，把安全放在一切事情的首位，成为民航人的第一行为准则。

（二）系统性

民航运输服务的环节之间的衔接，需要航空公司、地面服务、空中保障等不同职能部门之间的衔接与协同，既有分工又有合作地共同构建了民航服务的产业链。航空公司作为民航运输服务的主体，直接承担着面对市场、乘客的责任，需要主动适应民航系统的要求，在运行规则的约束下，进行有效的市场运作，尽心为旅客提供满意的服务；地面服务是民航服务的基础和保障，是完成民航运输服务的首要环节，需要规范业务流程，严格岗位纪律，做到服务热情周到，全心全意为航空公司和乘客服务；空中保障关系到飞行安全和飞行效率，需要兼顾保障和服务双重责任，提高安全保障能力和服务水平。在建立完善民航服务体系的过程中，需要以安全、快捷、高效为目标，建立责任清晰、信息畅通、响应及时的联动机制。

（三）便捷性

民航作为五大运输方式之一，便捷性是其主要特征，这是民航发展所追求的目标，也是其生命力所在。这就要求服务要高效率、服务过程要方便、解决问题要迅速。由于民航服务活动的管理主体不同，因此其利益诉求也各不相同，并且相互制约，甚至存在一定的冲突，但从民航整体来看，为了实现民航的总体发展，需要不同利益主体之间进行协调与合作，避免责任相互推诿。目前我国高铁发展迅速，且发展空间巨大，便捷性凸显，对民航运输带来了巨大冲击。面对高铁的挑战，民航运输的便捷性将成为其发展的瓶颈之一，需要高度重视，要在缩短旅客的地面交通时间，在机场航站楼上下机时间、中转时间以及空中飞行时间等各运输环节上做文章，要从空域容量、机场设施、航空公司运营以及地面交通等各方面着手，系统地优化旅客运输生产和服务流程，以提高系统效率，缩短旅客出行时间。

（四）人文性

民航服务的直接接触性决定了服务的每个环节都渗透着人文性，精神、素质、价值、文化修养、道德规范等无时无刻不在影响着服务的状态，决定着民航服务的层次和品质。同时，民航服务也是民族的素质与文化的展示，彰显着民族的气质与形象，人文性是推动民航服务进步的活跃要素，也是提升民航服务水平的基石。我们在比较不同民族的民航服务，以及不同航空公司之间的差异的时候，可以从其人文性方面看出端倪。其一，服务企业的服务文化是决定性因素。航空公司的服务文化，是服务品质的基石，是决定性的因素。我们常说德国产品把质量做到了极致，是因为德国企业文化的渊源；我们称赞汉莎航空公司，是因为汉莎的服务文化总是把乘客放在第一位；我们欣赏新加坡航空公司享誉世界的声誉，在于它的服务关注的是把服务做到精致完美。其二，服务人文交流渗透性。沟通是一种对待人的态度，是对旅客的尊重和对服务职业的尊重，也是对自己的尊重。一种融洽的气氛中，沟通不仅用来传递信息，而重要的是心与心的交流，一句话表明一种态度，代表人格的魅力。其三，服务者人文素质关键性。民航服务作为高品质的服务典范，是由从事服务的人的文化修养所决定的，应该说，民航服务团队聚集了大批高素质的人才，这些人才经过了严格的专业教育与技能训练，他们承担了服务文化传播的重任，使民航服务品质与众不同，决定了服务的品质。因此，民航服务者人文素质的高低，决定了民航服务水平的优劣，民航服务者需要不断地加强文化素质的培养，提升人文素质的底蕴，以适应民航发展的趋势。

【案例 1-9】

真诚可以破冰

一次北京至珠海的航班上，头等舱满客，还有 5 名 VIP 旅客。乘务组自然不敢掉以轻心。2 排 D 座是一位外籍旅客，入座后对乘务员还很友善，并不时和乘务员做鬼脸开玩笑。起飞后这名外籍客人一直在睡觉，乘务员忙碌着为 VIP 和其他客人提供餐饮服务。然而两个小时后，这名外籍旅客忽然怒气冲冲地走到前服务台，大发雷霆，用英语对乘务员说道："两个小时的空中旅客时间里，你们竟然不为我提供任何服务，甚至连一杯水都没有！"说完就返回座位了。旅客突如其来的愤怒使乘务员们很吃惊。头等舱乘务员很委屈地说："乘务长，他一直在睡觉，我不便打扰他呀！"说完立即端了杯水送过去，却被这位旅客拒绝；接着她又送去一盘点心，旅客仍然不予理睬。作为乘务长，眼看着将进入下降阶段，不能让旅客带着怒气下飞机。于是灵机一动，和头等舱乘务员用西红柿片制作了一个委屈脸形状的水果盘，端到客人的面前，慢慢蹲下来轻声说道："先生，我非常难过！"旅客看到水果拼盘制成的脸谱很吃惊。"真的？为什么难过呀？""其实在航班中我们一直都有关注您，起飞后，您就睡觉了，我们为您盖上了毛毯，关闭了通风孔，后来我发现您把毛毯拿开了，继续在闭目休息。"旅客情绪开始缓和，并微笑着说道："是的！你们如此真诚，我误解你们了，或许你们也很难意识到我到底是睡着了还是在闭目休息，我为我的粗鲁向你们道歉，请原谅！"说完他把那片表示难过的西红柿片旋转了360°，一个开心的笑容果盘立刻展现在面前。

资料来源：https://wenku.baidu.com/view/99f1241fb7360b4c2e3f6400.html

（五）复杂性

民航服务过程面对着一系列严谨的规范与技术程序，一个微小环节的失误就很可能铸成大错，甚至导致安全事故。民航管理部门和航空服务企业制定了一系列民航运行的法律法规与服务规范，给出服务细节操作规范，作为法律强制执行，不允许有丝毫的马虎与怠慢。比如，民航地面服务与飞行安全存在着内在联系，地勤服务出现诸如安检不严格、乘客服务不周全，或者某一环节出现失误等问题，势必会影响民航生产组织与运行效率，乃至影响飞行安全。因此，为了保证民航安全与运行效率，必须从系统角度规制各部门、各个岗位的工作与技术规范，做到每个工作细节有规矩可依，执行情况有证可查，责任可追诉；另外，民航运输是在与乘客的互动与交流中完成的，由于服务对象存在着对民航运输的"认知缺陷"，使得服务过程面临着协调的困难，同时，民航运输的"无差错性"又要求服务细节要天衣无缝，做到尽善尽美。

（六）展示性

民航服务的展示性是其特征之一，也是民航服务的魅力所在，服务环境美，服务流程合理，服务者仪态仪容美，服务者心灵美，服务语言美、行为美共同创造着服务的整体美感。民航服务展示特征可以从以下几方面来看。

从管理学角度看，管理学中将"一定的时空系统环境下，在一个组合中拥有相对的不可代替性的定位"称之为角色定位。这里，"角色"不一定是一个人，可以是一个群体，可以是静态的表现，也可以是动态的展示；可以是客观的，也可以是主观能动的。角色定位也告诉我们：当你的角色定位符合了系统角色的要求，你才能在系统中发挥作用，并有助于系统的良好运行。所以，民航空勤服务人员拥有的高雅气质和亲和力，本身就是最有效的服务工具，可以拉近与乘客的距离，给乘客以安全与可信任之感；同时，服务美也展示了航空公司的形象，构成了和谐服务的积极因素，增加了服务的艺术内涵，使相对固化的服务模式充满激情与活力，让服务对象赏心悦目。这不仅展示了服务者本身的美，更重要的在于他们的形象就是公司的标识，是航空企业的文化要素、服务理念及对待乘客态度的流露。因此，需要通过空勤人员具备良好的修养和行为方式，在服务的行为细节中给乘客以美的感受。

从心理学角度看，环境氛围越具有感染力，人的行为就越容易受到引导，也越容易与所处的场合协调。人的情感的最大特点是容易受到“环境”氛围的影响，良好的环境与服务者得体的行为举止会极大地激发乘客内心的情感，使服务提供过程更加顺畅，有助于服务满意度的提升。比如，民航服务中，乘务员与乘客的接触是短暂的，而且是非连续的，乘务员对乘客个体的服务过程往往只是瞬间之举，这个过程传达给服务对象的内心体验与服务者的个人魅力，服务信息传递的强度、信息量有直接的关系。所以，必须强化服务者的主观能动性，以强化乘客的内心体验。

服务过程也是民航服务人员对乘客的影响过程，人格具有不可抗拒的影响力，是凝聚在内心的美的要素，其可散发辐射性力量，具有强烈的内心冲击力量。人们常说“美丽养眼，内慧养心”，其中的养心就是强调感染力，感染力由一个人的“心境”所决定，并通过心的陶冶与心的修养形成。超强的感染力表现为行为举止充分地表达内心世界，其可拉近与乘客的距离，减少乘客的戒备心理，减少服务的障碍，就像人们旅游一样，山清水秀、景色宜人才能缓解人的压力。在客舱服务中，乘务员成为乘客唯一可以信赖的对象，乘务员需要以人格的魅力去感染和影响乘客，其优雅的举止、淡定的行为，会在一定程度上缓解乘客的紧张情绪，使旅途更顺畅。

【案例 1-10】

注目微笑的魅力

曾有一位初次乘飞机的乘客讲述了自己的亲身经历，使我们印象深刻。讲述者内心充满了对乘务员的敬佩之情。飞机起飞后有些颠簸，坐在后排的她由于初次坐飞机，本来就有的恐惧之感加剧，更显得心神不定，不久她从后排移到了前排的空位上，坐下之后尽管飞机颠簸的感觉有所减轻，但内心的恐惧仍未消除。此时，一名乘务员向她走来，她心跳加快，担心自己私自调换位置会被乘务员批评。出乎意料的是乘务员走到她面前时微笑着点点头便走开了！这微笑使她如释重负，愉悦的心情使她那紧张而充满恐惧的心情开始放松，同时自己也沉浸在被认可与受到尊重的氛围中。当再看到乘务员的背影的时候，感觉乘务员是那么美丽，似乎飞机也不再颠簸了。简单经历讲完后，她情不自禁地表示，自己一辈子都忘不了那位乘务员的微笑！

【观点交流 1-3】

民航与高铁服务透视

人们常说，民航服务是服务业的标志，是各个服务行业提高服务质量的学习的榜样。铁路服务是传统服务行业，其严谨的服务规范和职业素质，一直影响着我国服务行业的发展，奠定了我国服务行业发展的基础。随着时代的发展，铁路运输进入高铁运输时代，铁路运输无论在运输的硬件，还是速度和便捷性方面，都给交通运输体系带了新的冲击，出现了新的历史性变革。高铁客运服务在发展过程中借鉴了民航空乘的服务规范与模式，给人以耳目一新的感受和冲击。但仅从乘车过程而言，动车或高铁的乘务工作仍然缺乏高档次的感觉，除了动车/高铁的乘客群体的特殊性和市场特点外，服务内容的简单化和服务过程单一化，也是其原因之一。

民航服务的服务内容和服务过程讲究的是细致与精致，在服务的细节中，乘务员把航空公司的服务文化、服务理念传递给乘客，使乘客在旅途中处处感受到了关怀与尊重。从乘客进入机舱门开始，乘客就可以明显地感受到服务的细节的安排与对乘客关怀的细致性，乘务员与乘客的接触点恰到好处，保持着经常性接触，服务内容呈现出丰富多彩的氛围，乘务员更多地会从个性化关怀角度展开服务，而且有始有终。

而动车/高铁的乘务服务就显得简单而粗放，从乘务服务程序看，从迎客到进入车厢，到就座，乃至乘车的全程，列车的乘务员都在忙碌着与技术性相关的工作，缺乏与乘客接触，服务过程也相对简单，除了按客运服务规范的理性服务外，再也很难看到与乘客相关的服务内容，使乘客难以感受到服务的档次与温馨。

三、民航服务的要求

什么样的民航服务才符合民航发展的要求，才能满足乘客的要求呢？首先，民航服务要符合一般服务的基本要求，同时，民航服务必须在尊重民航自身规律的前提下，具有自身的特殊要求。

（一）以安全意识为先导，突出安全保障

民航运输安全的重要性不言而喻。那么从民航服务的角度来看，如何在服务的环节与过程中确保民航安全？民航安全是运输的基本要求，而民航服务中很多环节与安全息息相关。如机场的安全检查、行李运输；客舱服务中应急设备的使用、通道的畅通、客舱秩序，以及破坏飞行安全的其他行为的发现与制止。那些与民航安全相关的事件，均与服务过程中对规范的把握不足相关，服务的瞬间失位也许就给非安全因素的滋生埋下了安全隐患。所以，民航服务企业必须培育深厚的服务文化，让安全意识根植于空勤人员的内心，严格执行规范，严守服务规则，真正建立起安全防范的思想屏障。民航安全的实证研究表明，人为因素是引发民航安全的首要因素，马虎大意、擅离职守、违规操作等是构成民航安全的重大隐患，需要警钟长鸣。所以，民航服务必须把安全作为第一要务，在保证安全的前提下做好服务工作。

（二）以服务意识为核心，体现顾客价值

意识是服务活动的先导，是决定服务品质的灵魂，也是一个优秀空勤人员的首要品质。只有具备良好的服务意识，民航服务才能主动热情，充满真情与关怀，乘客感受到了尊重，其自身价值感也会获得提升。服务通常有三种境界：其一，回应他人的要求（如客舱服务中对呼叫铃的回应），这是被动服务，或无服务意识的服务；其二，根据需求者的

需求表象（如看书的乘客需要灯光）来发现需求，这属于具有一般服务意识的服务；其三，根据服务对象的心理活动和意境来判断其潜在的需求，这是具有超前服务意识的服务。服务者只需稍微动点心思，服务的满意度就截然不同，乘客所获得的内心感受也完全不同，乘客的价值感也绝对不同。所以，民航服务人员必须强化服务意识，养成“我愿意为您服务”的服务情结，培养爱岗位、爱乘客的情怀，成为一个合格的“民航人”。

（三）以服务内容为载体，彰显公司关怀

服务内容决定服务的格局，是优质服务的基础。只有服务内容丰富，且贴近乘客的需求，民航服务才会有魅力。同时，服务内容又是航空服务企业服务精神的载体，是服务承诺在服务环节的体现。民航服务作为服务的标志性行业，往往体现在服务内容的创新与细致性上，在服务内容上大体可以概括为“把粗糙变得巨细，把巨细变得精致”，体现出“服务内容越丰富，服务对象越方便”的道理。民航服务，特别是空乘服务与其他类型的服务的差异，在服务内容上体现在四个方面：第一，贴近需求。使乘客感到无微不至，舒适便利。第二，服务过程的细分。服务贯穿始终，细致入微，使乘客处处都能感受到服务的品质。第三，服务细节的精致。服务的每一细小的环节、乘务员的举手投足之间都能显示空乘服务的魅力，具有艺术欣赏性。第四，体现乘客为尊的理念。比如，“跪式服务”模式、耳语式沟通方式等。所以，民航服务需要在服务内容上进行精心设计，既要内容丰满，贴近乘客的需求心理，又要在服务细节上下功夫，还要给服务内容赋予“生命”，传递情感与人文关怀。

（四）以服务规范为标准，过程细致入微

服务规范是服务过程中的工作标准，一般包括“5W”，是规范服务行为的手段。尽管任何服务都离不开服务规范，但民航运输的特殊性，决定了民航服务的规范更具有执行性和服务细节的规制性，体现在服务过程的人与空间、人与设施、人与人、服务环节之间紧密衔接，形成服务的整体。同时，在落实服务规范的服务细节方面有着详细的要求，如服务的礼仪、服务语言等均有详尽的要求，便于统一服务者的服务活动。

（五）以人文关怀为使命，传递企业精神

任何服务都离不开人文关怀，服务档次越高，人文性就越强，服务对象的体验就越深。高空飞行是一种特殊的心理体验，旅客往往伴随着焦虑、恐慌等心理反应，如对时间、过程、便捷、安全、程序、同行者等方面的感受具有特殊性，特别是缺乏航空旅游经历者，在遇到民航服务的特殊情景时，服务中必须渗透人文关怀，才能使乘客感到温馨，继而获得信任感，才能有安全感。因此，无论在企业层面，还是从服务者角度，人文关怀是滋润乘客心灵的“小溪”，涓涓不息，彰显着民航服务高尚的情操，凸显出企业精神，也是和谐服务的精髓所在，体现着民航服务作为社会文明进步推进者的责任与担当。

（六）以文明礼仪为防范，凸显民族气节

民航是国际往来的第一门户、四海朋友汇聚的场所，是国际友人感受中华民航礼仪之邦、了解民族文化、建立良好感受的窗口。所以，需要民航服务中展现民族的气节、礼仪风范，尊重异国友人的风俗习惯与民族文化，避免出现不适当的言行举止，影响民族形象。

【观点交流 1-4】

服务的决定性在服务之外

作为服务对象，乘客希望服务过程周全备至，赏心悦目，能给其留下深刻的印象。所以，乘客对服务有着近乎“挑剔”的要求，通过乘务员的直接努力往往不能与乘客的要求达成一致，即使乘务员很努力地工作，尽心去服务，也经常难以令乘客感到满意。那么，这是什么原因所致呢？国外的空乘服务人员的构成与我国的乘务员明显不同，据调查，国外很少有从事空乘服务专业专门人才培养的学校，他们的乘务员大都是从普通的其他专业的毕业生中择优选拔的。尽管入职前没有经历过系统的专业训练，但他们在工作中所表现出来的职业修养和服务能力却有很高的水准，也经常成为我们研究与学习的榜样。相反，我国有诸多民航服务人才培养的专门学校，在潜心进行航空服务专门人才的培养，但实践表明我们的乘务员的服务水平与国外的空乘服务依然存在很大的差距，没有达到预期的理想效果。出现这种情形的根本原因还是在于绝大多数受教育者缺乏深厚的服务文化的熏陶，缺乏优秀服务者应具备的内在修养及内生的职业情感，而过分强调乘务员的外在因素。可以说真正具有生命力的服务决定于服务之外的深层次的因素，如企业服务宗旨、服务精神以及服务者固化在内心的服务情感与职业精神，服务过程所展现的是服务的表象，是服务精神的传递。只有注重服务者的内在修养塑造，使服务的职业道德与服务意识在内心深处植根，并固化在日常的行为中，服务才能从服务的细节和服务者的行为中去体现服务的内涵。

我们在着力提升服务者服务技能的同时，需要坚持不懈地提升其内在修养，包括树立正确的人生观、世界观及价值观，提高文化修养，塑造稳定的心理素质。有志于成为一名优秀的民航服务人才还需要加强思想和道德修养，加强文化底蕴的积累，吸收更多的知识，只有这样，我国的民航服务水平才能有质的飞跃，我们的社会服务水平才能体现出中华民航的风采。

第四节　民航服务的内容

从民航运输整个层面看，可以把民航运输作为一个民航服务的概念，涉及民航运输中的每一个环节；从民航服务的实现层面看，涉及服务链中与乘客接触的每个细节。根据本教材对民航服务概念的界定，我们把具有服务接触性、参与性与体验性的民航服务界定为本教材的研究对象。

一、空勤服务

空勤服务泛指与乘客空中飞行过程直接相关的服务过程，本教材是指空中乘务服务。

（一）准备服务

准备服务是指在乘客尚未登机前的各项准备性服务，是为了乘客飞行安全、有效组织服务过程而进行的准备性工作，包括以下两个部分。

1. 预先准备服务——航前会议

民航航班的机组是航班任务的执行主体，由飞行组和乘务组组成，共同完成航班的飞行与服务任务，保障乘客安全抵达目的地。其中，飞行组是由持有执照的飞行员组成，担任着操纵飞行的任务，其成员包括机长、副驾驶，必要时配备领航员、飞行机械人员和飞行通讯员。机长领导机组的一切活动，对航空器和航空器所载人员及财产的安全、航班正常、服务质量和完成飞行任务负责，机组全体成员必须服从机长命令，听从机长指挥。乘务组是由飞行组成员之外的在机舱内工作的其他机组成员组成，负责操纵航空器之外的其他辅助性职务，包括乘务员与安全员。乘务员在飞机上为乘客提供服务，安全员负责保卫机上人员与飞机的安全，须在机长的领导下工作，处置机上非法干扰及扰乱性事件，部分兼职安全员还要承担客舱服务工作，安全员有时还会以普通乘客的身份出现。

执航机组组成后，在机长召集全体机组成员召开飞行前的准备会议前，由乘务长组织乘务组准备会，主要内容包括复习航线机型知识、分工、了解业务通知、制定服务方案和客舱安全紧急脱离预案，检查证件和仪容情况。之后，机长召集全体机组成员召开飞行前的准备会，在机组成员相互熟悉的情况下，机长向大家说明本次任务的情况，并向岗位的负责人布置具体任务。机上各部门工作人员需要向机长汇报工作准备情况。

2. 直接准备服务

飞行前准备服务关系到航班执飞、飞行安全相关事宜，还包括为乘客服务用具、用品状态做准备，以便迎接乘客的登机。机组成员会在航班起飞前一个小时登机，其准备工作包括：①客舱应急设备检查：紧急滑梯的压力、救生船、移动式氧气瓶、移动式灭火器、门、救生衣、氧气面罩、安全带、麦克风、防烟面罩、信号机、手电筒、石棉垫、应急药箱（开启）。②餐食与客舱服务设备检查：检查餐食数量、质量、厨房设备、供水系统以及电源系统、垃圾筒备份情况、餐车与用具箱是否固定；娱乐设施状态；厕所、行李架呼吸器、小坐板、婴儿摇篮、座椅、靠背、阅读灯、观察窗等。③旅客服务用品检查：主要包括毛毯、耳机、安全须知、航机杂志、报纸等机内读物、垃圾袋等。④旅客登机前准备：主要包括登机前的清舱；处理可疑物品或无关人员；乘务人员仪态、仪表准备；客舱灯光准备。

（二）直接服务

直接服务是指面对乘客的整个飞行过程所做的服务性工作，是集安全、技术、乘客方便为一体的贯穿整个航程的系统性服务。主要包括以下几个方面。

（1）迎宾服务。热情迎接乘客，介绍座位号码，区别不同乘客引导座位，安排行装摆放，对出口座位的乘客的独立能力进行评估。

（2）起飞前服务。包括清点乘客数量，核对报告，关闭机舱门，广播安全须知和注意事项，起飞前内外场的安全检查。

（3）平飞阶段服务。广播航线、准备餐饮、送清洁用品、清洁洗手间备用、播放录像、巡视检查、个性化服务等。

（4）提供餐饮。向乘客提供饮品与餐食。

（5）商品服务。在客舱内为乘客提供商品销售服务。

（6）航班到达准备。通知乘客（预报时间、天气情况）；收回物品（耳机）并关闭录像；通知地面做好准备工作；实施安全检查；送别乘客；物品的清点与交接。

（7）清舱服务。各责任区负责人对机舱内进行清理。

（三）应急与服务

应急服务是关系到飞行器的安全与客舱安全，以及非常情况下的应急处置服务。民航运输把安全置于最重要的地位，为此，需要对飞行器的安全以及乘客的安全采取有效的服务措施，如飞机释压、火灾、迫降、逃生、劫机、乘客冲突等。在应急服务的过程中涉及更多的是各种应急设备以及各种情况下的安全规范实施，其特点是乘务员、应急设备、应急情景与乘客之间的互动与配合的协调与否是关键问题。

（四）延伸服务

延伸服务是与乘客乘机无直接关系，但与乘客利益相关，影响乘客旅行体验的附加服务。

（1）个性化服务。即根据乘客的个性需要所提供的服务。个性化服务是空乘个性化服务的重要体现，要求乘务人员根据不同乘客需求的个性化特点，采取积极的态度与特殊化手段提供个性服务。如喜欢言谈的乘客，就可以适度地与其进行多方面的沟通；喜欢安静的乘客就不要过多去打扰等。

（2）关怀性服务。即通过细腻的服务，让乘客感受到温暖与踏实。乘务人员通过细心观察发现乘客心理的细微变化，从内心关怀有加，使乘客感觉到乘务人员的可亲。如对恐高的乘客的关怀、对身体异常乘客的照顾，在遇到飞行异常情况下对乘客的安抚等。

（3）后续服务。即为乘客提供离机后的相关服务，包括中转安排、旅游、住宿、商务等方面的服务。

【小常识 1-2】

客舱窗口上的小孔

你留意过民航客机的窗户吗？你注意到玻璃上有一个齐整的小洞吗？这是不是玻璃坏了？会不会导致减压甚至爆炸？可能许多旅客有过这样的疑问。这个小孔确实起着“生死攸关”的作用，因为它保护着乘客和客机的安全。

这个小孔其实起到了平衡客机窗户多层玻璃内空气压力的作用。一般来说，客机窗户玻璃由三层夹层组成。假如最外一层破裂，中间一层会起到承受意外情况下各种压力的作用，从而保证客机安全。但是玻璃夹层内部的空气压力，与座舱内增压环境的压力有很大差异，夹层可能会被压力差压裂，导致机舱出现减压，危及乘客生命安全。

所以，窗户中间这一夹层上设计了一个小孔，使得夹层内外可以实现压力一致，避免出现巨大的压力差。此外，这一小孔能够排出窗户中积聚的水蒸气，从而避免窗户出现雾气、冰霜凝结，保证窗户一直可以提供良好的透视条件。

资料来源：民航客机窗户上竟有一个洞！会导致飞机失压甚至爆炸吗？［EB/OL］.（2016-04-04）. http://mil.eastday.com/a/160404110150393.html?qid=wwweastday.

二、地勤服务

“地勤”一词原本是民航系统内一个比较宽泛的概念，它是相对于“空勤”而言的所有地面服务工作的总称。广义的地勤服务包括机场、航空公司以及其代理企业为乘客、货主提供的各种服务；还包括空管、航油公司、飞机维修企业等向航空公司提供的服务。狭义的地勤服务主要是指航空公司、机场等相关机构为旅客提供的各种服务，如机楼问询、电话问询、广播、航班信息发布、接听旅客投诉电话、值机服务、安检服务、联检服务、引导服务、行李服务、候机楼商业服务等。本教材从地勤的狭义定义出发，将地勤服务限定在航空公司、机场等相关企业为乘客提供的各种服务，这些服务均与乘客出行直接相关或产生直接影响，而非对飞行区飞行保障性的其他服务工作。其服务的主要内容包括以下几个方面。

（1）票务服务。是为乘客预订座位取得登机凭证而提供的服务平台，是保障乘客出行的基础性必要服务。

（2）通用服务。包括机场地面交通服务、候机楼问询服务、候机楼广播服务、公共信息标志服务、候机楼商业零售服务等。

（3）值机服务。为乘客提供办理乘机手续（换登机牌、收运旅客的托运行李、安排旅客的座位）服务。分为传统的值机柜台式服务和互联网非柜台值机服务。

（4）行李服务。是按《中国民用航空旅客行李运输规则》，为乘客行李办理国内航空运输，保护承运人和旅客的合法权益，维护正常的航空运输秩序的服务工作，具有很强的技术性。同时，由于行李运输程序复杂，影响行李运输的因素众多，很容易引起失误和服务纠纷。

（5）安检服务。民航安检服务是在保证民航安全的前提下，通过登机牌和身份证核实登记者合法身份，对旅客随身携带物品进行安全检查，以确保飞行安全的一系列技术性工作。安检工作需要乘客提供优质、高效、快捷的服务，要求从业人员具备良好的职业素质、职业道德，掌握法律、法规和相关政策与规定，并具备安全检查技术能力。

（6）联检服务。包括为出入境乘客提供边防检查、海关检查、卫生检疫、动植物检疫、进出口商品检疫等服务。

（7）中转服务。是民航针对购买联程机票的旅客开展的空地一条龙服务。从售票这一环节开始，每个部门都会把中转旅客的姓名、人数、换乘航班情况通知后续部门。中转旅客到达换乘机场后，只要到达大厅后找到中转服务柜台，便会有专人协助其提取行李、办理后续航班登机手续，直接通过安检。

（8）引导服务。就是对乘客进入机场直至登机过程提供的引导性服务，以方便机场办理登机前的各项手续，解决可能会出现的问题与困难。引导服务还包括应急事件的处理。目前，除了提供一般的引导服务外，有些航空公司设立了全程引导登机，如国航地面服务部推出的一项针对有特殊需求的旅客和商务旅客的延伸服务。长期以来，部分老、弱、病、残、孕、幼等特殊群体旅客，因为各种原因，在到达机场后办理乘机手续以及登机过程中，会遇到排队、不熟悉环境和程序等诸多不便；许多商务人士由于工作紧张，到达机场办理乘机手续时间紧迫，登机过程十分匆忙，误机的现象时有发生。国航地面服务部的这项延伸服务就是专为上述有特殊需求的旅客以及商务旅客提供的：从订票开始，全程跟踪、引导、陪同办理登机并提供专门休息室，使旅客的旅行变得更快捷、方便、舒适。

（9）特殊旅客运输。在民航运输中，经常会遇到需要给予特别礼遇和照顾的旅客，这些旅客或是由于其身体和精神需要给予特殊照料，或是在一定条件下才能被运输的旅客，对这些乘客的服务即特殊旅客运输。特殊旅客包括重要旅客和一般特殊旅客。重要旅客包括最重要旅客（VVIP）、一般重要旅客（VIP）、工商界重要旅客（CIP）；一般特殊旅客主要包括无成人陪伴的儿童、病残人士、孕妇、盲人、聋哑人、醉酒旅客、犯人等。一般特殊旅客的服务需要按相关规定和服务规范的要求，分类提供服务；重要旅客的订座、售票、信息传递和服务工作应有专门和指定人员负责，航空直属或者指定的售票处负责办理重要旅客订座和售票工作。同时，对重要旅客乘坐班机，有关部门需提供良好服务，应注意做好保密工作，遇到问题应及时向当日的 FOC 客户服务席值班员请示汇报。

（10）不正常运输服务。客票售出后或因客票填开时的差错，或因客运人员的工作差错，或因航班飞行过程中出现的特殊情况，或因旅客乘机过程中的种种原因，未能如期完成客票上所列航程的旅行，称之为旅客运输不正常。包括误机、漏乘、错乘、登机牌遗失、无票乘机、航班超售、旅客拒绝登机。不正常旅客运输属于非正常运输，是由某一不正常因素引发的，也往往容易引起服务纠纷或冲突，需要在服务中，做到主动、热情、耐心、细致，及时帮助旅客解决困难，尽力为他们提供便利。在服务态度上，对中外旅客要一视同仁，都应热情、主动，不发生与旅客争吵事件，不发表不礼貌、不文明的言论，及时化解各种冲突，提高服务的效率，有效化解乘客的不满情绪。

本章思考题

1. 简述民航运输系统的构成及民航运输系统对理解民航服务的意义。
2. 服务与民航服务的概念以及服务的特点是什么？
3. 民航服务的主要内容有哪些？
4. 为什么说民航服务是基于精神？如何理解服务的本质与灵魂？
5. 如何从民航服务的要求看如何提高民航服务水平？

本章典型案例

为顾客服务：没有最好，只有更好

2004年国航获得了用户满意优质奖和服务品牌优秀奖，时任国航总裁马须伦（现任东航总经理）在接受记者采访时表示，当今激烈的市场竞争下，航空公司要想获得乘客和货主的认可和选择，就必须以最好的服务争取人心，打动人心。服务水平最终决定其市场的份额和效益的高低。多年来，国航在保证安全运营的同时，始终把以旅客为中心作为服务的宗旨，把顾客的需求和满意作为服务工作的出发点。

早在2002年，国航就明确提出了服务质量是发展根本的文化建设理念，构建了以“四心”为主要内容的服务体系。“四心”工程，就是让旅客和货主在选择国航和享受国航产品的全过程中感到放心、顺心、舒心、动心。

“放心”就是要让旅客、货主感到国航的安全有保证，旅途无担忧；使旅客、货主感到，一旦选择了国航就选择了踏实、轻松。国航在服务工作中把安全放在首位，始终树立“安全第一、旅客至上”的理念，视安全为服务的第一要旨。服务工作中尽量简化旅客、货主参与乘机和运输货物的程序，增加服务的公开度、透明度，打消旅客和货主的一切不必要的顾虑。

“顺心”就是保证航班正点和整个服务流程的顺畅，使旅客、货主的服务需求事事顺利如愿，体现在国航的服务工作中就是使每一个环节间的服务链条通畅、无间隙。要求国航服务的每一个细节，都能尽量达到使旅客、货主获得“顺利”的心理满足。

“舒心”就是使旅客、货主感受到国航的服务是舒适和惬意的。体现在硬件上就是要为旅客、货主提供舒适的条件，包括座椅的舒适度、音像杂志的赏心悦目度和餐饮的可口度等；体现在软件上就是要为旅客、货主营造出一种舒畅愉快的感觉。

“动心”就是满足旅客、货主合理的特殊个性需求，为旅客提供的个性化需求达到令其动心的效果，使其对国航的服务由衷地产生一种感动的情感，这是服务的最高境界。“四心”服务工程既是国航服务的内容，又是国航服务的目标；既是服务工作的起点，又贯穿于服务的全过程。“四心”要求国航在不断满足旅客、货主现实需求的同时，关注旅客、货主的潜在需求，努力成为比旅客更了解旅客、比货主更了解货主的航空公司。通过创新服务满足顾客的各种个性需求，用动心打动顾客和货主使其认可国航的服务，继而支持国航。在2004年的服务工作中，国航通过服务的系统管理，进一步改变理念，优化服务流程，确定服务的要求和标准，并完善了服务管理的制度与建设。虽然国航获得了2004年度用户满意优质奖和服务品牌优秀奖，但这并不等于说国航的服务已尽善尽美，国航坚信服务没有最好，只有更好。马须伦谈到下一步的目标，是要把这次获奖作为国航前进的压力和动力，继续把服务推向更高的水平。第一是在公司范围内树立服务意识，因为现在市场经济说到底是服务经济，基于此，旅客对国航是否满意要永远作为国航服务的出发点和落脚点。旅客说了算，真正从工作中，从思想上，从内心深处把旅客当成上帝。这样，在工作范围内，不仅要求服务部门，也要求公司的其他部门和公司的每一位员工，都要树立为旅客服务这个意识。只有这样，旅客才会想着国航，国航的市场才会越做越大，越做越活。第二是服务工作要系统地去做，它不是简单的一个地服的事，一个客舱的事，涉及公司的方方面面，涉及每一个系统，要从整个系统做好这项工作。第三是做好服务的流程设计和服务的规范化管理，中国的空中服务与国外没什么差别，甚至超过国外的航空公司，现在的问题是空地流程结合部，交叉环节的衔接处不够好，因此要打造完整的服务链，构建完整的服务体系，不能让链条掉链子，要打造完整的服务信息链条。注重规章制度的建设，让每个人的行动、意识有规章制度来指导、要求。第四是做好服务责任的强化和服务责任的落实，提高服务人员素质，切实搞好服务人员的培训。为了更好地落实责任，国航曾请社科院设计了一套考核办法，以航班正点为突破口，通过强化责任的落实，让每位员工有压力，有动力，真正做到班班计较，分秒必争，确保航班正点。第五是国航将继续改进服务，对旅客提出的好意见和建议认真地加以分析，及时地加以改进。归根结底是在“四心”服务上下功夫，“四心”服务内涵在国航已成为大家高度共识的服务理念，国航以“四心”服务作为打造国航品牌的一个重要选择。“四心”贯穿了整个服务的全过程，“四心”是完全站在旅客的感受上、角度上，让旅客真正感受到乘坐国航的飞机，安全是令人放心的，旅途是顺心的。通过提供个性化的服务、特殊化的服务，让旅客真正感动，感动旅客同时也感动自己，把旅客的心抓住了，企业在市场中就突显了自己的优势。

资料来源：梁馨. 为顾客服务：没有最好，只有更好——访中国国际航空公司总裁马须伦［J］. 中国民用航空，2005（3）：22-23.

案例讨论：

（1）通过本案例，你对民航服务有什么更深层次的理解？

（2）国航的“四心”工程的实质是什么？对做好民航服务有什么实践意义？

（3）了解其他航空公司在客舱服务中的举措，总结民航服务的发展趋势。

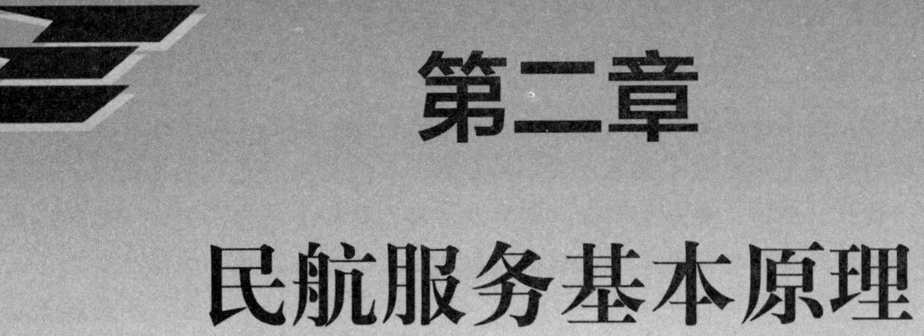

第二章

民航服务基本原理

本章学习目标

☑ 理解民航服务理论的实践意义；
☑ 理解并掌握民航服务核心理论的内容；
☑ 理解服务理论与民航服务实践活动的内在联系；
☑ 能够用民航服务的基本理论对民航服务中的问题进行分析与思考。

导读

挖掘民航服务理论才能务实提高民航服务质量的根基

无论是机场地勤服务，还是航班的客舱服务，都集中体现了社会进步的状况，代表着整个社会的服务水平，其服务质量一直是社会最为关注的话题。由于民航服务更多体现在服务过程中服务者的服务意识与服务技能方面，抓好服务者的技能培养与训练成为提高民航服务质量的唯一选择。然而，服务是服务者的智慧活动，是经济运行系统的一部分，直接目的在于实现企业的经营目标，其活动过程必然服从于企业运行的基本规律与要求，民航服务中的服务规范都是企业运行要求的具体体现，可见，无论是机场服务，还是客舱服务，都是民航企业经济活动中的面向消费者的直接环节，其服务质量与品质，一方面体现着民航企业对服务规律的认识与把握，另一方面，在于服务者对服务认识的高度与职业胸襟，一个具有服务与企业发展的视野的服务者，他一定能够驾驭服务过程的各种服务要素，就有能力妥善处理好服务中的各种问题。有很多专家提出，空乘服务专业不仅要培养高素质、高技能的民航服务人员，更要塑造“民航人”。“民航人”是要有民航的职业情怀、懂得民航服务的基本规律，愿意投身民航服务事业的智慧人。然而，民航服务人才的技能型定位根深蒂固，影响范围之广，很难一时得以突破。无论是民航服务人才培养，还是岗位培训，人们往往专注于服务能力与技能的培养与训练，而忽视能力与技能培养平台的架构，缺乏思维与意识的培养，导致服务中更多地沉迷于服务者与乘客之间的利益博弈，而忽视了决定企业发展的关键因素。可见，影响我国民航服务水平的根本问题，不仅在于服务技能本身的高低，更在于服务者缺乏服务的大局观、整体观，缺乏能动的工作热情与动力。认识高度不够，视野必然狭隘，其行为必然以自我为中心，有时陷入无法自拔的境地，这是约束我国民航服务发展的根本原因。

理论来源于实践，又高于实践，引导实践。民航作为具有影响整个服务行业的标志性服务行业，具有长期的实践积累，培育了民航服务的独特风格与内涵，又面临着未来发展的挑战，服务既是一种活动，又是企业发展系统中最具活力的核心要素，这就决定了对服务的思考不能仅仅狭隘地看服务，必须认识服务的客观规律，找出服务与企业发展的关系，认清约束服务的主要因素与约束方式。工欲善其事，必先利其器。无论是形成对服务问题的正确认识，还是找到解决服务问题的思路，都需要以对服务科学的正确思维为基础，既要解决“怎么看”服务，也明确“怎么办”才能做好服务，也是对服务价值的一次认识上的提升，只有明确了为什么要做好服务，才能领悟如何做好服务，才能从根本上把服务变成自觉地超越自我的行动。

服务理论是启迪人们的思想、把握服务大局的金钥匙，对推动民航服务的发展具有里程碑式的作用。当然，民航服务的实践是个持续的过程，民航服务理论还需要探索与总结，但确立服务理论的指导地位，努力架构服务理论框架，丰富服务理论的内容，必将是对民航服务领域的有益探索。从民航服务的未来发展来看，立足机场或客舱服务，放眼民航全局，从辩证思维中去寻找民航服务发展的动力源泉，也许是我们走出服务发展误区的有效的思维。

引例

认识的提升开启了新航的发展之路

面对复杂的民航服务系统，无论是地面服务，还是空勤服务，无论是简单的服务，还是复杂的服务过程，都围绕着乘客的需要展开。也就是说，企业的发展与乘客的满意是服务的核心问题，而利润是企业战略性的追求。面对民航的国际竞争，新航不断提升服务理念，从而寻求新的发展动力。这其中，三大经营理念成就了如今的发展，也是新加坡航空集团在竞争激烈的航空业中赖以生存和不断前进的重要支柱。

（1）着眼长远，服务至上。新加坡航空给人留下的最深刻印象就是其高水平的服务质量。空乘人员优雅大方的形象、细致贴心的服务、舒适宽敞的客舱座位、精益求精的美食、不断更新的机上娱乐系统等，都成为新航品牌的重要标志。新航能在竞争日趋激烈的航空业中脱颖而出，服务是其树立品牌形象、提升品牌竞争力的重要推动力。

（2）努力创新，追求完美。如何能够在激烈的竞争中生存并有所发展？新加坡航空将创新作为企业生存和发展的重要支柱，不断创新已经成为企业经营的常态，从而保持了充满活力和吸引力的经营模式。其理念是，相信每一个产品都有可以继续改进的余地，都可以进一步加以完善。为此，新加坡航空与客户建立了全面而充分的联系，通过各种方式了解客户对目前服务的评价并询问客户的需求，公司对服务的反馈视为改善服务的最重要参考和依据，通过广泛征求客户意见，形成了针对性较强的研发方案，使产品开发能够有的放矢，直面客户需求。以长时间不经停航线为例，很多商务客人更注重效率，希望能够用最短的时间到达目的地。

（3）构建网络，着眼国际。新加坡航空自成立以来就致力于拓展自身的国际市场影响力，虽然是亚洲的航空业企业，但其在欧洲、美洲和大洋洲等地区的航线网络为其拓展全球市场提供了坚实的基础，其航线网络覆盖的第六个大洲，加大了对中国市场的拓展力度，逐步从北京、上海、广州等一线城市拓展到二线城市。

为什么新航要把服务至上作为服务理念的第一要素，并通过有效手段追求完美，使自己走向国际化呢？其实内在逻辑在于只有足够的市场支持，企业才能发展，而市场的拥有是竞争的产物，必须依托完美的服务，进而培育忠诚的乘客群。所以，服务与企业发展的问题，核心是解决什么样的服务和通过什么途径实现完美服务的问题！

资料来源：新加坡航空：坚持创新理念成就持续发展［EB/OL］.（2011-05-28）. http://finance.sina.com.cn/roll/20110528/07259912826.shtml.

案例思考：

（1）从案例中寻找民航发展的真正动力是什么？

（2）对服务认识上的突破，对服务的作用是什么？

（3）通过案例总结一下与服务相关的基本理论有哪些。

民航服务的基本目标是在为乘客提供满意服务的前提下，实现企业的经营目标，需要服务设计、服务规范和服务细节的保证。然而，能使乘客满意的服务的行为不是简单的程序与规范的堆积，也不是服务者的技能所能涵盖的。当我们全面研究不同的民航服务差异的时候，就很容易发现，一个优秀的服务组织和良好的服务过程，取决于服务行为的根基是否牢固以及对服务规律的把握程度。即服务对企业发展的价值与功能，在于对服务对象价值的认可程度，以及优质服务的力量源泉所在。那些赏心悦目的过程、周到细致的内容、无微不至的关怀和服务者所散发出来的服务热情，其根基在于对服务中各种关系之间规律认识的全面性与认识高度。

第一节　服务利润链原理

服务创造利润是服务之光荣的责任，也是对服务优劣的褒贬，毕竟民航的营利性是其第一要求。利润是创造出来的，是乘客对服务的回报，而不是财务核算出来的，也就是说，只有忠诚的员工提供的优质服务才能创造价值，才能获得利润的回报。认识企业发展与服务的关系，不仅要从服务本身看服务，更需要从企业的服务链看服务，从服务、乘客、服务者之间的逻辑关系看服务，进而透视服务所隐藏的奥妙与玄机。因此，企业的服务管理的基本思路就是首先培育忠诚的员工，并通过忠诚员工的有效服务来让乘客满意，进而培育乘客的忠诚，使企业处在良性的经营循环状态中。

一、几个相关问题

（一）企业的利润从何而来

利润是什么？从财务角度看，利润是收入与成本之差，收入大于当期的成本，企业就有盈利。其实在逻辑上，利润不是直接创造的，是消费者对所接受服务的满意与否后对企业的回馈，如果有盈利，说明企业的服务获得了消费者的认可，企业就获得了消费者的应有回报，反之亦然。当企业获得利润的时候，最该感谢的是企业的消费者，正是由于消费者的认可，强化了企业的信心，企业才能持续发展，而消费者的回报是服务者坚定地把优质服务信念和温馨的服务行为传递给消费者的结果。这个逻辑告诉我们一个最普遍的道理：维系消费者就是维系了企业的命运，让消费者满意，才能赢得消费者的认可，也才能有稳定的消费群体。因此，从企业的盈利逻辑关系看，提供优质服务是决定企业发展的第一要务。

员工在企业经营中扮演的不仅仅是实施者和操作者的角色，服务过程中与服务对象保持接触，本质上是企业信誉大厦的根基，企业与员工之间是赖以生存的关系，员工不仅是企业“产品”的生产者，更是企业与消费者之间联系的桥梁，是决定消费者满意度的直接要素。在松下幸之助的《经营管理全集》中的“自来水哲学”一节中，松下幸之助提出了“堤坝式经营”和“玻璃式经营”的概念。堤坝式经营有效地避免了经营过程中的周期性震荡，减少了不确定性对企业的冲击，其阐释了企业的危机来源于企业职工对工作的怠慢，因此，对员工心态与信念的把控就显得十分重要；而玻璃式经营的要旨是公开和透明，认为公开和透明建立在对员工信任的基础之上，这使得雇主与员工坦诚相待，互相信任，共谋企业的发展。这些认识正是保证松下电器能持续发展到今天的重要原因。因此，员工是企业利润的主动创造者，而员工是否忠诚企业，是否全心全意地去工作，取决于其与职业之间的关系融洽与否，由企业对员工的态度决定。

（二）顾客的忠诚度与员工的忠诚度

忠诚是一种情感特征，是双方的一种信任关系，意喻为尽心竭力，赤诚无私。顾客忠诚度的表述可以分为态度忠诚论、行为忠诚论和综合论三种。态度忠诚论认为顾客忠诚度是指消费者在面对两个或者两个以上选择时，偏好其中的一个品牌；行为忠诚论认为顾客忠诚度是通过信息沟通或直接体验、识别、接受并信任某企业的承诺，并转化为最终购买和重复购买的行为；综合论认为，顾客的忠诚是态度忠诚与行为忠诚的统一。

企业员工的忠诚度是指员工对于企业所表现出来的行为指向和心理归属，即员工对所服务企业尽心竭力的奉献程度，是员工行为忠诚与态度忠诚的有机统一。员工的行为忠诚是态度忠诚的基础和前提。态度忠诚是行为忠诚的深化和延伸。员工如能在思想上、心理上、感情上对企业产生认同感、公平感、安全感、价值感、工作使命感和成就感，当这些内化的归属感形成后，就会在员工内心产生自觉的自我约束力和强烈的使命责任感，产生投桃报李的感恩效应，这就是忠诚。员工的忠诚可分为主动忠诚和被动忠诚。主动忠诚是指员工主观上具有忠诚于企业的愿望，这种愿望往往产生于组织与员工的目标高度一致，组织能帮助员工自我发展和自我实现；被动忠诚是指员工本身不愿意长期留在组织里，只是由于一些约束因素，如高工资、高福利、交通条件或适合的工作环境等，不得不留在组织里，一旦这些条件消失，员工就可能不再对组织忠诚了。

在市场经济条件下，谁能占有更多市场份额，谁就能够得到更大的发展。企业发展过程中的市场份额实际上是事后统计的结果，是一种表象。市场份额的稳定性不是一厢情愿的，它会随着顾客态度的变化而变化，也就是说，顾客的态度是市场份额有效性的因子，是企业行为结果的积累与反馈。而大量研究和管理者实践表明，企业的市场份额是盈利能力的主要推动者，美国哈佛商学院小厄尔·萨塞在《忠诚效应》（*The Loyalty Effect*）一书中提到：企业高利润以及快速增长的重要因素是顾客的忠诚度，并开辟了对顾客忠诚度的决定因素，如顾客满意度以及更为基础的为顾客生产的商品和服务价值的规范研究。

美国哈佛商学院史科莱斯格的研究表明，许多企业的发展曾经或仍处在“失败的循环”（cycle of failure）的状态，表现在企业对员工、管理者报酬体系、自主权的忽视，因而受到员工高流动率和较低忠诚度的困扰；而成功的企业均处于“能力循环”状态，即认为“能力循环”成为企业利润的重要组成部分，其背后的思想是满意的员工是对公司忠诚而效率高的员工，对于一线的优秀员工而言，他们满意了就有向顾客提供服务结果的愿望，而非追求表面化服务过程。为了向顾客提供服务预期的结果，企业必须通过员工与顾客建立和谐关系，必须对员工给予培训与技术支持，以及必须建立能够因为为顾客服务而获得表扬与奖励的机制。因而史科莱斯格认为：顾客满意度和员工满意度以及忠诚度直接相关，并进一步指出，使服务为企业创造更多利润的关键是通过员工的忠诚度来培养顾客的忠诚度，进而使企业步入良性的利润增长的循环中。

【案例 2-1】

提升民航旅客满意度，培养忠诚旅客

某日北京至西雅图航班，一名头等舱的乘客在飞机平飞后向乘务员询问是否有黑巧克力，头等舱乘务员知道本次航班没有配备，但她没有拒绝旅客，而是私下开始询问同组成员，但是很不巧，同组成员没有人携带黑巧克力。这名头等舱的乘务员依然没有放弃，她进了驾驶舱，询问了机组。幸运的是，其中一名副驾驶携带了黑巧克力，她便开心地给旅客送了过去。旅客了解这块黑色巧克力来之不易的过程后很是感动，便与这名乘务员交谈了起来。通过交谈，这名乘务员得知一个星期后这名旅客还会乘坐公司航班由西雅图回北京，这名乘务员默默地记在心里，等下周飞行计划发布后，这名乘务员与当天执行航班任务的头等乘务员主动联系，把这名乘客的乘机信息和喜好做好了交接。一周后这名乘客刚登机不久，头等舱乘务员就主动送上了黑巧克力，轻轻放下说：“您喜欢的黑巧克力和黑咖啡。”这名乘客抬起头，惊讶地发现他并没有见过这位乘务员，他再次被感动，从此这位乘客就成了这家公司的忠诚旅客。

旅客忠诚是旅客满意后产生的对某种品牌或公司的信赖、维护和希望重复购买的心理倾向。旅客忠诚是一种旅客行为的持续性，体现了旅客忠诚企业的程度。旅客满意和旅客忠诚是一对相互关联的概念，但两者明显不同。实际上，旅客的满意度是旅客寻求获得满意后的喜悦感，是一种心理活动。旅客的满意度与态度相关，争取旅客满意的目的是尝试改变旅客对产品或服务的态度；而旅客忠诚所表现出来的却是购买行为，并且是有目的性的、经过思考而确定的购买行为。尽管旅客的满意度不等于旅客的忠诚，但旅客的忠诚是旅客满意度的提升。旅客满意度是导致重复购买的重要因素，当满意度达到某一程度，会引发忠诚度的大幅度提升。旅客的忠诚度的获得必须有一个最低的旅客满意度水平，在这个满意度水平以下，忠诚度明显下降。但是，旅客满意度绝对不是考虑忠诚的重要条件。

本案例中的乘务员就是具有良好服务意识的员工，她在良好的服务意识的引导下，想尽办法去解决乘客的问题（黑巧克力）。而不是简单地回答或拒绝旅客的要求，有服务意识的她还用心记住了旅客交流中无意识透露的返程信息，并提前为旅客做好了安排，当旅客的特别爱好以惊喜的方式获得满足的时候，深深感动之后的旅客就再也不想离开该航空公司的服务了，忠诚的旅客就这样诞生了。

资料来源：新加坡航空：做到两个忠诚度 创造非凡价值［EB/OL］.（2004-11-09）. http://finance.sina.com.cn/leadership/jygl/20041109/16511142744.shtml?from=wap.

二、服务利润链的概念

（一）服务利润链的要素

服务利润链思想认为，企业的利润以及利润的增长，是建立在各种影响因素之间递进关系基础上的一种结果。企业所获得的顾客的忠诚度、满意度，以及提供给顾客商品或服务的价值，决定着企业的利润以及利润的增长，而员工的能力、满意度、忠诚度和生产效率与顾客的忠诚度、满意度以及提供给顾客商品或服务的价值之间存在着显著的关系。由图 2-1 可见，研究服务问题的基本宗旨是要寻求企业利润增长的基本途径，以及在这个导向性下的服务的技术性问题。

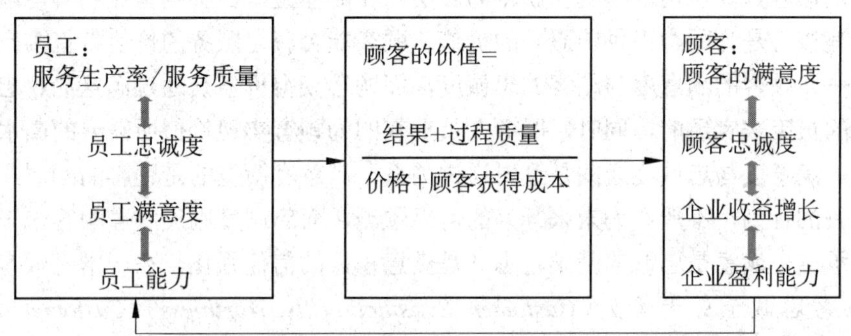

图 2-1　服务利润链的要素与关系

（二）顾客获得价值的中心性

服务利润链的中心是顾客的价值等式，顾客的获得价值=（获得服务结果+服务过程质量）/（服务价格+顾客获得服务成本）。这是个比值关系的等式，分子是顾客获得价值总量，即为顾客创造的服务结果与获得这个结果的过程质量之和；分母是服务的价格与获得服务中顾客承担的其他费用之和。很明显，价值等式的值越大，顾客的满意感就越强，反之顾客的满意度就会降低，其结果会对服务的重复购买产生很大的影响，而且与顾客的满意度直接相关。所以，实现顾客价值等式的最大化，本质上就是解决服务中对顾客最大的尊重与吸引。

民航服务正在不断从垄断走向市场竞争，顾客满意度已经不再是与己无关的话题，已经逐渐成为民航企业发展的决定性因素。航空公司为顾客开辟最多可供选择的航线、航班，满足了顾客获得出行便捷安全之要求，这是顾客追求的显现结果；同时，顾客也越来越关注获得服务过程的质量，更关注服务体验，即追求服务周全程度、服务的细节、服务的态度以及航班的正点率、机场的满意服务等服务过程的要素质量。尽管价格话语权在提供服务的航空公司一边，但是乘客对价格的考量已经成为一种常态化的思维，人们不时会对机票价格产生抱怨情绪，本质上暴露了航空产品成本的过高或浪费，同时，获得服务的成本也已经成为人们选择航空服务的重要标志，如各航班的准点率、各机场的服务效率、出行航班信息的通达程度、航班延误所带来的连锁成本、客舱服务的心理感受等，都以时间成本和心理成本成为顾客关注的问题。所以，努力提高顾客获得价值，降低顾客总成本，必然成为左右民航企业发展的决定性因素。

（三）顾客满意度与忠诚度的关系

顾客购买的不是服务本身，而是服务的结果，就像飞机晚点了，无论客服人员多么热情地表现出对乘客的理解，也无法弥补乘客不满的情绪体验，因为对乘客的诸多影响是无法挽回的，而且，这一抱怨情绪还将被广泛地传播下去。因此，从顾客的角度看，购买服务的目的就是为了一个结果，而服务过程质量包括直接与顾客接触人员的态度，尽管重要，但都不是根本的。因此，民航企业思考的应该是：为了什么样的服务结果去不懈努力呢？满意是顾客真真切切地感受和获得的实实在在的体验，在影响企业利润与增长的复杂因素中，其核心是为顾客提供的服务的价值。顾客能否获得服务的价值将直接产生两个关键的结果——顾客的满意度与顾客的忠诚度，而顾客获得价值是通过满意的、忠诚的、服务效率高的员工来实现的，同时，服务人员拥有的为顾客实现价值所需要的高水平的能力密切相关。满意度与忠诚度之间是逻辑递进关系，满意度衡量的是顾客的期望和感受，只能反映过去的行为，不能作为未来行为的可靠预测，而忠诚度则反映着顾客未来的购买行动和购买承诺。满意是忠诚的基础，忠诚是满意积累的信任强化。在一本《顾客满意一钱不值，顾客忠诚至尊无价》（*Customer Satisfaction Is Worthless，Customer Loyalty Is Priceless*）的有关“顾客忠诚”的畅销书中，作者以鲜明的态度提到：“顾客满意一钱不值，因为满意的顾客仍然购买其他企业的产品。对交易过程的每个环节都十分满意的顾客也会因为一个更好的价格更换供应商，而有时尽管顾客对你的产品和服务不是绝对的满意，你却能一直锁定这个客户。”所以，企业所做的一切，应该要以留住顾客为基本目标，并通过服务品质的不断强化来积累信誉，增加顾客的认同感，进而塑造顾客的忠诚。

（四）员工忠诚度与员工满意度的关系

服务的价值创造是由服务者来完成的，而服务的有效性又取决于服务者全身心的忘我的投入。那么是什么因素决定着服务者是否全身心地投入工作来保证服务效果呢？服务者作为航空公司的员工，具有双重诉求：其一，希望得到重视和认可，与公司共同发展，以企业发展为荣耀，唇亡齿寒；其二，获得可靠的安全感。在个人缺乏安全感的时候，往往是心不在焉，心态游离，甚至选择逃避（跳槽）。一个服务人员流失或隐性流失，其产生的损失远不止于人数增减和培训成本的问题，它更多会涉及服务队伍的稳定的生态、服务的技术水准以及对顾客价值的理解程度。所以，一个良性发展的民航企业，一定有一个稳定的服务队伍，而塑造员工的忠诚是企业文化的核心。

那么是什么决定了员工忠诚度？是员工满意度。大量事实表明，对公司不满意的员工比对公司满意的员工的流失率大很多，满意度是个隐性的指标，是通过员工的工作投入程度来反观的，同时，企业的内部工作生活质量直接决定着满意度的高低。在客观上，员工是通过工作、同事、团队、自我发展预期和对公司的整体感觉来评价内部环境质量的，但更多时候是不愿意言表的，表现为心理对抗与挣扎，继而形成情绪积累。因此，需要采取有效措施如优化工作环境来培育员工的满意度，而不是夸夸其谈“一个大家庭”，缺少实实在在的作为；同时，公司应该通过企业文化和正确的引导，加深员工与企业的感情，于细微之处关心员工的内心需要。

在以人为本的理念下，航空企业不仅重视技术人才的稳定，更要关注与乘客接触的一线员工状态，要站在企业发展的战略高度去看待这些创造企业信誉的一线员工的价值。

【案例 2-2】

向内“吆喝”——培育员工对公司的忠诚度

所有培养客户忠诚度的理念文化、规章制度都需要人来执行。这就意味着，如果新加坡航空公司内部员工没有对公司保持足够的满意度和忠诚度，从而努力工作，把好的服务传递给顾客，那么，客户的忠诚度将无从谈起。注意倾听一线员工的意见，关注对员工的培训，这些都是新加坡航空公司能够在市场上取得优异表现的根本原因。换句话说，只有内部员工对企业忠诚，才能使外部客户对企业忠诚。“新航对待员工的培训几乎到了虔诚的地步！”在以动态和专注于培训而闻名的新航，从上到下，包括高级副总，每个人都有一个培训计划，每年会有 9 000 名员工被送去培训。新航所属的新加坡航空公司有好几个培训学校，专门提供几个核心的职能培训：机舱服务、飞行操作、商业培训、IT、安全、机场服务培训和工程。即使在受到经济不景气打击时，员工培训仍然是新加坡航空公司重点优先投资的项目。假如你完成了很多培训课程，就可以休息一段时间，甚至还可以去学习一门语言，做一点儿新的事情，其目的是“使员工精神振奋”。注意倾听一线员工的意见是新加坡航空公司的另一个传统，因为他们认为机组人员和乘客的接触是最紧密的，他们是了解客户的“关键人物”。新加坡航空公司不仅仅致力于为客户提供优质的服务，而且通过各种方式力求控制服务成本与商业利润之间的平衡。的确，新加坡航空公司希望提供最好的座椅、最好的客舱服务、最好的食物以及最好的地面服务，但是它同时还要求代价不能太高。在 1972 年，新加坡航空公司还只是一个拥有 10 架飞机的小型航空公司，如今，新航几乎每年都会获得各种世界性的营销服务大奖，也一直是世界上最盈利的航空公司之一。对于这家保持 30 多年领先，并总是能够获得丰厚利润的航空公司而言，成功的原因可能很多，但是，“致力于培养员工和客户对企业的忠诚度”无疑是其中一个重要的答案。

资料来源：新加坡航空：做到两个忠诚度 创造非凡价值［EB/OL］.（2004-11-09）. http://finance.sina.com.cn/leadership/jygl/20041109/16511142744.shtml?from=wap.

（五）服务利润链系统

服务利润链可以形象地理解为一条将盈利能力，客户忠诚度，员工满意度、忠诚度与生产力之间联系起来的纽带，它是一条循环作用的闭合链，其中每一个环节的实施质量都将直接影响其后的环节，最终目标是使企业盈利。

服务利润链告诉我们，利润是由顾客的忠诚度决定的，忠诚的顾客（也是老顾客）给企业带来超常的利润空间；顾客忠诚度是靠顾客满意度取得的，企业提供的服务价值

（服务内容+过程）决定了顾客满意度；最后，企业内部员工的满意度和忠诚度决定了服务价值。简言之，顾客的满意度最终是由员工的满意度决定的。图 2-2 是服务利润链模型。

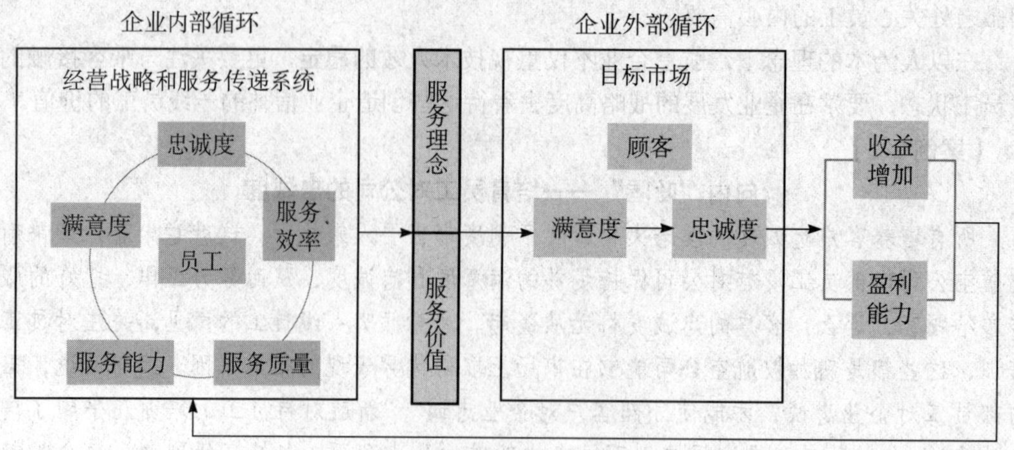

图 2-2 服务利润链模型

服务利润链由以下几个循环构成，分别是员工能力循环、员工满意度循环、顾客忠诚度循环和企业盈利循环。以企业盈利循环为主线，四个循环之间又相互作用，可以找到以下逻辑：内部高质量的服务，可以产生满意、忠诚的员工，员工通过对外提供高质量的服务，为客户提供了较大的服务价值，接受服务的客户由于满意而保持忠诚，忠诚的客户带来了健康的服务利润。服务利润链模型的评价工具往往是采用平衡计分卡，对每个元素进行记录和评价，再形成一个整体的评价，注意的是局部和整体的控制和协调。

我们研究民航服务，往往重点关注的是让员工在企业的服务规范与职业要求下努力工作，用更多制度约束服务人员的行为，但某种程度上忽视了员工满意度的塑造与培育，对民航服务一线群体的职业生涯发展的关注不够，致使很多一线员工心态失衡，甚至缺乏对职业发展的信念。服务利润链理论给了我们一个重要启发：民航服务不仅是岗位职责与实施的问题，如果离开了员工的满意，再好的服务远景和规范，其实施效果也会大打折扣。

三、服务利润链理论的实践意义

如前文所述，服务利润链本身描述了实现企业发展的内在逻辑关系，其实践意义在以下两方面。

（一）服务利润链理论的一般意义

就一般企业的运行而言，服务利润链理论具有重要的指导意义，主要体现在以下三个方面。

（1）服务利润链明确指出了顾客忠诚与企业盈利能力间的相关关系。这一认识将有助于经营者将经营管理的重点从追求市场份额的规模转移到追求市场份额的质量上来，真正树立优质服务的经营理念。

（2）顾客价值方程为经营者指出了实现顾客满意、培育顾客忠诚的思路和途径。服务企业要提高顾客满意度，应该从两个方面入手：一是可以通过改进服务、提升服务的品质、积累企业良好的形象来提高服务的总价值；二是可以通过降低生产与销售成本，减少顾客购买服务的时间、精力与体力消耗，降低顾客的货币与非货币成本。

（3）服务利润链提出了“公司内部服务质量”的概念，它表明服务企业若要更好地为外部顾客服务，首先必须明确为“内部顾客”（公司所有内部员工）服务的重要性，培育员工满意与忠诚需要付之于行动。为此，服务企业必须设计有效的薪酬和激励制度，并为员工创造良好的工作环境，尽可能地满足内部顾客的内、外在需求。

（二）服务利润链理论对民航企业的实践意义

毫无疑问，民航服务表现出来的员工与乘客的联系性更密切，员工的服务行为、能力与乘客的满意度、忠诚度的关联性更高。因此，在实践层面上，服务利润链理论具有深刻的实践意义。

1. 全面整合服务链中的要素

民航服务企业需要更新观念，从过度地强调一线服务的局限性，转移到重视服务接触以及服务设计在内的服务利润链全要素的战略思维。民航服务企业要树立内在因素决定性的思维模式，认清员工的工作能力决定了服务的结果，即能给乘客提供什么样的服务，而顾客获得什么样的服务价值又决定了其满意度和忠诚度，要懂得只有满意的员工才是企业发展的决定因素，才能通过服务效率来培育与提升乘客的满意度。过多地抱怨员工游离状态，倒不如从优化员工工作、生活的内部环境抓起，因为员工如果对企业感觉不佳，抱怨满腹的时候，你能说员工不敬业吗？统计数据表明，目前，我国民航企业的员工流动性偏大，一方面是工作性质使然，更重要的原因是民航企业忽视人的价值。生活工作环境的内在质量令人担忧的状态，不能不说是问题的关键所在。

2. 以顾客价值为核心的服务管理

（1）重视服务的结果。服务的落脚点在于顾客的体验，一切过程和服务的内容都以实现顾客价值为核心。服务过程固然重要，是实现服务宗旨必不可少的。大家都在努力地做好服务，那么应该如何定位好我们的服务准则呢？优秀的民航企业一定会努力让顾客获得满意的服务结果，通过长期的培养与意识固化，建立起顾客的忠诚，创造永久的顾客群。所以，民航服务应该从顾客的消费体验反馈开始，而不是从过于自我化的服务理想开始，为顾客想得多少顾客是看得到、体验得到的，微笑不能代替服务需求的满足，服务的怠慢会伤害顾客的内心，久而久之，积累的抱怨就会成为伤害顾客与企业感情的撒手锏。

（2）研究顾客的价值。体现顾客在民航企业发展的价值，核心问题是搞清楚顾客需要什么？你用什么去满足他？我们已经习惯于“顾客第一”作为一个口号，是一种愿望，但我们真的了解顾客需要的是什么吗？卡尔·希维尔（Carl Sewell）在他的著作《顾客就是生命》（*Customers for Life*）中强调“善待顾客仅仅完成了良好顾客服务的20%。重要的是设计那种能够让你第一次就把工作做好的制度。如果你的产品或者服务并非顾客想要的，那么无论你对顾客多好，也毫无用处。”既然是消费服务，就离不开考虑消费“值不值”的问题。美国西南航空公司的负责人曾说：“一旦顾客乘坐我们的航班3次，那么他们就会被吸引了。”其核心在于顾客觉得在这里消费“值得”，因此愿意继续消费下去。通常，研究顾客的价值首先是通过对顾客价值的认知，并采取相应的措施创造顾客的满意态度。其实，在现实的民航服务中，即使服务出现了问题，如服务中的失误、飞机延误等，人们更关注的是问题如何化解，而不是纠缠在谁是谁非上，但有多少人在意乘客的真实感受呢？不少人都亲历过航空公司飞机晚到并取消航班后的情景，不管地服人员做出多么合理的解释，乘客的内心反应还是很强烈，因为他们想的和乘客想的完全是两回事。所以，顾客的价值用显现表象是无法包含的，需要从服务的结果看问题。

（3）保证过程的质量。为乘客提供服务的方式往往与服务的结果同样重要，这是民航服务体验性所决定的。一方面，服务过程是获得服务结果的必经程序，是获得满意服务结果的必要条件，服务过程是乘客心理体验的积累过程；另一方面，服务过程是乘客可以亲身感受的、近距离观察的，是无法规避的检验服务态度和水平的试金石，过程对服务的结果具有决定性。当然，需要指出的是过于重视过程，而忽视服务的结果，存在着因结果的苍白而使服务过程功亏一篑的风险。因此，既要过程完美，又要服务结果满意，两者对于优质的民航服务都是不可缺少的因素。

3. 打造员工忠诚度

实践表明，员工满意度可以促进员工忠诚度，员工不满意一定没有员工的忠诚可言。这就需要在包括报酬、学习、晋升、环境、地位、企业的承诺等各个方面做好统筹安排，真正地替员工解决问题。应该通过多种方式，如员工满意度调查、员工面谈、员工服务热线等有效手段，去充分了解员工满意度，并在岗位设计、工作环境、员工选拔培养、激励机制以及服务工具和技术支持等多方面支持员工的发展。另外，员工对自身服务能力的评价会影响其自身的满意度，需要以激励的态度去看待员工的服务能力。大量实证研究表明，员工满意表明员工对企业未来发展有信心，为能成为企业中的一员而感到骄傲，并促使员工自觉担当起一定的工作责任，为企业努力地工作；员工满意能有效提高员工工作效率，降低员工流失率。民航服务岗位的特殊性，对技能与资质有严格的要求，而且服务的经历对做好服务是至关重要的。因此，员工由于不满意而流失跳槽造成的损失不只是重新招聘、雇用和培训而产生的费用，还包括由于服务产率的下降和乘客满意度的降低导致乘客流失的损失，由此产生的不良影响是难以估量的。因此，培养和提高员工的满意度以提高员工忠诚度及工作效率对民航的发展具有深远意义。

服务者是最活跃的服务要素，“忠诚胜于能力”，服务者所具备的这一品质就是企业发展之本。然而很多民航企业却不以为然，“铁打的营盘，流水的兵”，这应该是未来民航企业发展面临的挑战，需要把提升员工的忠诚度上升到议事日程中。从宏观角度看，员工忠诚取决于两个因素：其一是员工的职业态度、职业认知和社会职业环境；其二是企业所为对员工忠诚的培养程度。前者是员工成长系统问题，包括家庭环境、早期教育、职业教育以及社会文化的熏陶，而后者是企业的责任。为此，需要在塑造员工的忠诚度方面做好以下工作。

（1）提高工作环境质量，打造良好的环境生态。环境优良，让员工放心地工作；积极向上，不失去动力。

（2）建立稳固依托关系，培育与企业的感情。要员工有尊重感和信任感，使大家有从事民航服务的荣耀感，坚定为民航服务贡献的信念。

（3）建立良好的工作关系，减少员工的烦恼。民航服务的特殊性，使得员工关系比较僵化，需要倡导和谐、平等、互相尊重的关系，那么在这样的工作环境中，员工满意度和工作效率就会提高。

【案例 2-3】

新加坡航空：关注乘客忠诚度创造非凡价值

1993 年，英国伦敦著名的杜莎夫人蜡像馆出现了一尊东方空姐蜡像。这是杜莎夫人蜡像馆第一次以商业人像为原形而塑造的蜡像，其原形是美丽的新加坡航空公司小姐，人们称她们为“新加坡女孩”（Singapore Girl）。杜莎夫人蜡像馆破例的原因，则是基于新加坡航空公司完善的机舱服务和长久以来成功塑造的东方空姐以客为尊的服务形象。

如何通过高质量的产品或者服务，保持顾客的忠诚度，这是一个令众多公司绞尽脑汁、冥思苦想的问题，因为忠诚的顾客往往带来高额的商业利润。不可否认，享誉世界的新航无疑是最有资格回答这一问题的公司之一。新航关注客户，以优质服务塑造客户对公司忠诚度的做法会给我们很多启示。

“不管你是一名修理助理，还是一名发放工资的职员，或者是一名会计，我们能有这份工作，那是因为客户愿意为我们付费，这就是我们的‘秘密’”。新航前总裁 Joseph Pillay 在创业伊始就不停地以此告诫员工，塑造和灌输“关注客户”的思想。事实上，正是持之以恒地关注客户需求，尽可能为客户提供优质服务，新航才有了今天的成就。

在这一点上，Joseph Pillay 和劳特朋不谋而合。作为 4Cs 营销理论的倡导者，劳特朋认为：要了解、研究、分析消费者的需要与欲求，而不是先考虑企业能生产什么产品；要了解消费者满足需要与欲求愿意付出多少钱（成本），而不是先给产品定价；要考虑顾客购物等交易过程如何给顾客方便，而不是先考虑销售渠道的选择和策略；要通过互动、沟通等方式，将企业内外营销不断进行整合，把顾客和企业双方的利益无形地整合在一起。显而易见，4Cs 营销理论的 4 个方面都在强调同一个问题：关注客户。

新航负责产品和服务的高级副总裁 Yap 先生曾在接受媒体采访时透露：“只有新生事

物才能创造出出其不意的效果。我们要为客户提供他们所意想不到的服务，产品创新部会不断地关注这些新的需求趋势：为什么人们以某种方式去做事，为什么人们去做某种事。然后我们把眼光放在3年到5年内，设法去跟踪短期和长期的趋势。了解他们潜在的需求，并提供服务。”

在长达32年的经营中，新航总是果断地增加最好的旅客服务，特别是通过旅客的需求和预测来推动自身服务向更高标准前进。早在20世纪70年代，新航就开始为旅客提供可选择餐食、免费饮料和免费耳机服务；20世纪80年代末，新航开始第一班新加坡至吉隆坡之间的“无烟班机”；1992年初，所有飞离新加坡的新航客机都可以收看美国有线电视网络的国际新闻；2001年，新航在一架从新加坡飞往洛杉矶的班机上首次推出了空中上网服务——乘客只需将自己的手提计算机接入座位上的网络接口，就可以在飞机上收发电子邮件和进行网上冲浪。在过去3年内，新航花费了将近4亿元提升舱内视听娱乐系统，为将近七成（所有远程飞机）飞机换上这个系统，花费了超过6亿元提升机舱娱乐设施和商务舱座位。

“如果你的客户选择了竞争对手，那将是一件让人沮丧的事情，而避免沮丧的有效办法是获得客户忠诚度”，学者Abel Chica在MBA教程中写道，“获得顾客忠诚度并不仅仅是让他们感到真正的满意。这只是实现忠诚度的一个必要条件。对于客户，最直接的关于满意的概念是，拿你提供给他的‘价值’与竞争对手所提供的加以比较。同时，如果想使客户忠诚，就不能只考虑短期的利益，而必须考虑怎样长期地发展这种关系。”

随着竞争的加剧，客户对服务的要求也像雨后春笋般增长，“人们不仅仅把新航和别的航空公司做对比，还会把新航和其他行业的公司，从多个不同的角度进行比较。”Yap先生清醒地意识到新航遇到的挑战永无止境。事实上，“任何时候都要从整个服务过程出发，去寻找可以改进的地方”，这样的理念在新航已经成为一个清晰的文化和政策。

“即使是一道鸡饭，也要做成本地市场中最好的鸡饭。”为了在竞争中保持优势地位，新航成为世界上第一家引入国际烹饪顾问团（SIA International Culinary Panel，ICP）和品酒师的航空公司，该顾问每年为新航提供4次食谱和酒单。硬件只是基础，软件才是真功夫。

当然，服务的一致性与灵动性同时受到关注。比如，怎样让一个有十三四个人的团队在每次飞行中提供同样高标准的服务？新航在对服务进行任何改变之前，所有的程序都会经过精雕细琢，研究、测试的内容包括服务的时间和动作，并进行模拟练习，记录每个动作所花的时间，评估客户的反应。

力求服务做到灵活且富有创造性，这一点也是新航对员工的要求。当一位乘客要求吃素食，而飞机上正好没有准备这种食物，新航希望乘务人员做到的是，返回厨房想办法找出一个解决方案，比如把各式各样的蔬菜和水果拼在一起，而不是告诉乘客没有准备这种食物。

资料来源：https://wenku.baidu.com/view/df9fd2d73186bceb19e8bb59.html

第二节　无形产品原理

产品作为消费过程的对象，是企业与消费之间供需关系的纽带，正是产品的剩余价值的存在，才使得企业不断地通过产品的创新使企业获得生存与发展；也正是产品的消费价值的存在，才刺激与激发了消费者的需求与购买欲望，使其在消费过程中获得了利益的满足与良好的内心体验；同时，产品的创新与消费需求的交互作用，形成了产品产生满足消费、消费引导产品生产的产销循环，使市场形成了繁荣的景象。所以，认识产品的属性，挖掘产品的内涵，对于民航服务企业持续稳定的发展和消费者需求的满足具有十分重要的意义，也是企业获得竞争能力的核心问题。

一、无形产品的解析

关于产品定义，可以从技术与功能两个维度来定义，即具有功能且满足一定技术标准的实体；从消费者体验角度去定义，凡是能够满足消费者需求的所有载体都是产品。这种广义的产品概念，扩大了产品内涵的范畴与思维宽度，拓展了产品的研究空间。从产品为消费者提供的利益来看，产品包括实体产品（提供核心利益）和附加产品（提供增值利益），两者作为现代产品的有机组成部分，缺一不可，相互依托，共同构成了产品的整体；从产品的形态来看，产品也可根据其形态，分成有形产品和无形产品，这里，无形产品可以是有形产品的一部分（如有形产品的技术服务、销售服务），也可以不依赖有形产品的形态而存在，它具有独立的功能，向消费者提供特殊的利益，其内涵也有着自身的特殊性。

无形产品是产品的一种形态，其核心属性是离开了实体性而关注的是它所带来的无形满足。因此，我们可以把无形产品定义为满足人们愿望、意图、便捷的无形的集合。需要说明的是，无形产品有时以有形的设施设备的功能为依托，但更强调通过服务者同有形服务过程、内容、消费者之间互动融合的过程来实现的。

二、无形产品的特点

从对服务的定义来看，服务就是无形产品，也是一种具有独立产品特征的消费对象。与有形产品相比，无形产品的内在属性决定了无形产品提供过程的特殊规律，其核心价值在于其为消费者所提供的无形利益、过程方便性以及心理体验。

1. 接触性

无形产品为顾客带来的利益与感受是接触中产生的，其价值体现在为顾客提供的切身感受，离开了接触，无形产品的价值就会成为空中楼阁。比如，服务作为无形产品，其生产与消费具有同时性，即服务产品的生产过程离不开与顾客的接触，所以，服务的设计着重于服务的接触，接触环节设计得越科学，服务的价值就越高。

2. 参与性

无形产品的供给是与消费者的互动过程，无形产品核心价值的传递都是在顾客参与过程中完成的，离开了顾客的参与，如沟通、协助、理解、体验，无形产品的完整形态就不复存在。所以，无形产品的消费特别强调与顾客的互动关系，如何把握与驾驭消费过程，成为无形产品的核心问题。从服务问题看，从始至终都是围绕着服务的对象展开的，服务对象的参与程度决定了服务的和谐与否与品质好坏，即使这种参与有时是主动的，有时是被动的，或不知不觉中参与了服务活动，形成了服务者与消费者的互动，形成了服务的氛围。而这些参与过程或参与程度，在很大程度上决定了服务的质量。因此，必须千方百计调动顾客的情绪状态，使其愿意参与到服务中来，在参与过程中体验服务的愉悦，而服务者需要通过自身的内心与行为方式，通过热心的态度、端庄的行为举止以及良好的沟通去感染消费者，创造良好的服务范围，使消费的感受得到放大，建立起情感层面的消费关系。

3. 体验性

无形产品的本质是不可触摸的，其存在的形态是由消费过程中提供者的态度、过程、内容、技巧以及接触瞬间的状态所决定的，而且，无论产品如何，顾客均以内心体验来衡量，这些体验也许是即兴的，也许是滞后的，具有明显的个性特征。体验性不仅是对无形产品的评价，更是影响其未来消费或体验传播的依据，所以，无形产品的营销过程必须着重留住顾客的内心，通过良好的内心感染，建立良好的内心体验，即“留人要留心”。民航服务作为典型的无形产品，其体验性更明显，企业的服务文化、服务理念、服务设计、服务的风格、服务的内容以及服务者的服务态度与服务技巧，无时无刻不在影响着乘客的内心感受。只有服务顶端设计上充分考虑乘客的内心体验，服务接触天衣无缝，服务的传导流畅自然，服务者良好的服务驾驭，才能建立起乘客良好的体验积累。

4. 价值创造性

无形产品不像有形产品一样可以简单重复，即按生产工艺与质量标准进行生产与检验，其创造性在于生产的设计。而无形产品则不同，它所创造的价值与消费体验超越产品本身，具有价值的无形性，也正是这种价值，才体现出无形产品内涵的丰富性以及深刻的感染性。民航服务的优劣，本质上看是它能否创造出能够驻留在乘客内心的价值，企业不断地创新服务，其本质也在于通过服务创新，增加其附加价值，以此增加乘客的内心体验，建立良好的内心体验。

5. 文化传播性

无形产品有企业自身的风格，即文化的品位，体现着企业的精神与社会责任感。无形产品作为企业文化的载体，渗透着企业对社会的责任、对消费者的义务和态度，可以看出其企业在社会进步中的角色。民航服务在提供运输服务的过程中，处处可以看出不同企业所弘扬的企业文化，也由此可以看出不同企业的经营发展之路。可以说，企业文化越鲜明，文化底蕴越丰厚，企业的服务精神越能够深入人心，使服务者充满激情，乘客获得更好的内心体验。

三、无形产品原理在民航服务中的价值

服务是个软科学，服务的过程处处体现着人性的关爱与细节的关怀，消费者也正是在服务的过程中，用内心感受着服务的魅力。民航服务属于无形产品，研究民航服务不仅要从服务本身入手，更要以服务的无形属性为导向，挖掘其影响消费过程的内在要素，通过塑造服务的完整的无形产品的属性，去提高服务的价值。

（一）强化民航服务过程的接触性，使乘客感受到温馨与关怀

服务越细致，服务的品质越高，服务对象的感受就越深刻，而服务接触中传递什么样的信息、通过什么方式传递信息是至关重要的。在技术规范下，民航服务过程的服务接触性突显了其服务的品质，传达着对乘客的关怀，营造着充满活力的服务氛围。如客舱服务中，通过乘务员与乘客的频繁接触，即时发现乘客的潜在与现实需求，及时排除乘客的困难，确保了安全舒适的飞行体验；而地勤服务，在完成乘客登机前的各项准备工作过程中，处处体现着对乘客的关怀，当乘客走进候机楼的一瞬间，那四处张望的身影，那紧锁的眉头，其实就是他困惑在心之时，他需要的就是帮助，这就是机场地服接触的契机。优秀的民航服务一定是在乘客需要帮助的时候，服务就会不期而遇；当遇到困惑的时候，服务随手可得，而不是“奢侈品”。因此，与乘客无论是直接的服务接触还是间接的服务接触，都需要主动地传递对乘客的关心，都需要通过服务的细节彰显民航服务的人文关怀，通过服务的主动接触来表达对乘客的尊重与热情。同时，要重视服务的间接接触，也就是当服务人员为他人服务时，其一举一动均在周边乘客的视野之中，间接地影响着其内心的感受。

（二）弘扬民航服务的精神传播性，使乘客感受其所传递的能量

无形服务本质上体现出服务的精神感召力量和对乘客的感染力，在服务的过程中，看似细小的服务细节都承载着企业的服务精神，一个微笑，一个鞠躬，无形中传递着“我与你同行，我与你相伴”的积极能量，春风化雨般的问候，俯首乘客身边的倾听，乘客都会受到感染。我们强调服务精神，就是要在服务中践行服务的宗旨与承诺，塑造和谐温馨的服务的气场，让服务对象能够感受到服务的力量。客舱服务中，乘务员就是企业精神的传播者，是温馨的态势，乘务组的精神风貌、气质、开朗的性格，以及乐观的工作态度，都在向乘客传递着一种信息——我们愿意为您服务，这些不是用语言表达的，而是乘客可以感受到的。曾记得在美联航的一次航班上，一位五十几岁的男乘务员面对绝大部分的中国乘客，操着半生的汉语，与每个人交流，询问每一位乘客“您需要我为您做点什么？”“我愿意为大家做点什么！”他不知疲倦地往返于客舱之中，嘘寒问暖，他说他喜欢中国的

文化，喜欢中国的饺子，希望有机会向乘客学习包饺子。在乘客下飞机的时候，他深深地给乘客鞠躬，感谢大家的热情相陪，全体乘客也为他送去了感谢的掌声。这些看似简单，但恰恰反映了服务的本质，用心才能贴心，关怀才能体贴，真情才能有感染力。

（三）注重服务过程的互动性，使乘客充分参与服务过程

服务中最忌讳服务者与服务对象之间、服务内容与服务者“形存神离”状态，“你忙你的服务，我坐我的飞机”，两者没有交集。服务的无形性通过服务的有形性体现出来，没有互动就没有真正的民航服务，只有通过互动效应专注于乘客，才能发现乘客的需求，通过互动环节的信息反馈，才能根据消费者的情绪状态，观察到其内心的诉求，提供超前服务。我们要求客舱乘务员要主动热心，就是要求在服务的过程中与乘客形成良性互动，消除乘客不愿意主动提出服务诉求的现象，特别是为了客舱安全，通过互动观察乘客和客舱状态，传递安全乘机的知识与信息，对及时发现违规行为、果断纠正与制止是十分必要的。比如，初次坐飞机的乘客，对飞行过程和机上设备十分陌生，对座椅、小桌板、安全带、卫生间等使用不甚了解，有人甚至好奇，也有无意之中打开安全门的情形出现，给飞行安全带来了不利影响。从大量的实际案例分析来看，增加与乘客的有效互动，可以避免无端事故的发生，及时满足乘客的需求，减少不必要的服务纠纷。

（四）关注乘客的感受，致力于乘客获得良好的内心体验

尽管民航消费逐步趋于大众化，但由于传统认知的惯性，人们对民航服务具有较高的心理期望，而且更在意自身的价值与内心感受，这正是民航服务吸引力之所在，也是提升民航服务水平的着力点。毫无疑问，人们现在更在意服务体验，在意服务中的便利、舒适能给自己带来的内心体验，有形的服务过程必须与乘客的旅行体验有机结合，从体验需求出发，去寻求关怀乘客的接触点，这是未来服务走向成熟的必然趋势。我们一方面要关注民航企业的整体形象在乘客内心的定位，珍重想象与信誉的长期积累与广泛的传播，塑造乘客的忠诚；另一方面，避免服务中的微小失误或缺陷所带来的不良后果，无论是直接的影响，还是间接的影响，都是对企业形象与信誉的伤害。

（五）建立严谨的有形化体系，使服务全面体现服务宗旨

服务作为典型的无形产品，无论是服务的提供者，还是服务的享用者，关键在于提供的服务必须能够体现企业的服务宗旨，且能为乘客所体验。也就是说，服务的无形性是通过有形的服务来体现的，无形中的有形，这个“有形”就是严谨科学的服务设计以及服务细节的周密安排；有形中的无形，这个“无形”就是在企业的服务文化的渗透，服务精神的传播，以及服务的服务意识的展现。核心问题是如何通过服务过程的有效性，使顾客感受到服务的温馨与愉悦。那么如何通过架设服务的实现通道来实现服务的宗旨呢？其核心就是要把无形产品有形化。

第三节 顾客价值原理

一、认识顾客价值

服务即为顾客提供各种利益，同时也是顾客价值的实现过程，研究顾客价值就是要探索如何从顾客角度思考去满足顾客的需求，从而获得有效服务的真谛。一般认为，顾客价值是顾客所能感知到的利得与其在获取产品或服务过程中所付出的成本进行权衡后对产品或服务效用的整体评价。从市场的角度看，顾客价值是顾客对提供物或服务的一种感知效用，这种效用产生于顾客的判断，而不是由产品或服务本身决定的，可以用顾客的感知价值来表述，即顾客所获得收益（如价值、效用等）与因获得和享用该产品或服务而付出的代价（如支付的价格或其他机会成本）之间的比较。

从民航服务的角度，我们可以这样理解：顾客价值是乘客对服务属性效能以及使用结果的感知和评价。概括起来，顾客价值的内涵包括几个方面：①顾客的期望价值和实现价值；②价值来源与顾客感知、偏好和评价；③将提供服务与顾客如何感知企业提供的价值联系在一起。其内涵的核心是如何使顾客感受到获得了更多价值，这是服务的一种顾客思维方式，是一种服务思维的革命，它告诉人们：尊重顾客的价值是一切服务的本质，也是挖掘服务潜力的重要渠道。

早在 1954 年，德鲁克（Drucker）就指出，顾客购买和消费的绝不是产品，而是价值。从顾客角度认识和研究顾客价值，是 20 世纪 90 年代以后才开始的。自从哈佛大学波特（Michael Eugene Porter）教授提出的竞争优势思想得到学术界和企业界的广泛认同后，人们开始为寻求可持续竞争优势进行了积极的尝试与探索。学者们从价值链管理、质量管理、组织与过程再造、企业文化、裁员等多方面来阐述企业应当如何建立竞争优势，但是这些努力的根本都在于组织内部的改进，而当这些努力不能以市场为导向，其产品和服务不能被顾客所认同时，也就无法建立起企业真正的竞争优势。当企业家们指向企业内部改进的探索并没有获得想象中的成功时，人们开始转向企业外部的市场，即从顾客角度出发来寻求竞争优势。Woodruff 提出，企业只有提供比其他竞争者更多的价值给客户，即优异的客户价值，才能保留并造就忠诚的客户，从而在竞争中立于不败之地。正因如此，客户价值已成为理论界和企业界共同关注的焦点，被视为竞争优势的新来源。

【案例 2-4】

北京稻香村眼里的顾客价值

清朝光绪二十一年（公元 1895 年），握有稻香村食品制作绝技和经营谋略的金陵人郭玉生，带着几个伙计来到北京，在前门观音寺打出了“稻香村南货店”的字号，自此，稻香村落户京都。鲁迅先生寓居北京的时候，经常前往购物，《鲁迅日记》中有十几次记载。跨越三个世纪，历经六代掌门人，今天的北京稻香村已拥有 170 多家连锁店，1 个物流配送中心，600 多个销售网点，建成了全国传统食品行业内体量最大、装备最先进的生产基地，生产各种节令食品600多种；凭借丰饶厚重的文化积淀、历代相传的生产工艺、品质优秀的商品服务，2015年销售额近50亿元。很多人感觉非常奇怪，一个做传统糕点月饼的企业，怎么可以卖出50个亿？为什么别的糕点店门可罗雀，但稻香村逢年过节，都会有排长队买糕点的顾客？

结论是：稻香村的价值观，稻香村对待产品的态度。

北京稻香村在2015年中秋月饼产销过程中，发生了让我们深切感受到北京稻香村对待顾客的态度的事件。每年中秋，都是北京稻香村产销的一个重大战役，销售额有几个亿，面对如此大的工程与工作任务，如何确保产品质量不出闪失，就成了最大的挑战。中秋月饼刚刚上市，公司就发现有一批馅料中混有杂质小石子，这批月饼中的一大部分已经发往各经销终端，怎么办？如果召回重新生产，这就意味着要付出大量的时间成本与财务成本。可能一般的公司会抱着侥幸的心理，“差不多就行了”“反正也没什么大问题”，要个小聪明就过去了。但稻香村的做法却是果断决策，全面回收，追回所有月饼，全面检查，重新生产！就这样，所有的销售团队，连公司销售经理在内，全体动员，去到仓库、店面，检查回收这批月饼。月饼退回后，把该品种月饼从礼盒中取出，一块块地过X光机。经过几天的奋战，结果出来了：从160 000块月饼当中，找到了两块有问题的月饼！也就是说，出问题的概率是八万分之一。就是为了这么一个小概率，北京稻香村连人工带包装物共损失了32万元，这就是稻香村这家公司对待产品与顾客的态度，他们认为，有问题的产品不能出厂，这是底线。北京稻香村必须对产品的质量安全负责，必须对自己的每一块月饼负责。

一群朴实的稻香村人，就是这样在京城默默地为我们守护着一个中华老字号品牌的品质与荣耀，守护着百年传统食品的历史与文化，守护的更是一份消费者对稻香村的信心与喜爱！微信之父张晓龙在微信公开课上，首次演讲提到：“做一个事情有很多很多方法去做到，做一个产品也是这样子，但是大家会做出不同的结果，除了大家用的方法不一样以外，其实有一个最底层的东西，就是你看待这个事情，你看待你产品的价值观来决定的，你是一个什么样的价值观决定了你会做一个什么样的东西出来。”亚马逊CEO曾提及的“善良比聪明重要”的观点诠释了对顾客价值观的理解。顾客的价值其实是一种哲学价值观：善良之所以比聪明重要，是因为聪明唤起的是技术与技巧，而善良唤起的是对顾客的责任，对顾客负责是企业发展的精神之源。

资料来源：http://www.wendangku.net/doc/f867d3be27d3240c8447efeb.html

二、顾客价值的构成因素

正如在分析顾客价值的定义和内涵的时候，从价值和成本两方面来分析，同样，顾客价值的构成也包括价值和成本两方面。

（一）价值的构成要素

（1）产品价值。产品价值由产品功能、特性、技术含量、品质、品牌与式样等组成。

产品价值始终是顾客价值构成的第一要素，产品是顾客给予企业服务的机会和通行证。

（2）服务价值。从有形产品角度看，服务价值是指企业伴随实体产品的出售或单独地向顾客提供的各种服务所体现的价值。服务价值是与产品价值相关但又可以独立评价的附加价值，评价它的标准只有一个，就是“满意”。而从服务的无形产品属性分析，服务的价值是与服务过程相关的完整体系的价值总和，包括服务过程、服务内容以及服务所展现的内在价值。

（3）人员价值。在服务中，人是最活跃、最具影响力的决定性因素。对于顾客来说，人员价值主要表现为精神风貌、语言、行动、服饰、服务态度、专业知识、服务技能给顾客带来的便利与愉悦的体验。在民航服务过程中，一线服务人员的价值，就是让顾客感到满意。

（4）形象价值。无论是有形的产品还是无形的服务，其自身都浓缩着企业文化，长期的信誉积累铸就了品牌形象，无形中提升了顾客价值中的体验强度，也成为人们消费行为日益重要的驱动因素。对顾客来说，品牌形象先入为主，形成认知导向，可以帮助顾客解释、加工、整理和储存有关产品或服务的识别信息，简化购买决策。良好的品牌形象有助于降低顾客的购买风险，增强其购买信心，倍增其内心体验。

（二）成本的构成要素

（1）货币成本。一般情况下，顾客首先要考虑货币成本的大小，因为货币成本是可以精确计算的。在货币成本相同或相差不大的情况下，顾客还要考虑购买时所花的时间、精力等因素。人们在选择航班的过程中，机票价格是在非限定条件下重要的决策因素，而航空公司也需要降低成本，以降低机票的价格，这是服务选择的基础，而且逐渐成为竞争的主要因素。

（2）时间成本。时间成本越低，顾客购买的总成本越小，顾客价值越大。在服务质量相同的情况下，顾客等候购买该项服务消耗的时间越长，顾客购买的总成本就越大。航空服务中，航班延误、航班取消、航班晚到等非正常航班，消耗了乘客的有效时间，包括对后续行程的影响，大大提高了乘客的时间成本，这也是影响我国民航运输满意度的瓶颈之一。

（3）精力成本。精力成本是指顾客在购买产品或服务时，在精神、体力等方面的消耗和支出。顾客购买产品或服务是一个从产生需求、收集信息、判断选择、决策购买、实施购买，以及购买后感受的全部过程。在购买的各个阶段，均需要付出一定的精神和体力。如果企业能通过各种渠道向顾客提供全面详尽的产品或服务的信息，就可以减少顾客为获得信息所耗费的精神与体力。良好的顾客服务就应该最大限度地降低顾客的时间成本和精力成本，这是任何企业都不能回避的，企业为顾客考虑得越仔细，顾客的时间成本与精力成本就越低。因此，从企业的角度讲，顾客的时间成本或精力成本是与企业的服务质量成反比的。民航服务的特殊性，使得消费中的精力成本往往居高不下，比如机票的购买，由于销售网点的限制以及网络销售安全因素，使得乘客受到很多困扰，甚至出现购买失误；航班延误使乘客的民航便利快捷体验大打折扣；偶遇的飞行危机状态，更会使乘客在精神层面备受煎熬。

三、为顾客创造价值的途径

对顾客来说，在购买产品或服务的时候，总希望将有关成本降到最低的限度，而同时又希望从中获得最多的利益，以使自己的需求得到最大限度的满足。以顾客满意为导向的企业行为，其根本问题就在于通过为顾客创造价值来获得顾客的认可，进而创造更大的发展空间，特别是面对市场竞争的挑战，让顾客获得更多的价值是企业发展不二的选择，企业需要站在顾客的角度看问题，从价值和成本两方面进行比较分析，以寻求顾客价值的最大化。波特曾经指出："企业创造价值主要有两种途径：减少顾客成本和增加顾客的绩效。"因此，从根本上讲，顾客价值创造的途径有两大类：提高顾客的感知收益和降低顾客的感知付出。当然，增加顾客的感知收益和降低顾客的感知付出之间并不冲突，有效的企业行为不仅能够增加感知收益，同时也可以降低感知付出。

（一）强化顾客的感知

顾客价值只是顾客的一种感受和体验，是不可准确计算的。强化顾客感知关键是要强化有形证据在顾客服务中的作用。要求的一致性、产品的适宜性、价格的合理性、品牌的优异性、服务的完美性以及关系的密切性是决定顾客感受强弱的主要因素。企业通常可以采用低价格或高品质、优质服务的策略来达到这个目的。

（二）提供独特的服务

在激烈的竞争中，唯有尽力在不同的方面为顾客提供独特服务才能避免陷入恶性的价格战中。提供特殊服务的关键方法之一是关注细节。只有细节才能显示企业服务到位，才能让顾客感动。而这些服务是最容易被忽视的，或者被认为是微不足道的，但只要是顾客关心的，就是有价值的。

（三）增加顾客愉悦感觉

再好的产品，再好的服务，如果不能让顾客快乐就是没有起到效果。有了良好的产品和服务后，让顾客感受到快乐，他们才会认为是得到了实惠。在产品和服务出现瑕疵时，让顾客尽快快乐起来，是争取主动的契机。

（四）协助顾客增加体验

企业在提供产品或服务后，要协助顾客达到使用产品或服务的目的，去帮助顾客在市场上取得成功。这种基于"双赢"的伙伴型关系策略很快会使企业在激烈的竞争中脱颖而出，与顾客建立起良好稳定的客户关系。

（五）价值创新

在企业对目标市场需求和期望的精确把握的基础上，不断地考虑为客户增加价值的新方法。通过在产品利益、服务利益和价格等各个方面所做的事情，把这些事情组合在一起，就会对顾客产生足够大的影响。创新的组合不仅给客户创造了新的价值，而且为企业利润的大幅度增长提供了可能。

四、顾客价值在民航服务中的实践意义

在现实中，顾客和不同企业之间的关系是有亲疏之分的。企业通过实施价值管理，与顾客建立真正的顾客关系，从而给企业带来利益上的回报。所谓的顾客价值管理，就是向顾客准确地提供其需要的产品或服务。越来越多的企业采用顾客价值管理的方法来识别自己所能创造的价值，而这种价值不仅体现在产品上，还体现在服务和过程上。

（一）从乘客价值出发，满足乘客的需求

乘客是现实价值的追求者，尽管乘客无心去计算具体的利益得失，但总会自觉不自觉地用自己的方法去衡量所获得的价值，这就使得服务的提供者不能视而不见，我行我素，需要从乘客价值角度审视所提供的服务，使乘客获得价值最大化。

（二）从乘客体验出发，增加服务的感知

民航服务的乘客的价值中，感知因素起着决定性作用，决定乘客价值的感知，即感知价值。而构成感知价值的因素是个多维的函数，其影响因素包括：飞机的硬件（机型和完好程度/舒适度）、机票价格水平、正点率、安全性、公司的形象、乘客服务、地勤服务的水平、企业的信誉等，需要系统考虑，周密设计，增加乘客的感知利得，减少乘客的感知利失。在激烈的竞争中，企业必须调整和营造自身的能力，使企业的经营理念、能力、过程及组织结构与顾客感知价值因素相适应，在每一次与顾客的接触过程中，创造并传递顾客所需要的价值。只有不断地为顾客创造竞争对手所无法提供的价值，才能和顾客建立良好的客户关系，企业才能不断地发展壮大。

（三）从乘客价值诉求出发，不断进行价值创新

服务创新是提升服务水平的客观要求，而从乘客的价值诉求出发，寻求创新的思路与方向，才能够最大限度地适应乘客对价值的需要。在提升民航服务水平方面，我国民航服务企业一直坚持不懈地努力着，不断探索有效地满足乘客需求的方法，但在服务创新的导向上又缺乏有效性，与乘客的愿望与诉求存在着一定的差距。有效的服务创新必须从乘客角度出发，以提升乘客价值为目标进行服务创新与设计，同时，建立乘客价值评估体系，实现精细化的乘客价值管理，在个性化的服务中寻求满足乘客需求的有效途径。

第四节　服务接触原理

一、服务接触的概念

服务是服务系统各要素相互和谐互动的过程，任何服务都离不开与服务对象的接触。在长期的服务研究中，人们发现研究服务必须跳出服务本身才能找到解决问题的办法。服务接触中顾客是影响服务质量的重要因素，顾客的期望、行为都会影响到自身的服务感知，其他顾客的服务感知也会影响服务人员的行为。通过对顾客的管理，引导顾客的服务期望，控制顾客的行为，调节顾客与服务对象之间的关系，才能营造良好的服务互动环境，提升顾客满意度。

服务接触理论作为一个较新的研究领域，学者对它的关注自 1980 年开始至今，其理论的内涵对推进服务研究起到了不可忽视的作用。服务接触是个复杂的过程，研究的角度不同，对服务接触的认识和理解也呈现诸多观点。

狭义的服务接触理论限于服务人员与顾客的互动过程，如 Surprenant 和 Solomon（1987）将其定义为“介于顾客和服务提供者之间的双向互动”。广义的服务接触定义则包含了服务中涉及的其他方面，如 Shostack（1985）将服务接触定义为“顾客同一项服务直接相互作用的一段时间”，代表性的观点如 Bateson（1985）提出服务接触三元模型，即服务接触包括 3 个构成元素：顾客、与顾客接触的员工和服务组织。顾客本身是服务接触中的重要角色，也是评价服务质量的主体。服务接触中顾客的重要性服务生产过程中，顾客有参与性，这是服务生产与普通商品生产的一大区别。顾客的表现对服务质量、顾客满意度、员工服务效率以及服务组织等均有影响。研究发现顾客的个体特征对顾客的服务体验有影响，Lovelock（1994）首次提出了“问题顾客”这一概念，将其定义为：“那些故意以不顾他人或攻击性的方式行动，给公司、员工或其他顾客带来麻烦的顾客。”此类顾客在服务接触中多采取负面的行为方式，在某种程度上扰乱了良好服务接触，给其他人和组织造成困扰，也有人称之为“不良顾客”等。有些顾客“不恰当的”行为会毁坏他人的服务体验，Anderson 等更是将这些具有不合宜行为的顾客称为“来自地狱的顾客”。

一般而言，服务接触可以理解为在服务体验过程中顾客与服务组织的服务提供者进行接触而发生的相互影响、相互作用。服务接触过程是顾客评价服务产品质量的重要标准，Richard Normann（1984）将其称为“关键时刻”“真实的一刻”。服务具有生产和消费同步进行的特征，顾客需要一定程度地参与生产服务，与服务企业产生交互作用。服务提供者和顾客之间发生的服务接触，是顾客消费服务商品的体验，也是顾客评估服务质量的重要途径。因此，服务接触的研究对于拓展服务理论的研究思路、挖掘服务的内涵具有重要实践意义。

【案例 2-5】

服务接触的魅力

斯堪的纳维亚航空公司（SAS）前总裁简·卡尔森使该公司从一个亏损的公司变为一个运营得很好的航空公司，他将公司的普通员工与顾客的接触称为“严峻的考验”。他说：我们为 1 000 万名顾客提供了服务，每位顾客大约需要和我们的 5 名员工接触，每次与每名员工的接触时间平均为 15 秒。这样一年中有 5 000 万次，每次 15 秒，顾客脑中会“创造”出 SAS，这 5 000 万次“真实的一刻”所创造的独特的、永远不会重复的机会，正是使我们自己以难以忘怀的方式表现与我们竞争对手的不同的机会，最终决定了我们公司的成败，我们的工作就是设法在这 5 000 万次的考验中不出差错。我们必须在这些时刻向顾客证明，SAS 是他们最好的选择。从旅客的角度来看，“真实瞬间”带来的印象或感受是决定旅客满意度和服务质量的关键因素，从航空公司的角度来看，每一次服务接触都是航空公司向旅客展示其服务质量的时刻，机上服务是旅客同一家航空公司接触最直接的部分。

资料来源：肖芸. 服务接触中的顾客管理实例研究［J］. 商业时代，2012（3）.

二、服务接触的要素分析

（一）顾客对服务人员的影响

顾客的表现在服务接触中会影响到服务人员的服务质量。Karthik 和 Timothyr（2012）的研究发现，顾客良好的情绪会激发员工的服务热情，Hsieh 和 Yen（2005）认为顾客可能会干扰员工执行标准程序，限制服务系统的潜在效率，增加服务人员的工作压力。顾客给服务人员带来的影响既可能是积极的，也可能是消极的。顾客的不良言行会影响服务人员的情绪，破坏本来良好的服务接触气氛；顾客的不当行为会增加服务成本，影响正常的服务流程；顾客对服务内容及自身的义务不清楚，会耗费服务人员更多时间进行管理，如首次乘机的旅客往往需要乘务员更多的关注；而“问题顾客”更甚至可能会伤害服务人员，如在机上醉酒闹事、寻衅滋事的乘客。相反，经常乘机过程中能主动协助乘务员的旅客、对乘务员的问候有回应的旅客、自觉遵守安全规定的旅客也会促进乘务员的工作热情。

顾客是服务系统的核心，服务过程离不开对顾客的认识、驾驭与管理，因为说服务的实质是顾客的管理问题并不为过。一个满意的服务过程，需要用心去认知顾客的个性、观察服务过程的内心感受，并恰当地引导与驾驭顾客的心理；一个优秀的服务人员，需要识别顾客的个性和行为特点，在服务接触的环节中，驾驭服务过程，创造和谐的服务氛围。

（二）顾客自身的因素影响服务质量

按美国著名的服务管理学者 Christopher H. Lovelock 的服务接触分类方法，根据服务接触水平，可将其分为高、中、低三种类型。高接触服务是指顾客亲临服务现场，并且在服务的过程积极地配合服务组织及其工作人员。如民航服务中的安检、值机、客舱服务就属于此类。在高接触服务的生产和消费过程中，顾客对服务生产过程的参与度很高，是服务接触中重要的一方，而非仅仅是被动的服务接受者。通过一系列的服务接触，企业的服务才能得以完成，顾客自身在创造服务结果的过程中扮演着重要的角色，其期望、情绪、行为等都可能影响到服务质量，当顾客抱有过高的期望或情绪不佳时，或顾客本身个性鲜明等都会对服务更加挑剔，形成不好的服务感知。服务质量的标准难以衡定是由服务本身的多变性决定的，受顾客自身的个体特征、心理状态等影响，顾客可能会成为服务体验的干扰者或破坏者，影响自身的服务感知质量。如客舱服务对安全的要求很高，乘客需要遵循相应的安全规则，若乘客的行为违反相关规定，就可能影响客舱秩序，甚至危及飞行安全，势必影响到服务结果。中度服务接触是指顾客到达服务现场，但不一定参与服务传递的整个过程，或者部分参与，如民航服务中的值机服务；低度服务接触不涉及顾客与服务者之间的身体接触，相反，接触是通过电子媒体等远程实现，如民航的航班信息服务、自助值机等。

（三）“其他顾客”影响服务感知

在 Christopher H. Lovelock 等人提出的服务产出模型对“其他顾客”做了阐述。该模型认为服务是一个系统，是众多要素共同努力的结果，一个顾客所获得的服务利益除了受到组织的服务支持系统、服务的有形设施以及服务员工影响之外，还会受到“其他顾客”的影响。该模型第一次指出了顾客之间的互动关系及其对服务体验、服务质量的影响。服务产出模型将顾客区分为顾客 A 和顾客 B，意识到顾客之间的相互影响、顾客对服务感到满意或不满意，很多时候取决于那些共用服务场景的其他顾客。其中 27%的顾客不满是因为“问题顾客”所产生的。顾客与顾客之间的互动在数量上也要远远超过顾客与服务人员之间的互动。Martin（1996）提出关注服务场景中顾客与其他顾客的互动关系的顾客规模，顾客交往中，其他顾客的特征以及言行都有可能对顾客产生影响，从而出现顾客兼容性问题。针对不同服务环境的研究都表明，顾客的一些特征和行为会使其他顾客感到不适，如穿戴不整洁、推搡、大声喊叫、挤占“自己”的空间、自私而不能分享服务项目或服务环境，以及不监管小孩而任其在服务场所打闹等。客舱服务由于空间狭小闭塞，更容易发生旅客之间的关系问题。顾客之间的相互交往是一种社交行为，同处一个服务场景下，陌生顾客之间可能会互助、合作、相互学习或模仿，也可能会相互竞争、相互干扰，顾客之间是竞争者关系，他们可能要在相同的时间内共享服务空间、服务设施以及服务人员；同一服务场景中，明显不兼容的需要或偏好也会引起顾客之间的摩擦，从而破坏顾客的服务体验。这与服务提供商没有直接的关系，但顾客会因此失望。Bitner 等在对服务失败的分类研究中，将服务人员对于其他顾客的干扰行为的反应作为一个导致服务失败的原因，顾客因顾客之间行为或关系所引起的服务满意和不满意都将归因于服务组织。一些相关实证研究也证实了这种观点，相反，其他顾客的一些友好的、谦恭的行为也会有利于顾客的服务体验以及增加满意度，服务接触中的顾客管理问题在深层次决定了服务质量。

三、服务接触的"三位一体"组合系统

服务接触的"三位一体"组合理论体系是阐述服务接触过程中涉及的顾客、服务组织和员工三方面之间的关系有效模型，如图 2-3 所示。

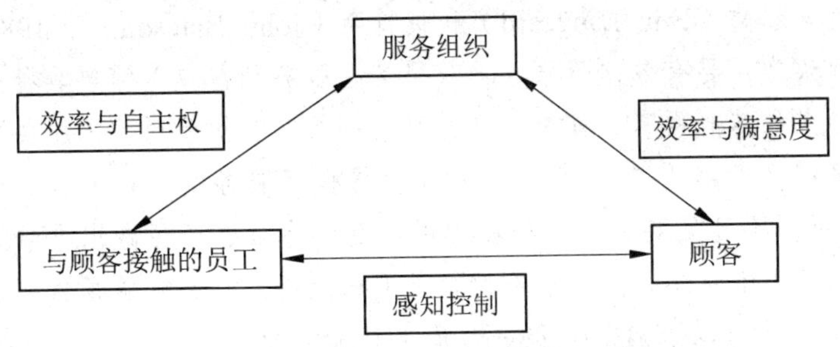

图 2-3　服务接触的"三位一体"组合理论

资料来源：[美] 克里斯托弗・H. 洛夫洛克. 服务营销 [M]. 3 版. 北京：中国人民大学出版社，2001.

服务组织如果以利润为最终目标，其就可能会为了提高工作效率而建立一系列严格的操作规程或程序，从而使服务过于标准化，这会导致员工在接待顾客时员工自身的判断权和自主权被严重限制。与此同时，顾客可选择的服务仅有几种标准化服务，这大大地降低了顾客的选择范围，从而使服务缺乏针对性，这就会使员工陷入同情顾客的处境并且想满足顾客的特殊需求，却又必须执行公司规定两难境地。其结果就是顾客不高兴，员工的工作满意度也降低了。

与此同时，员工也在努力对与顾客的交互过程实施掌控。服务人员希望拥有更小范围的服务以减轻所面临的压力，同时又希望有足够的授权使自身拥有更大的自主性从而能更加顺利地进行工作。但是如果服务人员得到的授权过多会使服务人员在服务过程中处于支配的地位，由于顾客是"上帝"，而服务人员其实是不愿意在服务接触中处于从属地位的，所以在服务的过程中过多授权的员工的服务容易造成顾客满意度降低。而且就员工群体来说，其常常会出现不关心组织的效率却对组织有很多要求的情况，所以过多的员工授权会对组织的利益产生损害。

最后，顾客也想通过占据服务接触的主导地位来获得更多好处。在标准化服务的场合，自助服务可以使顾客完全地控制所选择的服务而不需要其他人员的参与；在定制化服务的场合，服务要完全按照顾客的需求进行。但是单方面强调顾客的需求会损害组织的利益。

所以服务接触三要素中过分强调某一方面的作用时，就会使其他两个方面的利益受到伤害，从而导致三要素之间的冲突，最终使组织的根本利益受损。

服务接触应该保证三要素之间的整体平衡才会令人满意且有效。只有适当的培训并且得到恰当的授权的员工，才能良好地与顾客进行沟通并满足顾客的期望，同时才能保障组织的经济目标和组织对效率的需求。

服务生产系统模型认为，服务体验的大部分内容来自于可见性之后的支持部分，其启

示在于：其一，服务的研究可以向组织内部延伸，把企业使命及服务理念看作服务组织进行服务设计的重要影响力；其二，向顾客延伸，把顾客的期望及其影响因素作为考量因素。

【小知识】

服务产出模型介绍

美国学者兰吉尔德（Eric Langeard）和贝特森（John Bateson）于 1981 年提出服务产出模型。该模型认为，要有效体验服务（获得某一服务利益包）需要具备三个要素：可见要素、不可见要素和其他顾客。其中，可见要素：顾客能够看得见的服务要素，包括接触人员（仅与顾客进行简单交流）、服务人员（直接提供服务的人员）和有形设施（提供服务的工具和设备）；不可见要素：在顾客的视线之外为服务产品做出贡献的要素；其他顾客：在服务的现场等待或同时接受服务的顾客（积极或消极影响顾客 A 获得的利益）。

服务产出模型给出以下启示：第一，服务体验包括不可见组织与系统、可见要素和服务利益包；第二，不可见组织与系统是那些在顾客视线以外的为服务的产出做出贡献的要素，往往具有决定性；第三，可见要素包括无生命的环境与设备、接触员工顾客 A 与顾客 B；第四，服务是多要素共同努力的结果，顾客 A 获得服务利益包括了除受组织的服务支持系统、服务的有形设备、服务员工的影响外，还会受到顾客 B（其他顾客）的影响。

以服务产出模型为基础，可以归纳出服务生产系统模型，如图 2-4 所示。

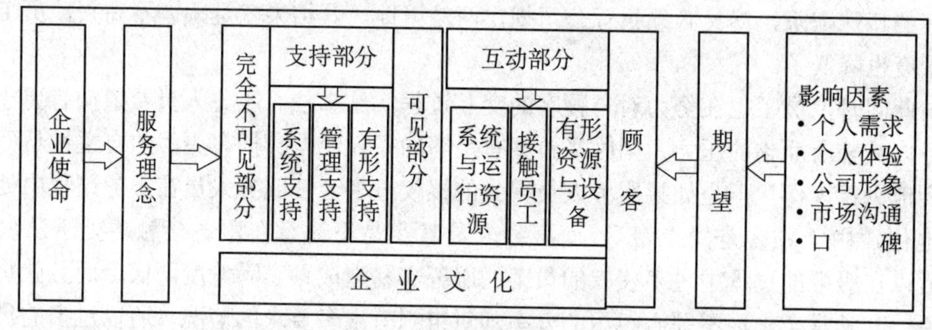

图 2-4　服务生产系统模型

资料来源：https://wenku.baidu.com/view/9282b7cf65ce050877321376.html

四、服务接触理论的实践意义

（一）管理顾客对服务的期望

创造更高的服务满意度是服务者的努力目标，关系到企业的持续发展，而服务满意度是服务感知质量与服务期望的相对差距。这要求一方面，服务者要提高服务的感知质量；另一方面，要管理好顾客的服务期望，这有助于顾客产生对服务的满意感。由于利益的驱动，顾客往往对服务抱着较高的期望值，如果服务企业或服务人员提供不了令顾客满意的服务，那么服务企业或服务人员就要想办法适当降低顾客的期望值。这就要求，在服务接触开始时，服务人员就应该让顾客知道能接受的服务内容和水平。由于服务环境和条件的限制，客舱服务的内容是有限的。而且由于旅客所乘坐的客舱等级的不同，航空公司的定位不同，旅客所享受的服务也存在着一定的差异，航空企业应让旅客了解服务规则和旅客行为规范，使旅客形成在服务接触中接受服务的合理预期。

（二）注重管理顾客的行为

如前所述，顾客的行为相互之间的影响，对顾客的感知质量会产生很大的影响，而且表现在顾客的彼此情绪的感染上。服务管理中的不作为是“问题顾客”日益增多和不断升级的一个重要因素，在对顾客互动行为进行的分类研究中，Martin 利用关键事件技术发现七大类顾客互动事件[①]：①顾客间的交际行为；②肮脏行为；③不体贴行为；④粗鲁的行为；⑤暴力行为；⑥不满的行为；⑦休闲行为。其中，顾客间的交际行为是顾客的满意行为，其他六种为顾客不满意行为。尽管公司可能会认为其他顾客的行为是无法控制的，顾客仍然认为公司管理顾客和他们的行为是服务过程的一个重要内容，从而影响顾客对服务的整体评估。服务人员的作用不仅是完成企业服务产品的生产过程，还应对顾客的行为进行引导与控制。服务人员要让顾客清楚自己所应遵守的规则，顾客在服务场所这样的公共空间应遵循道德法律的基本准则，使顾客知道怎样参与更能保证服务的进行，当顾客违反规则，影响到其他顾客的权益时，服务人员应制止其行为。在客舱服务中，上述情况时有发生，如群体乘客之间的大声喧哗、座椅的角度，甚至暴露脚的行为等，使周边乘客感到很不舒服，甚至出现冲突。这些旅客的不当行为会给自身、其他旅客及乘务员都带来消极影响，故应对其采取措施。乘务员应注意观察旅客的动向，及时发现苗头，防止事态扩大。旅客有不安全的行为或危害他人行为时，应加强控制，根据乘客的动机、具体情况采用劝阻、教育、制止等方式，对于违法的乘客应采取强制性的措施。

（三）重视顾客间关系管理

顾客间关系管理的主要任务是在意识上高度重视，在对顾客之间的行为或关系进行识别的基础上，通过一些措施鼓励和激发有益的、健康的行为或关系，并将其作为一种服务资源加以利用，而对负面的关系或行为，则要采取措施加以防范、控制和引导，并使其转化为有利的因素。Martin 等提出了“顾客兼容性管理”的概念，认为顾客兼容性是指顾客互动中顾客可接受的行为，也就是他们对另外一个人的存在会产生什么样的感觉，他们对其他人的口头或肢体行为的忍受度，即对其他顾客负面行为的忍受程度。顾客可能会间接地影响服务的环境氛围，或经由特殊的人与人之间的接触而造成直接的影响。当顾客与其他人共享服务环境的时候，如果他们与其他顾客的兼容性差，顾客就会觉得不自在，感觉受到威胁，或不满，而且顾客之间的兼容性会进一步影响顾客与企业之间的关系。

进行顾客兼容性管理的目的是要将服务接触过程中对顾客体验的积极影响提到最高或

---

① MARTIN CL. Customer-to-Customer Relationships: Satisfaction with Other Consumer's Public Behavior［J］. The Journal of Consumer Affairs, 1996, 30(1): 146-169.

消极影响降到最低。也就是服务者不能对“其他顾客”的行为置若罔闻，需要以积极的态度去关注与处理。Martin 和 Pranter 的研究发现，顾客之间类似的背景或生活方式是顾客满意的因素之一，而顾客偏好、言行和个体特征等差别较大，即顾客组合出现不兼容、异质性时，必将会增加顾客不满意的风险。在目标顾客同质性无法选择的条件下，服务组织或服务者需要通过培训，提高沟通协调能力，加强服务管理，减少顾客间的相互干扰。客舱内空间狭小，长时间的飞行容易使人疲劳，这会诱发旅客的不良情绪，也会因为空间资源的有限而发生争端。当乘客之间的关系出现问题时，乘务员需进行协调，避免纠纷的升级。除了调解外，乘务员需要考虑旅客间的兼容性，可采用调整座位的方式。除了乘务员的沟通与处理能力外，旅客间关系管理也可通过硬件的改善来提高，服务环境的优化可以起到积极作用。可调节顾客密度，尽可能地避免或减少顾客被其他顾客干扰的可能性；可增加机上娱乐的内容，分散旅客的注意力，改善旅客的心情；可为旅客开展合适的活动，促进顾客与其他顾客的良性互动。这些都有利于乘客间关系的良性发展，以赢得乘客的满意。

【案例 2-6】

一次关键接触毁掉了 30 年的客户关系

约翰·巴列尔说：“不管你在一家银行拥有几美元还是 100 万美元的存款，我认为银行有义务为你的停车票盖章。”1989 年的一天，巴列尔先生拜访了华盛顿斯波坎的银行，他穿着那么不起眼的旧衣服，开着一辆轻型卡车，将车停在了银行旁边的一片空地上。在兑完一张支票后，他走出银行去开车，一位停车管理员拦住了他，要求付 60 美分的停车费，同时告诉他可以在银行确认其停车证，这样就可以免费停车。

巴列尔认为这样很合理，于是又返回银行（他已经和这家银行有 30 年的往来历史了）。银行出纳上下打量了他一番，然后拒绝为他在停车证上盖章，并告诉他，银行只为和银行有业务往来的客户确认停车证，而兑现一张支票不算什么业务往来。巴列尔先生于是要求见银行经理。银行经理也上下打量了他一番，露出同样的表情，同样拒绝确认其停车证。于是，巴列尔先生说：“好，你不需要我，我也不需要你。”他从银行取出所有的存款，并直接存到了另一家与这家银行是竞争关系的银行。他存的第一笔款项就高达 100 万美元。

资料来源：https://wenku.baidu.com/view/e323d52f58fb770bf78a557d.html

第五节　服务 3A 原理

一、理解 3A 原理的含义

美国学者吉布森教授等人提出了人际交往的“3A 法则”，意指在人际交往中，要成为受欢迎的对象，就必须有效地向交往对象表达善良、尊重、友善之意。

二、服务 3A 原理的内容

（一）第一个 A——Accept，接受对方

服务对象群体是复杂的、多样的，无论是什么样的人，都是服务对象，都是平等的，都需要被接受。

每个乘客成长的环境不同，接受的教育程度不同，受的民族文化熏陶不同，再加上职位、金钱、年龄、性别等各个方面因素的影响，导致其社会阅历不一样，待人接物的风格和具体做法往往不同。可凡是存在的都是合理的，服务双方立场不同，很难说谁对谁错。所以一个真正有教养的人，往往很容易接受别人。接受本身就是一种尊重，就是感情的真挚。

接受的三个要点：①接受交往对象。例如，老师不能拒绝学生；商家不能拒绝顾客。②接受对象的风俗习惯。习俗是长期的文化习惯，很难说谁对谁错。少见多怪的人不容人，见多识广的人比较宽容待人。③接受交往对象的交际礼仪。

（二）第二个 A——Appreciate，欣赏地重视对方

人与动物的不同在于人有自尊，而不同的人其自尊表现形式也不尽相同。每个人都有自己的人格尊严，并期望在各种场合中得到尊重。尊重能够引发人的信任、坦诚等情感，缩短交往的心理距离。

例如，在接过别人递过来的名片时，最礼貌的做法不一定是站起来，不一定是两只手，不一定是说谢谢，一个真正有教养的人拿到别人递来的名片首先要认真地看，然后再毕恭毕敬地放在一个合适的地方。认真看，看完之后不是随意地丢在一个地方，别人就会觉得你重视他，自然就会赢得对方的好感，赢得尊重，自然接下来的关系就会往好的方向发展。

（三）第三个 A——Admire，欣赏地赞美对方

受到赞美是人们心理上的需要，人们有受到尊重、被欣赏、被鼓励、被肯定的心理需求。赞美在人际交往中占有着重要的地位，但赞美有三个原则：要发自内心，要具体化，要适度。在人际交往中，发自内心去欣赏和赞美对方，对方通常容易接受你；或者，你得到了别人发自内心深处的毫不虚假的欣赏和赞美，你肯定也会由衷地喜欢对方并会与其真诚相待。一个懂得用欣赏的目光去处理人际关系的人会过得很愉快，因为别人也会用同样的方式对待他。在人际交往中要接受别人、重视别人、赞美别人，应该是向别人表达善意的可操作技巧。

三、服务 3A 原理的实践意义

服务 3A 原理的核心就是与人为善，善待他人，就是一个“善”字。

服务依赖于两个基本要素，一是服务的规范与服务内容，二是服务者在服务中所展示的服务风貌。服务者代表着服务的航空公司的形象，也是服务实施中尊重乘客与真心为乘客服务的践行者，此时，服务者不再是个性行为，也不是感情用事，而是从服务的基本要素出发，与乘客建立良好的合作关系，向乘客传递真情，创造良好的服务氛围。3A 原理所传递的“善良、尊重、友善”之意，是做好的服务的基本准则，具有很强的实践意义。服务中要解决的一个关键问题是——怎样使乘务员成为一个受欢迎的人？一个受欢迎的人才能为大家所接受，才能为旅客带来愉悦的感受。

（一）接受任何服务对象，是服务心态的基本要求

服务的过程是服务者的付出，而核心是帮助他人，能否把付出的心态调整为欣然愿意去帮助他人，核心是在内心是否接受了服务对象。只有接受了服务对象，才能激发出服务的热情，才能发自内心地去服务，去为对方解决问题。而且，乘客是上帝，无优劣之分，必须做到“一视同仁”，不能有选择性地服务，因为选择本身就是服务的不公平。

（二）重视任何服务对象，是做好服务的保障

服务是服务细节的积累过程，只有重视服务对象的需求细节，重视服务对象的价值，重视其内在的心理需求，才能体现出对服务对象的真正的尊重。

（三）欣赏肯定服务对象，是激发服务对象内心情感的有力武器

得到赞赏是每个人的共同心态，得到了充分肯定，就映射着对其人格的认可，一句赞美之词，往往听者“有意”，化作春雨，滋润心田。

第六节　民航服务人员的形象原理

形象通常是指一个人具备的内在修养与外在特征的综合体现，而在民航服务中更多是指一个人的形象对感知者（乘客）的表现力。作为一种高端服务，航空服务中的重要特征是人（地勤、乘务员）与人（乘客）的接触，服务者作为核心要素，既是服务环境的有机组成部分，又是航空服务的灵魂，温文尔雅而充满活力的职业形象不仅会给乘客留下美好的“第一印象”，而且，这种印象会持续地保留在后续服务沟通中，使服务过程更加流畅和谐。民航服务人员的形象之所以发挥着这么重要的作用，是因为“形象”就是个信息源，它所发出的各种信息都是有价值和特定含义的，至少信息接受者是如此。乘务员的每一个行为细节都会流露出其职业道德及礼仪修养水平。因此，在自身的修炼中，要正确去

认知形象，理解形象的内涵，认知形象的作用，追求个人形象的表征与乘客所感知的形象的统一性，树立良好的“第一印象”。

一、民航服务人员形象的角色定位

在管理学中，将“一定的时空系统环境下，在一个组合中拥有相对不可代替性的定位”称之为角色定位。这里，“角色”不一定是一个人，可以是一个群体。可以是静态的表现，也可以是动态的展示；可以是客观的，也可以是主观能动的。角色定位理论认为，任何一个人要想在社会上取得成功，都有必要先为自己进行正确的角色定位，再按照社会舆论对于自己所要扮演的既定角色的常规要求、限定的看法，对自己进行适当的自我形象设计与美化，使自己的角色具体化、明确化、鲜明化。角色定位也证明：当角色定位符合了系统角色的要求时，才能在系统中发挥作用，才有助于系统的良好运行。

民航服务人员的形象具有“相对的不可代替性”，空乘民航服务中，人员的形象是一种特殊的不可替代的服务资源，它影响着服务的过程、感染着乘客的心理，成为民航服务的活跃要素。

（一）展示角色

在任何一个组织中，人既是不可或缺的，又是最活跃的决定要素，代表着组织的形象。一个充满活力的组织目标的实现均离不开人的自主发挥。一直以来，人们会很自然地将航空公司与“空姐”联系起来，国内外航空公司也通过提升空姐的形象来打造自己的服务品牌。也正是空姐的良好形象，使得人们更关注民航服务，使得民航服务成为服务领域的顶端领域。

（1）空姐展示着航空公司的形象。这种展示，不仅在于空姐本身，更在于空姐的形象就是公司的标志，她们身上聚集着航空公司的文化要素、服务理念、对待乘客的态度，因此，由“空姐看公司”不失为社会公众评价航空公司的思维方式。而且，乘务员是接触乘客最前沿的人员，服务过程中所代表的公司形象更直接、更鲜明、更全面，其所展示的公司的文化、宗旨能深层次地体现航空公司的服务态度与对乘客价值的认可程度。

（2）良好的展示能力是空姐的基本素质。展示性角色在客观上要求乘务员具备展现公司良好形象的能力，如果展示能力不足，势必会影响公司的整体形象，也必然影响服务质量。所以，有志成为空乘人员的人，要塑造自己良好的形象。

（3）展示性体现在服务过程的每一个细节。这就需要乘务员具有良好的行为习惯、端庄的举止、良好的礼仪修养。如果没有长期的仪态与礼仪的培养，没有在行为举止的细节上养成良好的习惯，乘务员也就无法得到乘客的认可，形象必将大打折扣。

形象的展示性是服务工作的积极因素，是为了增加服务的艺术内涵，使相对固定的服务模式充满激情与活力，让服务对象赏心悦目。在实施过程中需要注意以下问题。

（1）展示性不是单纯的外在条件的显露，而是综合素质与修养的展现，特别要彰显人格的魅力。作为一名优秀的乘务员，在其举手投足之间应该迸发出感染力和心理穿透力，形成强力辐射"场"，轻易获得乘客的欣赏，信任之心就会油然而生，借此共同成为"同舱共济"的伙伴。因此，立志成为乘务员的人，要在自身的成长过程中，注重通过学习来不断地提升自身修养，通过训练矫正自己的体态，从而提高自身的表现力与人格魅力。很多时候，单纯外表漂亮的人并不是航空公司首选的乘务员选择对象，缺少内在素质支撑下的美丽，其影响力瞬间可以消失殆尽。

（2）展示性不是展示个人本身，而是通过个人来展示公司的形象。乘务工作的展示不是表演，更不是"自我欣赏"，而是服务的有机组成部分，是"服从"乘客意志的最高境界。航空公司在选择乘务员时，通常对"个性张扬，傲气十足"的参聘者有所顾忌，担心其个性与傲气会破坏客舱的和谐氛围。事实上，那些"冷若冰霜"或过于张扬的乘务员不是乘客所欢迎的，甚至会成为客舱服务的消极因素。因此，服务的展示性必须服从于服务的和谐氛围，是公司的价值、理念、态度的表现形式。只有服务之心深扎于心，乘务员的每一个行为细节才能抒发出对乘客的爱戴与尊敬之情；只有内心的情感世界能通过形体与仪态得以充分地表达，乘客才能在乘务员的服务中感觉到赏心悦目，备受荣尊。

（二）感染角色

心理研究表明，环境氛围越具有感染力，人的行为越容易受到引导，人的行为也越与所处的场合协调。人之情感的最大特点是容易受到"环境"氛围的影响。空乘服务中，乘务员与乘客的接触是短暂的，而且是非连续的过程，乘务员对个体乘客的服务过程往往只是瞬间之举，而这一瞬间传递的信息强度越大、内容越丰富，乘客的行为就越容易受情感的支配，服务也就更顺畅，乘客的心理体验也会更深刻。

感染力是服务主体的超越性力量，是凝聚在内心而由行为所抒发的辐射性力量。它与人的外在条件有关，但不是必然的，主要来源于由内而外、由外及里的聚合过程，俗话说"美丽养眼，内慧养心"，其中的养心就是感染力所致。所以，感染力是一个人的"心境"所致，并通过心的陶冶与心的修养形成，超强的感染力表现为行为举止充分地表达内心世界。

优美的仪态塑造了乘务员的感染力，也拉近了与乘客的距离，成为减少乘客戒备心理的重要因素。人往往对随意姿态的人具有排斥心理，用亲和、端庄、雅致来填平与乘客之间的距离，就会减少服务的障碍。

在表现层面，感染力与一个人的轻盈而充满活力的身影、体态、举止有关，形体与仪态的训练，可以纠正体态的缺陷，将正确的体态礼仪固化在行为中。同时，内在的修养就像人体内的"气"一样，由心而至的行为举止更具有生命力和感染力。可见，在仪态、形体及礼仪训练中，简单的动作性训练不会从根本上改变一个人的表现力和感染力，需要内心的净化与感悟的提升。仪态与礼仪的训练就是挖掘深藏在人的内心之中蕴藏的魅力，并通过恰当的形体语言表现出来。要认识到，形体与仪态的训练苦在筋骨，磨炼的是人的精神世界，提升的是一个人的魅力与气质。

（三）信任角色

信任感是一个人对他人的敬佩、敬仰、认可的程度，是客体对主体行为内涵的判断与接受程度。信任是人类一切交往的根本，从服务的角度看，当一个人可信度高，就会增加服务对象的配合的主动性，提高服务者言行的权威性，有利于服务目标的预期实现。所以，增加服务人员的可信任感是十分必要的。

一般而言，信任感来源于被信任者传递的信息品质，而所传递的信息主要来自三个方面：①内在信息。信息传递者内心世界的真诚、修养以及内心品质。②形式信息。信息传递者的体态、仪容以及高雅气质。③动态信息。端庄仪态、高昂精神、规范礼仪、干练行为。后两者都具有外露的表现性，更多与仪态与礼仪等训练有关。尽管我们要摒弃那种"以表看人"的狭隘思想，但却不能忽视外在信息对感知的影响强度，所以，具有表现性特征信息的质量，对服务接触的质量会产生不可忽视的影响。特别是服务过程短暂性与非连续性的特征决定了增加信任感才能使服务者与被服务者之间获得通过"服务交锋"传递温暖与愉快的体验。因此，一个乘务员就应该通过自身的形体与礼仪修养等行为语言郑重宣布："我们是乘客可以信赖的乘务员，我们可以让你得到愉快的飞行体验。"卡耐基在给青年的 72 条忠告中也说道：你的成功取决于那些对你有信心，并且信任你的人。信任很容易产生依赖，被依赖就会在服务过程中占据主动权，可见，创造信任的氛围是高品质服务工作的基础保证，也是乘务员培养的重点。

在建立信任感的过程中，乘务员还需要注重沟通语言的准确表达，包括有声语言与行为语言，特别是行为语言的正确运用。行为语言是人类沟通的所有方式中最关键的一种（占传达意思的 2/3），其表达内心世界的信息量更大，准确性更高。在人类社会文化的长期积累过程中，不同的民族形成了独特的、共同认可的礼仪规范，这些规范作为人类文明的精髓，是建立在文化修养基础上的，并通过一定的形式表达出来。

在空乘服务中，我们特别强调礼仪规范，力图更好地向乘客表达更多信息，增加乘客的信任感。而相关课程的开设，必须围绕服务这个主题，增加自身的内在修养，提高形体的表现力与感染力。在训练过程中，首先解决好为什么要训练仪态与利益问题，要知其然，更需要知其所以然。把对服务的理解渗透在各项训练中，并在行为举止中正确地表达。

（四）服务角色

乘务员的形象作为空中乘务的特征之一，对服务起着增值作用，但从服务的本质看，乘务员作为服务员的基本定位贯穿在服务的始终，提供空中服务，满足乘客的要求是乘务员的天职。这就在本质上要求服务者的形象与服务者的角色要一致，服务者所表现出来的行为与服务者的行为要求的特质也要一致。

观察空乘人员的培养，使我们深感遗憾的是：很多学员更关注自己的外表，而忽视服务品质的培养，漂亮的外表背后掩饰着缺乏服务者品质的现象比比皆是，很多人沉浸在良好的外在条件中，而忽视内在气质的提升，缺乏对服务内涵的理解。对比之下，那些对服务角色认知程度高的学员却会自然地成为航空公司追求的对象。这就要求，在教学实践与学员的培养细节方面，要将乘务员服务角色的定位贯穿始终，使学生牢牢树立服务意识与正确的服务观，培养学生对服务、对乘客的感情以及对航空公司的忠诚，淡化个人的表现主义倾向，提倡崇尚服务的美德。

（五）多变角色

客舱服务是个复杂的过程，在决定客舱安全与高品质服务问题上面临多种问题，如对乘客群体的认识与管理、在复杂飞行状况下对客舱状况的控制、对不同乘客的个性化服务以及乘务员之间的合作等。乘务员面对的多种责任决定了乘务员在空中服务中是多变的角色：有时是客舱的管理者，有时是乘客的服务者；有时是空乘的主宰者，有时又是乘客的亲人、陪护呵护者。所以，乘务员的形象需要具备多重角色的特征才能适应工作中对角色多变性的要求。

在服务中，乘务员不同角色的转化不存在明显的角色切换，而是视情况的不同随机转化，这就是我们常说的空中乘务的最大特点即不确定性，也就表明作为一名优秀乘务员必须具备多种优秀品质是一种客观必然。在乘务员培养过程中，必须提高其对不同角色的适应性，同时，要养成不同角色所具备的行为举止，比如如何端庄秀雅，得到乘客信赖；如何亲和可亲，具有令人温暖的微笑；如何威严庄重，具有领袖风采，等等。

（六）被动角色

这里所说的被动，是指服务关系的被动性，而不是服务过程的被动性，即乘务员的意志受制于乘客的意志，表现在：第一，乘务员必须根据乘客的要求来不断地提供与改进服务，体现乘客的需求与利益的第一要素；第二，乘务员的言行举止处于乘客的监督下，乘客对乘务员角色的认可程度决定其对服务质量的评价。当服务呼叫铃响过，乘务员匆忙赶过来服务，坦然面对乘客提出服务的要求；或乘客注视着乘务员离去的背影，对其服务的私下评价，都是乘务员被动角色的体现。

被动角色给了我们两点启示：其一是如何在被动中体现出主动性；其二是利用被动角色彰显服务者的风采。有效地服务一定是通过服务者的行为良好表现，使被动变为主动。前者的实现，本质上需要从服务本身解决问题，即提升服务意识，加强服务修养，提高服务的艺术性；后者的实现需从梳理乘务员的整体形象入手，即需要系统设计乘务员的形象与行为规范，通过系统的训练过程来培育乘务员的高品质形象，使乘务员美丽而充满自信，举手投足之间充满温柔，言谈之间充满深情，神情之中充满敬意。

（七）美化环境角色

端庄秀丽、仪容得体的乘务员穿梭在客舱中，她们不仅是服务的提供者，也是客舱环境要素之一，她们增加了客舱的生命气息，使狭小的客舱充满了生机与活力，就像人们旅游一样，山清水秀、景色宜人才有助于缓解压力。在体现客舱生机中，乘务员是不可或缺的，特别是在飞机的飞行过程中，飞机的飞行状态会受多种因素的影响，乘客的心理也处于起伏不安的状态，无形的恐慌与心理压力笼罩在心头，心情需要纾解，压力需要释放，此时，乘务员成为乘客唯一可以信赖的对象，其形象、气质、言行举止时刻在影响着乘客，成为乘客心理状态的导向。因此，乘务员优雅的举止、甜美的微笑、得体的礼仪会使乘客感到踏实，心理压力会得到缓解。

同时，我们还要强调，乘务员作为客舱环境的要素，其魅力要与客舱的氛围相一致，以温馨、秀雅、可信为基本点，而不是个人的展示与高兴的凸显。要做到轻、柔与神情的完美结合，即动作要轻，以心境带动作，把对乘客的尊敬体现在举手投足之间；动作要柔，以柔美贯穿始终，把对乘客的关怀体现在艺术性的节奏中；神情关注而专一，行为到眼神到，通过眼神传递对乘客的崇尚之情。人们常说的“优秀的乘务员每一个动作都具有艺术特征，每一个动作都是一种享受”道出了空中乘务员就是客舱的风景线，而如何使言行举止、行为规范更具美感，就是教学中、学习中需要解决的问题——使乘务员的服务过程充满艺术的气息。

二、民航服务人员形象原理的实践意义

民航服务人员形象定位不是对服务者角色的展示，而是对民航服务人员在完成服务过程中角色作用的挖掘，以角色为担当，才能更好地承担服务者的责任。民航服务人员的形象之所以承担着多重角色，是由民航服务行业的特殊性所赋予的使命所决定的。似乎过于沉重，但却鲜明地反映出我国对高端服务行业从业人员的要求的特点。

从全面提升民航服务水平，特别是从民航服务行业出发拉动我国高端服务业的发展角度来看，民航服务人员形象原理给了我们很多启示。

（一）全面定位服务者角色化，挖掘服务者的服务活力

民航服务过程中，服务者是决定性因素，如何定位自己的角色，对服务过程的控制以及服务的顺利开展起着重要作用。比如，对服务者良好的外在条件和气质的要求，是其服务的展示性所决定的，同时，服务者与乘客的接触是服务的特色，因此，服务者所具备的美的要素就成为服务的环境要素，对服务对象来说，也是重要的价值感知因素，其会自觉或不自觉地影响服务过程，因此，必须去塑造服务者由内而外的美的形象。另外，空乘服务中，空姐的亲和力和善良是客舱和谐的重要因素，她会给乘客带来信任温馨的感觉。同时，在面对不同乘客、不同情景时，乘务员的角色也不是千篇一律的。有时需要亲和，有时需要威严，有时需要信任，有时需要气节。只有充分发挥民航服务者的不同角色定位的作用，才能更好地去驾驭服务过程，引导乘客消费行为，共同创造服务的和谐。

（二）全面认识民航服务特殊性，塑造优秀“民航服务人”

要承担不同角色不仅仅是一个表演过程，其需要长期的培养与自我心理塑造。俗话说，成为一名民航服务者不难，难就难在能成为“民航服务人”，这种人需要心智成熟，需要在不同角色之间转换，能够左右逢源地展现不同角色的魅力。角色的本质就是驾驭服务的武器，只有在培养过程中，对乘务员进行系统的职业训练，使其理解服务角色的不同属性，并能够灵活地在服务的不同环节进行转换，才能真正驾驭服务过程。服务角色转换能力的培养需要将综合素质与服务职业能力相结合，核心在于对职业道德与职业情感的认识与培养。我们强调民航服务人员的内慧外秀，只有内在修养过硬，以内养外，这样服务

者才能在复杂的服务环境中胜任工作。

本章思考题

1. 简述民航服务的理论对民航服务的指导作用。

2. 简述民航服务的主要理论与实践意义。

3. 服务利润链理论中的利润循环各要素相互之间的关系是什么？如何创造顾客忠诚？

4. 简述民航服务人员形象原理给你的启发。如何提升自己内慧外秀的修养？

5. 应用民航服务的理论，结合实际提出提高服务水平的建议。

6. 分析民航服务理论滞后是影响我国民航服务水平的重要原因。

本章典型案例

满意的员工是公司发展最根本的保证

美国的第七大国内航空公司西南航空，员工们每天都保持着惊人的生产效率。在公司的14 000位员工中，有86%是工会会员。岗位的设计使得员工在必要的状况下可以身兼数职。航班时刻表、航线安排以及公司的一些做法——例如不对号入座，使用按颜色区分、简易而可再用的登机牌——使公司每天的载客量高出竞争对手两至三倍之多。实际上，西南航空公司2/3的航班可以在15分钟或更短的时间内完成卸客和载客。由于飞机可用率高，而且短途航线不需要机组人员做长时间的中途停留，因此现在航空公司对驾驶员和飞行员的使用率比其他主要竞争对手高出约40%；它的驾驶员平均每月飞行70小时，而其他航空公司只有50小时。这些因素解释了该公司能使自己的机票比市场价格低60%～70%的原因。

虽然西南航公司没有为乘客分配座位、提供膳食，也没有将自己的订票系统同其他航空公司进行整合，但是乘客感觉到的价值却非常高，他们对西南航空公司密集的航班、准点的服务、友好的员工和非常低的价格给予高度评价。公司的管理层也都知道这一点，因为其主要的营销单位——公司的14 000名员工——每天都在和乘客打交道，并将自己发现的问题反馈给管理层。除此之外，美国联邦航空局的业绩评价显示，在所有的大型航空公司中，西南公司的准点率达到了最高，投诉数量最少，每1 000名乘客的行李丢失数量最低，而且几乎在每次评比中都是这样。当你将这些出色的指标同西南航空公司每座位英里的低廉票价结合起来时，就能看出同大多数国内竞争对手的员工相比，该公司的员工为乘客所创造的价值更高。西南航公司已经连续21年盈利，而且是1992年唯一能实现盈利的大型航空公司。

资料来源：哈佛经典：让“服务—利润链”高效运转［EB/OL］.（2009-07-22）. http://blog.sina.com.cn/s/blog_5cee69c80100eaot.html.

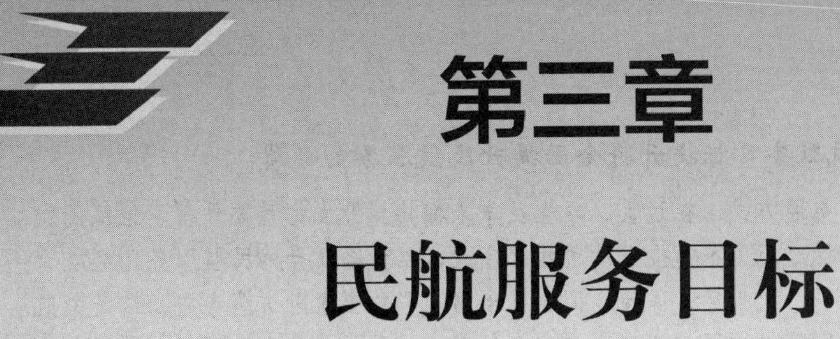

第三章

民航服务目标

本章学习目标

☑ 理解民航服务目标的含义；

☑ 充分理解民航服务目标的特点；

☑ 理解顾客的期望及影响顾客期望的因素；

☑ 掌握顾客的期望与服务目标之间的关系；

☑ 理解民航服务目标体系的构成；

☑ 掌握实现民航服务目标的途径；

☑ 结合实际，认识我国民航服务目标体系存在的问题与完善目标体系的基本思路。

导读

民航服务目标提升将全面提升民航服务的品质

民航运输作为一种交通方式，在过去、现在及未来都将持续发挥重要作用。但从民航诞生至今，民航服务目标经历了不断提升的过程。今天，感受高质量的民航服务已经成为旅客出行的基本目的之一，把生活、体验、便利等丰富多彩的要素融进服务中，这是民航适应社会发展、迎合乘客需求的深刻变迁。在这个过程中，民航服务企业不断调整服务的目标，丰富服务目标的内涵，目标导向下的民航企业服务行为，不仅引导着社会的服务水平整体提升，也为自身的发展增加了活力。

人们常说：气魄大，方成大业；起点高，方能入高境界；立意远，方能奔腾。只有那些树立远大目标，并为之奋斗的企业才能长盛不衰。美国行为学家J.吉格勒也指出，设定一个高目标就等于达到了目标的一部分。当然，民航的服务目标只是企业目标的一部分，但不应该是第二层次的。因为服务目标是面对服务对象的努力方向，而决定企业最终发展的恰恰是企业的上帝——顾客，这也是民航服务目标之所以受到重视的原因所在。

民航企业向顾客提供的产品就是服务，如果服务目标不科学，甚至企业利己化，或局限于交易契约的思维，势必约束自身的行为，影响企业的发展。

目标的实现是个系统性活动，需要顶层设计，又要在不同的层面进行分解细化、考核与监控。目标在实现过程要进行目标管理。组织的高层领导根据组织面临的形势和社会需要，制定出一定时期内组织经营活动所要达到的总目标，然后层层落实，要求下属各部门主管人员及每个员工根据上级制定的目标和保证措施，形成一个目标体系，并把目标完成情况作为考核的依据。民航服务也是如此，不仅要把服务目标纳入民航企业的总体目标中，更要落实到服务实施的各个层面、各个环节，分解服务目标，以指导企业服务工作的有效开展。

制定服务目标是个高瞻远瞩的事情，关系到企业发展的高层次的战略策划。但目标的实现更是服务目标管理的基本诉求，再好、再远的目标，如果在实现层面出现问题，目标就会成为空中楼阁。所以，研究服务目标体系的同时，必须关注服务目标实现的影响要素以及实现服务目标的基本途径。当民航企业的服务目标既能体现企业发展宗旨，又能成为引领企业实施服务的方向，并起到激励作用的时候，企业的发展就有了坚实的基础。以目标管理为手段的服务管理，必将引领民航服务水平的整体提升。

引例

十五小时真诚服务，化解航班延误难题

春运期间，多地天气情况复杂导致多个航班不同程度的延误，但是“延误”这道难题，没有难倒东航江西人。

2017 年 2 月 10 日 MU5469 航班计划 9:30 落地昆明，由于昆明机场能见度不够，飞机备降贵阳机场，等待昆明天气好转，没想到这一等就是 5 个小时。由于当天贵阳机场备降飞机很多，客梯车、工作人员远远超出了保障范围，乘客只能在机上等待。在等待的 5 个小时里，乘客们的情绪从最开始的期待、失望逐渐变得焦躁起来。其实乘务组也非常疲惫，他们从早上 6 点就开始准备航班任务，备降增加的服务程序在体力上难不倒乘务员，但面对情绪激动的乘客，他们需要在服务细节上考虑更多。听到乘务组耐心的解释，看到他们在客舱里一直忙碌的身影，面对他们始终如一的微笑，绝大部分焦躁的乘客平静了许多。16:25 飞机终于落地昆明，延误了 7 个小时。乘客疲惫了，但很快可以回家的心情让这个旅途小插曲带来的负面情绪一扫而空。送走了这批乘客，乘务组依然以细心周到的服务迎接已经等待了 8 个小时的下一批乘客。

“没有想象中困难，只要我们真情相待、及时广播航班信息，我们的努力乘客还是能看到的!”在结束全天航班任务后，乘务长在讲评会上做了这样一段总结。

资料来源：http://www.caacnews.com.cn/1/6/201702/t20170217_1209475.html

案例思考：

（1）乘务组在面对困难的时候，为什么有坚定的战胜困难的信念?

（2）客舱服务以让乘客满意为基本目标，那么，当出现服务冲突的时候，乘务组该怎么处理乘客更容易接受?

（3）当乘客对服务提出抱怨的时候，乘务组如何从企业发展的角度做好安抚工作?

第一节　民航服务目标认知

目标是人们一切行为的动力源泉，民航服务目标决定着民航服务企业发展的战略导向，对企业的长远发展具有重要的作用。而从服务工作本身来看，民航服务的目标决定了服务定位、服务的宗旨与愿景，是在服务对象态度认知基础上，对服务达到的水平的一种规划，决定着民航服务过程的方向。民航服务工作的目标不仅是民航企业做好服务工作的动力因素，更是企业全体人员为之奋斗的目标，引导和约束着民航企业的行为。通过目标激励，使民航的服务管理与员工的行为统一到实现服务目标上来，以调动各种积极要素，实现服务目标。

一、目标概念解读

目标设置是基于“人类的活动是有目的的，它受有意识的目标引导”这样一个理论假设。目标管理源于美国管理学大师德鲁克在1954年出版的《管理的实践》一书，他在该书中首先提出了“目标管理和自我控制的主张”，认为“企业的目的和任务必须清晰。企业如果无总目标及与总目标相一致的分目标来指导职工的生产和管理活动，则企业规模越大，人员越多，发生内耗和浪费的可能性越大”。概括来说，就是让企业的管理人员和工人亲自参与工作目标的制定，在工作中实行“自我控制”，并努力完成工作目标的一种管理制度。

（一）目标的含义

目标是一个群体在未来行为中努力达到的预期目的、具体的成绩标准或结果。简单说就是一定时间内要达到的具有一定规模的期望标准。目标是一种预期，行动之前，必须明确：为什么而为？如何而为？有了目标，就会使组织、群体或者个人知道自己要做什么，做了这些事情对组织有什么意义，行为也就会更果断，更富有激情。如果一个领域没有目标，这个领域的工作必然被忽视。因此管理者应该通过目标对下级进行管理，当组织最高层管理者确定了组织目标后，必须对其进行有效分解，转变成各个部门以及每个人的分目标。管理者根据分目标的完成情况对下级进行考核、评价和奖惩。有人将目标比喻成河的彼岸，在目标导向下，通过资源优化，形成了计划体系，这就搭设了从现实到未来的桥，使原来不可能实现的东西成为可能。可见，目标启动了人们的智慧，使各自的行为集中在共同的指向上，协调了人们的价值与行为，并且坚定不移地去执行。

（二）目标的作用

目标的作用主要体现在三个方面。

第一，明确了企业在行业中的使命，使企业的宗旨具体化。企业使命是高度概括和抽象的，只有细化为具体直观的目标才能确保企业经营活动与企业使命的一致性，以实现企业的使命与愿景。如果企业使命与愿景仅以口号或标语的形式存在，不能细化为目标，再好的使命与愿景也只能成为空中楼阁。

第二，协调了企业的整体行为，使个体的行为转化为共同的价值。企业明确了目标，各部门、组织和个人都应按照总体目标要求设立自己的分目标，自觉协调自身行为，保证公司的各项目标得以完成和落实。

第三，具有激励作用。当目标成为组织的每个层次、每个部门和每个成员自己未来时期内欲达到的一种结果，且实现的可能性相当大时，目标就成为组织成员们的内在激励。特别当这种结果实现了组织还有相应的报酬时，目标的激励效用就更大。

【案例 3-1】

经典的目标管理案例

1. 爱丽丝的故事

“请你告诉我，我该走哪条路？”

“那要看你想去哪里？”猫说。

“去哪儿无所谓。”爱丽丝说。

“那么走哪条路也就无所谓了。”猫说。

——摘自刘易斯·卡罗尔的《爱丽丝漫游奇境记》

2. 马拉松运动员的故事

山田本一是日本著名的马拉松运动员。他曾在1984年和1987年的国际马拉松比赛中两次夺得世界冠军。记者问他凭什么取得如此惊人的成绩，山田本一总是回答：“凭智慧战胜对手！”

大家都知道，马拉松比赛主要是运动员体力和耐力的较量，爆发力、速度和技巧都还在其次。因此对山田本一的回答，许多人觉得他是在故弄玄虚。

10年之后，这个谜底被揭开了。山田本一在自传中这样写道：“每次比赛之前，我都要乘车把比赛的路线仔细看一遍，并把沿途比较醒目的标志画下来，比如第一个标志是银行；第二个标志是一棵古怪的大树；第三个标志是一座高楼……这样一直画到赛程的结束。比赛开始后，我就以百米的速度奋力地向第一个目标冲去，到达第一个目标后，我又以同样的速度向第二个目标冲去。40多千米的赛程，被我分解成几个小目标，跑起来就轻松多了。开始我把我的目标定在终点线的旗帜上，结果当我跑到十几公里的时候就疲惫不堪了，因为我被前面那段遥远的路吓到了。”

3. 石匠的故事

有个人经过一个建筑工地，问那里的石匠们在干什么？三个石匠有三个不同的回答：

第一个石匠回答：“我在做养家糊口的事，混口饭吃。”

第二个石匠回答：“我在做整个国家最出色的石匠工作。”

第三个石匠回答：“我正在建造一座大教堂。”

资料来源：https://wenku.baidu.com/view/e9ad20feab00b52acfc789eb172ded630b1c98cd.html

（三）目标管理的原则

目标管理是现代企业管理模式中比较流行、比较实用的管理方式之一。它的最大特征就是方向明确，非常有利于把整个团队的思想、行动统一到同一个目标、同一个理想上来，是企业提高工作效率、实现快速发展的有效手段之一。

搞好目标管理并非一般人想象的那么简单，必须遵循以下四个原则：

1. 目标制定必须科学合理

目标管理能不能产生理想的效果、取得预期的成效，首先就取决于目标的制定，科学合理的目标是目标管理的前提和基础，脱离了实际的工作目标，轻则影响工作进程和成效，重则使目标管理失去实际意义，影响企业发展大局。

2. 督促检查必须贯穿始终

目标管理，关键在管理。在目标管理的过程中，丝毫的懈怠和放任自流都可能贻害巨大。作为管理者，必须随时跟踪每一个目标的进展，发现问题及时协商、及时处理、及时采取正确的补救措施，确保目标运行方向正确、进展顺利。

3. 成本控制必须严肃认真

目标管理以目标的达成为最终目的，考核评估也是重结果、轻过程。这很容易让目标责任人重视目标的实现，轻视成本的核算，特别是当目标运行遇到困难可能影响目标的适时实现时，责任人往往会采取一些应急的手段或方法，这必然导致实现目标的成本不断上升。作为管理者，在督促检查的过程当中，必须对运行成本做严格控制，既要保证目标的顺利实现，又要把成本控制在合理的范围内。因为，任何目标的实现都不是不计成本的。

4. 考核评估必须执行到位

任何一个目标的达成、项目的完成，都必须有一个严格的考核评估。考核、评估、验收工作必须选择执行力很强的人员进行，必须严格按照目标管理方案或项目管理目标，逐项进行考核并做出结论。对目标完成度高、成效显著、成绩突出的团队或个人按章奖励；对失误多、成本高、影响整体工作的团队或个人按章处罚，真正达到表彰先进、鞭策落后的目的。

通过目标管理体系，使企业中的每个人注重那些对自己重要的目标，因为这与他们的绩效评估和薪资体系联系密切。公司会组织中期评审，讨论目前的进展状况以及离年度目标的差距。例如，世界顶级航空公司——新加坡航空公司“致力于以创新的产品与优质的服务为顾客提供最佳的飞行体验”的目标，铸造了新航完美的价值体系。美国西南航空的领导团体把“赚钱，给每位员工提供稳定的工作，并让更多的人有机会乘飞机旅行”作为目标，所以该公司从 1973 年开始成为唯一一家连续盈利时间最长的航空公司。即使在美国其他航空公司都低迷的时候它依然保持着旺盛的盈利能力。

可是在现实中有的公司设定了目标，但是并未取得很好的效果，甚至利润下降。为什么会出现这种情况？这是因为：首先，设定的目标不全面。每个部门只专注于对自己重要的几个目标；其次，公司的传统是一年进行一次绩效评估，目标一旦定下来就不能改变，所以即使发现了某些目标的问题，也不能进行及时修改；再次，各部门的目标之间缺乏横向联系，只是在组织内上下级之间纵向上有联系。

二、民航服务目标

（一）民航服务目标的含义

民航服务目标就是在民航服务企业总体目标下，民航服务人员在服务过程中努力要达到的目的，也是通过服务人员的努力，服务所能达到的一种状态。

民航服务目标反映了航空服务企业（航空公司、机场）在服务中要达到的水平。一方面，服务目标很好地反映了乘客的期望，以乘客为核心的服务目标体系体现了公司在满足乘客需求过程中的保证措施，使服务落实到了实际工作的每一个环节，落实到每一个服务人员的具体服务中；另一方面，目标激励着民航服务人员自觉行为，通过自律自控过程，确保为乘客服务的宗旨得到执行。

正如一位民航服务人员所言："因为我知道为什么工作，我知道我该工作到什么程度，所以我的工作才出色。"她明确地道出了目标的含义。当你为乘客服务的时候，你想的是什么？如果你仅想着完成服务的技术程序，那么你只能是疲于应付，你的心无法贴近乘客，也就无法让乘客满意；如果你知道自己在公司目标中的作用与价值，你就会有大局观，你就会以满足乘客的需求、赢得公司的信誉为行为准则，使提供优质服务成为自觉的行为，你的创造力才能发挥出来。可见，服务目标不仅是一个服务的质量的标的，它蕴含着启迪思想、维系心理、引导行为、激励热情的作用。

（二）民航服务目标的作用

1. 导向作用

目标规定了各项工作的内容和应达到的标准，也就明确了每个人的责任。在航空公司或机场整体目标下的民航服务目标，描绘了民航服务的境界、服务目标以及服务标准，明确了每个人所分担的工作与公司及服务目标之间的关系，使每个服务人员都明确了自己的主人翁地位。知道该做什么，怎么做，这样公司的目标就有了实现的基础。

民航的服务过程，更多地体现在服务者的独立性上，如何使大家的服务努力方向保持一致，如何在服务的细节中心系公司的发展，目标导向就是解决了同心协力、在不同的岗位均要为企业的目标做出贡献的问题。

2. 凝聚作用

民航服务的目标，维系着大家的共同价值，心往一处想，劲儿往一处使，这样的团队才具有战斗力。心有所归，情有所系，这是一个民航服务团队所应具备的基本条件。凝聚力源于大家心甘情愿地为集体的目标不懈地努力，最高层次的凝聚力不是简单的经济利益，而是对事业的追求与信念。

民航服务表面看是微观的，面对服务的个体，但却维系着航空公司或机场的发展的基本要素，需要凝聚力量，需要相互合作，共同把住为乘客服务的各个"要道"，合力可以破难关。而且，需要通过服务目标将每个员工的命运与发展和航空公司或机场的整体发展联系在一起。

3. 激励作用

工作的状态不仅取决于技术，更在于对工作的热爱与坚持不懈的努力。民航服务不是简单的劳动，需要智慧与体能的付出。让一个长期从事一项重复性工作的人能持久保持高涨的工作热情，就需要不断地激励他们，使他们能不断地寻找到工作的动力，将服务作为一种崇高的追求。民航服务目标将大家的理想、志趣和个人的奋斗目标联系在一起，是使人们持续保持工作热情的重要手段。

基于服务目标的奖励机制是企业健康发展的重要手段，通过目标管理，可以把服务目标与服务部门、服务岗位、服务人员的责权利紧密地联系在一起，做到相互关联，把目标与计划进行衔接，这样才能把服务做到实处。

4. 考核作用

民航目标考评是民航目标管理的重要环节，其基本目的是检验民航目标成果、考核管理绩效、改进领导工作和促进下级向更高的目标奋斗。民航目标考评是民航目标管理的最后一个环节，既是上一轮目标管理的终点也是下一轮目标管理的起点，起着承上启下的作用。

（三）民航服务目标的特点

民航服务的基本目标是通过周到、主动、细致、热情的服务，保证乘客安全、舒适地到达目的地。而要实现这个目标，需要从服务的大局出发，从细微的服务入手，从过硬的技术着眼。可见，民航服务的目标必须符合民航服务的特点以及乘客服务要求的心理特征，才能够使目标更好地发挥其应有的作用。

1. 目标的战略从属性

民航的服务属性决定了服务的目标不仅体现在服务的微观操作之中，首先更要体现为在企业发展的战略目标的实现中的不可或缺的作用。其一，企业的战略目标体现于对服务的使命和对服务者的态度，也就是民航服务企业的发展是建立在对市场的信誉和乘客满意度的塑造基础上的，这是整个企业的发展基础，是企业目标实现的前提。因此，基于宏观上的服务战略目标，具体的服务工作才有明确的方向；其二，民航企业的目标是个整体，民航服务的具体目标必须体现在企业的目标体系中，这样才能构成完整的企业目标体系。

2. 目标的“无形”性

乘客对服务的需求无处不在，民航服务质量的衡量主体是乘客，乘客满意是目标设计的出发点。乘客喜欢有人服务，但是要不露痕迹，看在眼里而不形于色，听在心中而不流于言表，服务周到而不卑躬屈膝，承志上意而不自作主张。好的服务应该是在不知不觉中完成的，客人接受了服务却感觉不出有额外的打扰，给客人一种心灵的享受。因此，民航服务的目标具有无形性。

【案例 3-2】

一张机票引发的官司

当年持这张机票的乘客杨××通过电话向上海民惠航空服务有限公司订购机票，言明在虹桥机场登机。第二天，民惠公司送来一张南航股份有限公司（以下简称南航公司）CZ349 航班的机票。杨××兴冲冲赶到虹桥机场，但怎么也找不到自己要乘的航班，一打听才知道该航班应在浦东国际机场登机。于是只好办理退票手续，另购下一个航班的全价机票。作为承运人和出票人，他们都按“行规”操作，使用自动打票机填打机票。机票上标有国际通用机场代码，“pvg”表示浦东机场，“sha”表示虹桥机场。法院调查后发现，绝大部分乘客对专用机场代码并不清楚，承运人有义务在出售的机票上使用我国通用的文字，清晰地标明航班起降机场名称，或以其他方式明确说明。据此，依照《中华人民共和国合同法》有关条款，法院判令南航公司退还原告机票款 770 元，并赔偿 80 元。

此案例反映了民航服务目标的“无形”性特点，尽管表面看起来航空公司和航服公司在售卖机票过程中按照通行惯例处理，但实际上没有考虑到乘客的方便出行，细微的纰漏也会被乘客注意到，进而也就成为评价民航服务的一个依据，甚至惹来一场官司。

资料来源：https://wenku.baidu.com/view/46a37b5477232f60ddcca1d5.html

3. 目标的“延伸”性

核心服务目标是民航服务的主旨，在完成核心服务目标的基础上为乘客提供超值服务或额外服务，增加核心服务的价值，提高核心服务的质量，从服务的深度上给乘客带来惊喜。民航服务目标体现着航空公司的服务理念，服务人员与乘客接触的每一个瞬间、每一个细节，都与航空公司的整体相联系。即使是服务人员的个性因素所导致的服务残缺，公司也难辞其咎。可见，民航服务目标尽管是一个点，但它的影响却延伸到公司整体形象，具有无限放大的效能。

【案例 3-3】

乘客投诉杭州机场大巴，突显民航服务的延伸性

杭州机场大巴遭到了旅客的投诉，以下是投诉信的内容。

我于 27 日晚在杭州城站搭乘 18:40 左右的民航大巴前往机场，由于时间紧，我没来得及买票，和乘务员协商到机场再补票给她，因为下一趟就赶不上航班了。但是司机和乘务员非常没有人情，不但不能协商，还吼着说：“你赶不上是你的事，关我什么事？”最后无奈只有打车去机场，我每个月进出机场好几趟，从来没有碰到过这样的事。到机场后，我十分愤怒，到咨询台问了如何进行投诉，并到楼下大巴售票小屋找到当晚值班的负责人——一位中年的男士。我麻烦他出来下，我有事要和他说。他懒洋洋地打开一个售票口的小窗，说明情况后，还指责我为什么自己不去买票，我一再解释我不是不买，而是时间不允许，再则无论如何作为窗口行业，是不能用“你赶不上是你的事，关我什么事？”这样的态度来应对顾客的。这位负责人从头到尾没有一点歉意，一直坐在位置上，一副爱理不理的样子，只是关心大巴是 18:15 从武林门开的，还是 18:30 开的，而没有表现出一丝真诚。我想这种问题他们民航大巴一天开多少趟，只要稍微算下就该知道是哪趟？根本不需要和我确认。这位负责人从头到尾没有说过一句表示歉意的话，我觉得非常不满，最后我说这样的答复我不是很满意，我还会投诉，他竟然还冲我笑笑，言下之意就是说随便你。

百般无奈之下，我只能向你们投诉，作为旅游城市杭州，最重要的一个对外窗口竟然上上下下是这样的服务态度，真是让人生气。如果这件事发生在公共汽车的司机身上，我觉得情有可原，因为它是公车，但是发生在民航，我觉得这样的态度是不可原谅的，因为你是民航，服务的水准是不一样的，代表着服务业内的最高水准，所以希望民航方面给予解释道歉！谢谢！

点评：

从这个投诉来看，民航的服务不仅仅从候机楼开始，而是从机场大巴、售票等各个延伸环节都需要我们民航人及相关单位做好，才能真正为乘客提供更满意的服务，建设一个和谐民航！

资料来源：旅客投诉杭州机场大巴　突显民航服务延伸性［EB/OL］.（2006-12-03）. http://news.carnoc.com/list/79/79557.html.

4. 目标的“归一”性

民航服务目标是所有目标的灵魂。无论多么庞大的航空公司，无论航空公司的管理多么复杂，航空公司所有工作目标的结果都是让乘客满意。一切服务措施都是为了对乘客负责，每个细节都是为了让乘客满意，而每一个满意的乘客都是最有说服力的。

【案例 3-4】

民航人的春节——用忙碌换来乘客满意

万家团聚的灯火在催问着未归的人还有多久的行程，民航人守护着乘客们温馨的回家路，一直坚守在岗位上，多年来从未陪伴家人度过一个完整的春节，2017 年的春节他们依然忙碌着。

大年三十晚上执飞航班的飞行员收到公司的问候倍感温暖；执飞航班的乘务小伙儿表示：真的很想家、想爸妈，不过能护送更多的人回家团聚很开心；大年初一，女安全员徐畅在拉萨执行航班任务，她将对父母、爱人的思念深深埋在心底，一如既往地认真进行安全检查；大年初一凌晨的机坪上机务兄弟们为了保障航班正点已经工作了几个小时……

“您好，新春快乐，欢迎致电西藏航空。”拨打 4008089188，帮您解决出行难题，呼叫中心将 24 小时不间断为您提供服务；“地面机长”——签派员 24 小时持续保障航班安全运行，他们舍小家，为大家，坚守在岗位上，时刻守护空中和地面联系的安全纽带；春节期间售票柜台也不暂停工作，以为乘坐飞机的乘客提供方便。

当农历大年初一的第一缕阳光照射在拉萨贡嘎机场值机柜台时，地服员工们早早做好了迎接乘客们的准备。乘坐飞机看到了飞行机组的辛劳，可幕后为他们保障身体健康的航医也是功不可没，执飞前每一位飞行员的身体状况都需要她们严格把关检查。

春节期间在虹桥飞往成都的 TV9866 航班上，西藏航空与乘客们共同度过了一段特别的时光。

资料来源：http://www.sohu.com/a/125737093_119022

5. 目标的“引导”性

为乘客提供优良的服务是民航企业的核心价值观。而通过民航服务的目标体系，以目标为载体，将为乘客服务的思想贯彻到民航服务的每一个角落，落实到每一个服务细节。“让乘客满意”应该是民航服务的基本目标，但这不足以保证公司的发展。因此，在公司基本服务内容趋同的情形下，高水平的满意度才能吸引乘客。那么让乘客满意到“什么程度”就成为问题的关键。公司的目标如果能够统领航空服务的全局，能够站在发展的高度，这样的目标就会引导公司未来的发展。否则，企业就会安于现状、不思进取，沉睡在以往的成绩中，渐渐地落在其他航空公司的后面。

6. 目标的“系统”性

民航服务的目标可以分为公司目标、部门目标与服务人员目标三个层次，目标方向一致，环环相扣，相互配合，形成协调统一的目标体系。公司目标是针对公司发展的整体需要而言的，它强调公司发展战略对企业形象与信誉的要求，强调服务对已有客户和潜在客户的影响。公司的目标具有战略性、整体性与长远性，它是根据市场竞争及乘客心理需求的不断变化来确定的。部门目标则是在公司目标的基础上，结合自身的条件和需求制定的。比如南航的发展战略目标是建设成为国际化规模网络型航空公司，其服务总目标是实现“中国最好、亚洲一流、全球知名”，在此基础上，民航服务人员再制定相应的个人目标以符合实现总体目标的要求。

【案例 3-5】

新加坡航空公司的目标：创造出其不意的效果

新加坡航空公司利用员工的反馈、其他航空公司的信息、客户表扬、投诉分析和对旅行者所做的大规模调查来帮助他们产生新的想法。新航负责产品和服务的高级副总裁 Yap 先生解释：“只有新生事物才能创造出出其不意的效果。我们要为客户提供他们所意想不到的服务。有许许多多的东西，客户并不知道这些就是他们所需要的。我们试图去研究这种趋势。我们有产品创新部，他们会不断地关注这种趋势：为什么人们以某种方式去做事，为什么人们去做某件事。然后我们把眼光放在 3～5 年内，我们设法跟踪短期和长期的趋势。”

资料来源：https://wenku.baidu.com/view/d1ab86dbda38376baf1faee6.html

第二节　民航服务期望

一般顾客在接触一项服务之前，总会自觉或不自觉地设想或闪现出将要接受的服务是什么样的想法，即对服务过程及其功效有一种期待和想象，这就是顾客的服务期望。民航服务期望是指民航服务在乘客心目中应该达到和可以达到的水平。一般来说，乘客的期望是一种满意期望，即理想的、称心如意的、渴望的期望。所有民航企业都希望自己提供的服务能让乘客满意，并且使乘客愿意再次购买。乘客的满意程度取决于乘客期望与企业实际提供服务之间的比较。民航服务的期望具有双重作用。一方面，它是吸引乘客的动力，正是因为有期望，乘客才会选择购买航空公司的服务以满足自己的期望；另一方面，乘客期望的存在又给企业绩效建立了一个最低标准，如果企业达不到这个标准，乘客就会不满意，甚至会选择其他服务提供商。

一、服务期望的分类

（一）模糊期望、隐性期望和显性期望

根据期望的清晰化程度，可将顾客期望分为三类：模糊期望、隐性期望和显性期望。

模糊期望是指顾客只期望服务提供者为其解决问题，但并不清楚解决问题的方式和途径。比如，一个顾客购买了民航服务，他只想得到人身安全（产出），至于如何才能得到完善的民航服务，他并不清楚。隐性期望是指顾客认为服务交互中的某些服务要素是理所当然的。也就是说，顾客认为隐性期望是非常明确的，不需要再加以表达。比如，乘客购买了机票，飞行中的餐饮服务对于顾客来说就是一种隐性期望。显性期望是指在服务开始之前就已经清晰地存在于顾客心目中的期望。

（二）合格期望、理想期望和宽容期望

根据顾客对期望的要求程度，可以将顾客期望分为两类：合格期望、理想期望。合格期望与顾客认为可接受的服务绩效水平相关，是一种较低水平的期望。理想期望代表顾客希望接受的服务水平，也是顾客认为企业能够而且应该提供的服务水平。合格期望是顾客在服务交互过程中对实际服务体验的容忍底线，低于这一底线的服务会导致顾客不满。理想期望实际上代表一种较高的服务预期，服务的实际体验越趋近于它，顾客的满意度就越高。合格期望和理想期望之间的差距被称为“宽容期望”。宽容期望是指顾客认可的，并且愿意接受的服务水平区间。顾客实际体验的服务质量只要落在这个区间内，顾客就会接受这种服务产出，并认为服务质量良好。由此可见，顾客期望实际上是具有最低和最高两个边界的多维水平区间。

二、乘客期望影响因素

乘客期望的影响因素主要是指影响乘客理想期望和适当期望的因素，航空公司乘客期望的影响因素主要包括以下几个方面。

（一）乘客的经验和经历

乘客过去的经验和经历是指乘客在接受同一航空公司或不同航空公司的服务所形成的对航空服务的一种认知积累。乘客的经验和经历会转变成对服务质量的预测，这种预测决定了乘客的期望。当一位乘客第一次乘坐飞机时，期望是不清晰、不明确的，因为他没有参照标准。但是，当乘客有了一次或多次乘机经历后，期望就比较明确了，即乘客期望是建立在以往购买经历的感受和体验基础上的。

（二）乘客的个人需要

乘客需要是指乘客的生理或心理健康必需的状态或条件，它是形成理想期望水平的关键因素。乘客需要可以是自身已经觉察到的因素，也可能是在外部因素如市场沟通、产品价格和口碑宣传等因素的刺激下而激发出来的。例如，长途航班的乘客对机舱座椅的舒适性和餐食比较在意，而短程航班的乘客更关心航班是否能准点起飞。一般而言，顾客的个人需要越强烈，对服务的期望值就越大。

（三）服务环境

服务环境的有形因素，如设备和设施等，会使乘客对企业的形象或印象产生重要影响。在选择服务和接受服务过程中，乘客会首先根据有形因素形成对于企业的印象和服务期望。例如，选择航班一定关注机型，因为机型与旅途的安全及舒适相关。机场服务中，乘客也一定关注机场的布局、服务设施的布置，甚至可能会通过洗手间的卫生情况来判断机场的服务水平。

（四）民航企业之间的竞争

当今民航业激烈竞争是乘客期望不断提升的一个重要原因。通常航空公司并没有向乘客做出一项承诺，但乘客却会要求这样做，那是因为竞争对手已经这样做了，乘客会很自然地期望公司做得像其竞争对手一样好，否则他们就会很不满意。例如，国内有些航空公司开通了贵宾热线，专门受理航空公司贵宾会员的相关业务，使贵宾会员能得到快速、有针对性的服务。如果一位乘客已享受过其他航空公司提供的该项服务，而本公司却没有提供此项服务，乘客就会很不满意。一般而言，可供选择的航空公司数量越多，顾客对服务的合格期望就越高，容忍区间也就越小。

（五）航空公司向乘客的承诺

航空公司的服务承诺分为明确的服务承诺和暗示的服务承诺。明确的服务承诺是航空公司通过广告、宣传、促销活动等市场沟通方式向乘客公开提出的承诺，它是航空公司传递给乘客的关于航空公司服务的说明，直接影响乘客期望的形成。此外，乘客也会以航空公司竞争对手承诺的服务标准来要求本企业。航空公司可以通过服务定价和服务环境等要素向乘客提供暗示的服务承诺。例如，购买头等舱机票的乘客对航空公司的服务会有较高的期望，如果他得到的服务与经济舱乘客的没有什么区别，他显然会不满意。

（六）口碑传播

亲朋好友、售票代理人会从第三者的角度向乘客传递航空公司的服务信息。由于口碑被认为是没有偏见的沟通，因此成为乘客重要的信息来源，也左右着乘客期望的形成，它是影响航空公司乘客合格期望和理想期望的重要因素，乘客会对口碑好的企业产生较高的合格期望和理想期望。

三、服务期望对于民航服务目标的意义

研究服务期望对于决定民航服务的目标以及实现服务目标的途径十分有价值，乘客所期待的就是民航服务要做的，而如何满足乘客的期待是我们服务中必须优先解决的问题。

（一）有助于制定服务质量标准

服务质量很大程度上是顾客主观评价的产物，而且对于服务质量的感知过程也是复杂的，顾客实际所接受的服务并不能决定感知质量的好坏。通过了解顾客的期望，了解顾客最为关心、最看重的因素，抓住重点，可以有针对性地制定顾客导向的服务标准。因此，应将服务期望的重要因素与决定因素区分开来。

（1）重要因素。重要因素是消费者的体验中比较重要的针对竞争对手的服务因素。对于消费者的购买决定来说，它是重要的，但不是决定性的。比如一家航空公司提供预订餐食，这可以是一项重要的附加服务，但如果几乎所有航空公司都能够提供这类服务，这就不是顾客决定在这家航空公司消费的关键要素了。

（2）决定因素。决定因素是对消费的购买起决定作用的因素。20 世纪 80 年代初，英国航空公司制定了一个改善服务质量的计划，对英国飞机能够吸引乘客乘坐的特点进行了广泛的调查。商务乘客喜欢飞机准时正点，能够当日往返，如果延误了预定的班机可以改乘下一班，这些都是合理的预期；度假旅行的乘客喜欢飞行期间得到娱乐和良好的饮食；首次飞行者则希望飞行安全。调研得到了各种类型乘客的服务体验，但是没有发现商务乘客所关注的决定因素。英国航空公司国内航线上的竞争对手英国大陆航空公司（British Midland）在主要城市间推出了一种精心研究的服务，称作香肠早餐，专门针对商务人士，其效果斐然。很多被认为只追求正点和航班频率的乘客改乘英国大陆航空公司的航班飞行，这表明英航的调研没有发现这个潜伏着的决定性因素。与重要因素相比，一些因素可能并不是多么有优势的，但却在顾客选择时起到了决定性的作用。

（二）有助于服务设计

任何服务活动的成功，都依靠角色设计，或者说依靠表演者——员工和顾客怎样很好地把他们的角色扮演出来。提供服务的员工需要依照顾客的期望来扮演自己的角色，假如他们不这样做，顾客就会感到失望。同时，顾客的角色也一定要扮演好，如果顾客就有关服务的期望和要求与提供服务的员工进行很好的沟通，那么服务的效果可能就会很好。

（三）有助于服务沟通

在实际中，企业管理者感到困惑的是，即使企业实施了质量改进计划，包括功能、质量改进计划，顾客感知的服务质量可能仍然很低，甚至还会不断地降低，这很可能就是由于企业与顾客的沟通不够造成的。对于服务，适当、准确的沟通属于营销和生产运营部门的职责。营销部门必须准确反映服务接触中的实际情况，生产运营部门必须提供沟通中承诺的服务，在服务促销的过程中，企业不能把服务的期望提高到自己所能稳定提供的水平之上。如果广告、销售部门或任何形式的外部沟通使顾客建立了不合实际的期望，实际接触时就会使顾客失望。例如企业过度的宣传、过高的承诺提高了顾客的期望，使企业实际提供的服务无法超越顾客的预期。此时，尽管服务质量很好，但由于顾客的预期过高，他们对服务的评价仍然不高。

（四）有助于管理顾客期望

顾客对服务的期望影响他们对质量的评价，期望越高，传递的服务就越被认为应该是高质量的。因此，在广告中要做可靠的承诺，只有确保能够可靠实施的承诺才是合适的。管理顾客期望是企业服务管理活动的重要组成部分。服务承诺是形成顾客对服务的期望的一个关键因素，民航企业通过广告、宣传、推销员、公共关系活动等沟通方式向顾客公开提出的承诺，直接影响着顾客对服务的期望。服务承诺可以用来引导和调节顾客的服务期望，当顾客对服务的兴趣不大和期望不高时，民航企业可以增加承诺的内容和力度，以此调节顾客对服务的期望。

【小知识】

期望层次理论模型介绍

不同的学者对期望进行了不同的分类。1984 年，日本质量管理专家卡诺（Nortaki Kano）提出了三种类型的顾客期望：基本型期望、期望和兴奋型期望，三种不同期望的满足与否导致顾客不同的满意效果，他提出的学说被称为卡诺模型，该模型的提出为顾客期望的研究奠定了基础。从模型中可以看出，相对于满足不同期望层次的服务，其未达到、满足和超过顾客期望的程度与导致的顾客满意程度之间的关系呈现不同的规律。

Tenner 和 Detoro（1992）在他们的著作 *Total Quality Management—Three Steps to Continuous Improvement* 中将卡诺模型发展成顾客期望层次（The Levels of Customer Expectation to Service）。他们认为顾客对服务的期望可以从低到高分为三个层次：基本期望、价格关联期望（和消费支出档次高低的价格相关联）、价值满足期望（顾客通常表达不出这种期望，但乐于接受超过他们期望的服务，并在接受这种服务时往往流露出欣喜的表现）。Jukks Ojasalo（1999）在对服务期望的研究中，揭示了顾客期望的动态性。按照 Ojasalo 的观点，服务期望可以分为三种类型：模糊期望（Fuzzy Expectation）、显性期望（Explicit Expectation）、隐性期望（Implicit Expectation）。他认为，对于服务企业而言，理解顾客的模糊期望是非常必要的，因为在有些情况下，顾客无法表达他们的期望，但是这些期望仍然对顾客的绩效感知产生影响，决定他们的满意度和后续行为；顾客的显性期望有些是现实的，有些是不现实的，服务企业应该帮助顾客将非现实期望转化为现实期望；而对于隐性期望，顾客认为没有必要加以表述，所以更容易为服务企业所忽视，如果这些期望没有被满足，会严重影响到顾客的感知绩效。

美国的服务管理研究组合 PZB（A. Parasuraman，V. Zeithamal & L. Berry）在研究中发现，顾客服务期望是多层次的，不是单一的。他们将顾客期望的服务界定为恰当的服务（Adequate Service）和理想的服务（Desired Service）两大类，并提出了容忍区域（Zones of Tolerance）的概念，表明顾客可以接受服务质量的一定程度的多相性（Heterogeneity），即顾客期望可以在“容忍区间”内进行动态变化。“当实际的服务绩效低于容忍区时，顾客会感到不满意。当服务绩效高于容忍区时，顾客会感到愉悦，而在容忍区内的顾客对顾客绩效会感到满意，并且对服务绩效的差异不敏感。研究表明，理想期望是相对较稳定的，但合意期望水平会根据消费者环境和需要上下浮动。合意期望的变动，随顾客可预测的期望水平而变化。可见，顾客期望并不是一个单一水平，而是由最高（理想期望）和最低（合意期望）两个边界所构成的多维水平区间（容忍区域），在这个区间内，顾客期望的变化，并不会带来顾客满意度的显著变化，而是处于态度的“冷淡区”。

顾客期望是评判服务质量的基准，欧里佛（Oliver，1980）分析了影响顾客满意的各种因素，提出了期望—实绩模型（符合期望模型），其公式为：满意程度=f（期望，符合期望过程）。他认为，顾客在购买之前先根据过去的经历、广告宣传等途径，形成对产品或服务实绩特征的期望，然后在随后的购买和使用中感受到该产品或服务的实绩水平，最后在感受到的实绩与顾客期望的比较过程中进行判断。如果实绩低于期望，顾客就会不满意；如果实绩符合期望，顾客就会满意；如果实绩高于期望，顾客就会非常满意。20 世纪 90 年代中期，美国的斯普林格（Spreng，1996）、麦肯齐（Mackenzie）和奥尔沙夫斯基（Ol-shavsky）针对前人研究的缺点，提出了顾客满意新模型。这一模型认为，当顾客把他们对产品或服务绩效的感知（Perception）与欲望和期望相比较时，就能决定满意感是否会产生。它的贡献在于：一方面导入了欲望因素，分析顾客需要的层次和水平对顾客满意度的影响；另一方面，提出一个信息满意因素，要求企业与公众进行信息沟通时精确地传递信息，否则也会影响顾客满意的形成。此外，其他学者通过不同角度对顾客期望的层次进行了发展和应用，但都是在上述模型的范围内进行的。

从期望本身的演变来看，顾客期望实际上经历了一种有意识或无意识的动态演变过程。随着顾客的经验和关于服务的知识的不断积累，顾客对企业提供的服务水平、服务能力和服务价值等更为了解，顾客的期望也必然会逐渐提高。这种期望发展的动态过程并不总是有利于企业的。尽管顾客期望是由顾客定义的（PZB），是顾客内心对企业及产品服务等形成的一种“标准”，但由于顾客的期望受许多内外部因素的影响（特别是包括了明确的、暗示的承诺等来自企业的所能够控制的因素），并且是动态可变的，因此顾客期望是可以管理的。

资料来源：欧海燕. 基于期望层次理论的服务业顾客期望管理［J］. 赤峰学院学报（自然科学版），2010（6）.

第三节　民航服务的目标体系

公司目标应该是一个有机的整体，公司的任何目标都应该围绕着公司的总体目标。因此，目标要代表组织内部成员的共同愿望，一方面需要大家为总体目标共同努力，需要局部目标满足整体目标，个人目标满足部门目标；另一方面，每个人的行为必须符合目标实现的要求，不允许有违背目标实现的行为存在，目标统一着人们的行为。

一、民航服务的宏观目标

服务是民航企业的命脉，在宏观层面上，服务的目标就是企业目标的一部分，而且具有先导性。因为只有服务实现，企业的其他目标才有落脚点，如果服务目标在高层次上不能与企业的总体目标保持一致性，那么其他目标也就无的放矢。从工作依次性看，航空公司或机场的一切工作都是其企业整体工作的有机组成部分，都在实现企业整体目标的实践中发挥着不可替代的作用。尽管民航服务工作面向乘客，通过高层的服务设计来落实对乘客服务的宗旨，具有实现层面的微观性，但从民航服务的目标的宏观层面看，它是企业发展目标的基石，所带来的效应远远超过其服务本身。

从宏观上看，民航服务的目标主要体现在以下几个方面。

（一）树立公司的良好形象，塑造顾客的忠诚度

乘客选择航空公司不外有两个原因：旅行时间与对航空公司的信任。在旅行时间硬性约束的前提下，如何选择航空公司、选择航班，取决于对航空公司的信赖。而航空公司的形象，其对乘客的服务态度与能否满足乘客需求的服务内容，成为人们评价航空公司服务水平的标准。长期服务信誉的积累，形成了公司良好的形象，也就形成了人们对航空公司的心理定位，形成了稳定的消费取向。航空公司也就会拥有稳定的消费群体，在此基础上保持乘客的忠诚度，从而稳定了自己的市场。

在民航服务中，树立良好的公司形象是最高目标，要以乘客为本，以乘客的利益为最高利益，这样才能建立与顾客的信任关系，顾客忠诚才有扎实的保障。通过民航人员细心的服务，让乘客在旅途中获得愉快的体验，让航空公司良好的形象永驻于乘客心间，才能创造永久的顾客。

（二）展现为乘客服务的宗旨，建立公司与乘客的情感

踏踏实实地为乘客服务是公司发展的基本途径。无论是公司的宗旨，还是公司的服务理念，都时刻体现在为乘客服务的过程之中。乘客所感受的服务过程以及内心体验具有很强的真实性，他们会敏感地体察到不同宗旨与理念下服务的差异。所以，每一个服务人员的服务态度、每一个动作，不仅是个技术性问题，更是公司服务理念的具体体现。感动乘客，是服务境界的最高体现。

（三）通过全方位的服务，展现企业的服务优势

航空公司的发展需要市场的支持，而市场是乘客的集合。要获得市场，就需要对乘客有足够的吸引力，在服务竞争中具有相对优势。满意度是衡量乘客对航空公司服务满意程度的综合性指标，它检验服务承诺的兑现程度，也反映服务产品的设计水平。因此，服务内容是全方位的，既要提高服务质量，也要增加服务项目、改善服务产品，甚至要提高服务的硬件设施。

二、民航服务的微观目标

微观目标是民航服务过程中直接体现出来的服务质量，是乘客直接的内心体验。微观目标反映在民航服务过程中，是民航人员在贯彻公司服务宗旨与理念的过程中，通过行为

而实现的目的。

（一）消除安全隐患，保障旅途飞行安全

飞机是特殊的交通工具，安全是航空旅行的最基本目标。民航服务各个环节的首要目标是必须保证飞行安全。民航人员在面对突发事件时，要及时果断地采取措施，消除各种可能带来不良后果的隐患。

（二）提供优质服务，体现乘客核心价值

服务是乘客所期待的直接、基本的产品，服务体现在服务的内容、体系、规范以及服务的技能等方面，其为乘客提供的服务是具体可见的，也是可以体验的，也是衡量乘客价值、满足乘客期待的唯一标准。航空公司或机场为乘客设计的服务产品，是通过具体的服务过程来体现的。这就需要做到：一切要以乘客为核心，服务过程要精准，服务技能要娴熟，服务态度要真诚，服务作风要端正。

【案例 3-6】

甘肃机场集团传承雷锋精神 共建爱心机场

甘肃省“3・5”学雷锋青年志愿者服务月启动仪式在兰州中山铁桥南广场举行。由20多名志愿者组成的服务队在黄河岸边、机场大巴乘车点为路人发放乘机常识宣传册百余份。在六个机场候机楼内，安检通道、值机柜台、出港厅等处都设立多个志愿者流动服务岗，密集的候机人群中，不时活跃着身佩红色绶带的青年志愿者们的身影。他们以热情、规范的姿态，为旅客提供咨询，引导，“一米线”秩序维持，手推车帮扶，协助办理购票、乘机手续和为老、弱、病、残旅客搬运行李等服务，赢得了广大旅客的一致好评。

资料来源：https://baijiahao.baidu.com/s?id=1561039549449394&wfr=spider&for=pc

（三）渗透真挚情感，传递温馨的全面呵护

在民航服务过程中，民航服务人员与乘客扮演着不同的角色，前者是付出、奉献，后者是得到、体验，而心理体验越来越成为乘客的内在需求。这种角色的不同，就为民航服务人员的服务过程以及服务状态提出了明确的要求：渗透情感。就是要求在服务过程中，用心体会自己的角色，用情感去体会乘客的感受，把温馨传递给每一个乘客。

（四）通过具体服务，体现公司的服务宗旨

乘客服务期望的实现更多来自于心理体验，而决定这种心理体验的是服务过程中的细节。实践表明，如果为旅客服务的思想不能落实到具体的服务细节中，再好的服务设计都将成为空谈；再好的服务宗旨，没有目标的保证以及以目标为导向的服务措施，都将成为一句空话。优秀的航空公司能够在实现服务宗旨的过程中将服务目标具体化、系统化，其突出的表现是目标明确，体现着满足乘客期望的理念，并在目标体系中体现出为乘客提供完美、超值服务的愿望。

（五）以满意服务为诉求，创造和谐的服务文化

民航服务的氛围与文化是乘客最深刻的服务感受。它源自于民航服务人员之间的和谐，源自于乘客之间的和谐，源自于服务人员之间温暖的笑容、真挚的感情，以及热情周到的服务。在和谐的氛围中，服务就会得到提升，顾客的价值才能够得到认可。

第四节　民航服务目标的实现途径

从民航服务的目标到实现为乘客提供完美服务不是一个自然过程，需要运用科学的方法与有效的措施，才能使企业的目标成为现实。当有了完整目标体系后，必须解决如何实现目标的问题。

一、影响民航服务目标实现的因素

（一）实现目标措施的科学性

制定目标不是一蹴而就的过程，需要协调各种资源，要理解到位，在不同的层面具体化，建立一个良好的目标体系与实施体系是实现目标的前提，要清楚面临的问题，并具有可行性的解决方案。目前，之所以在企业实践层面目标管理缺乏有效性，关键还是在于目标与实施方案之间缺乏有效的衔接，目标实施者仍置身于目标之外，被动地接收目标，并没有把实现目标作为自觉的行动。

（二）个人因素对目标实现的影响

个人原因在影响民航服务目标的实现因素中可以从两个方面考虑：一是服务人员的个性因素。个性是长期养成的，会表现在人们的日常行为与工作过程中。每个人的个性因素都会在工作的过程中留下痕迹。服务行业个性的职业特点，就从业要求而言，个性张扬、粗心大意、不拘小节、缺乏爱心的人是不适合服务行业的。二是服务人员自身对公司服务宗旨的理解。当服务人员能够深刻理解公司的服务宗旨，对公司使命有着深刻的认识时，他们就会更加忠诚于企业。这样，他们可以自觉地将公司的宗旨体现于行动中，民航服务的目标就能够实现。

（三）服务意识与服务艺术

意识是深层次启发人们行为的推动力。有良好的服务意识，服务就会主动、热情、体贴、超前。民航服务是特殊场所中的特殊服务，要求服务人员具有很强的服务意识与高超的服务艺术。服务艺术是完成服务的保证，是实现服务目标不可或缺的条件，是服务的灵魂。

（四）服务的组织与管理

乘客是民航服务的主体，乘客和服务人员有一个共同的目标——安全抵达目的地。但由于分工与角色的不同，他们在接受服务的过程中承担不同的责任。在服务过程中，即使服务人员不折不扣地执行了服务规范，来自于旅客意外的因素仍可能是不和谐的音符，使值机、安检、非正常航班服务、客舱服务中时常出现服务冲突或不和谐的服务情景，我们不能以乘客的原因或不可抗拒因素为由而推卸服务管理的责任。

（五）乘客群体的原因

乘客是民航服务系统的主体，其行为对民航服务目标的实现起着关键作用。不可否认的是，尽管随着社会进步和对民航运输特点的理解，乘客与民航服务部门的配合已经成为基本常态。但也不排除由于素质，或突发事件对个人利益的影响等因素，使民航服务的过程受到冲击干扰。据统计，在某些时段，因乘客迟到而造成的国内航班延误率达 20%。而航班取消，有些乘客会大发脾气，出言不逊，提出无理要求，甚至做出威胁飞行器等无礼和非法的事情。

二、实现民航服务目标的途径

（一）协调服务关系

实现民航服务目标是民航企业发展的需要，也是其承担社会责任的基本要求。有了明确的目标后，如何在实际工作中保证目标的实现，是关键问题。实现民航服务目标，需要注意协调以下几种关系。

1. 协调各服务环节之间的关系

民航服务由各个服务环节组成，共同构成服务的链条。在面对旅客服务的过程中，各环节各司其职，又共同形成一个服务整体。只有值机、安检、登机、客舱服务等机场和地面服务人员通力合作，才能给乘客带来舒适的出行体验。看起来是空中、地面不相关的服务方面，但实际上都是一个服务对象，任何一个服务环节出了差错，都会影响民航服务在旅客心目中的印象。作为服务团队，团结合作是弥补能力不足的有效办法。

2. 服务人员与乘客之间的关系

创造和谐的关系是双方共同的责任。服务人员有义务在有限的时间内，把公司的关怀传递给每一位旅客，让他们体会到公司无微不至的关怀。在愉快的相处中，服务人员才能为旅客提供细致的服务，旅客才能感到由衷的满意。在实际服务的过程中，经常出现航空公司对服务的要求与旅客要求不一致的情况。在一般情况下，服务人员是按照以顾客导向为依据制定的规章制度、服务程序为乘客提供服务的。当这些规章制度、服务程序不能满足乘客的要求，或乘客提出了更高的要求时，服务人员与乘客之间就会发生冲突，就会影响双方的和谐关系。为此，服务人员必须充分了解公司的服务章程与规范，认真理解公司的服务思想，把握以乘客为核心的服务宗旨，才能忠诚于公司，让乘客的满意度提高。

3. 乘客与乘客之间的和谐

旅客是所有服务环节的服务对象，旅客之间的和谐关系对创造和谐民航服务至关重要。然而在旅客群体中，也蕴藏着变化的因素，冲突是多方面的。有的来自于服务过程中，当服务人员无法同时满足几个旅客的不同期望和要求时，会在乘客之间产生冲突。旅客之间由于行李的放置、座位之间的相互影响都会引起冲突。这些来自于旅客之间的冲突表面上看是乘客本身的问题，但实质上是服务的问题。如果服务过程能够提供便利，有些冲突就会化解，甚至消除。所以旅客之间的和谐，主要源自于航空公司为旅客提供便捷服务所进行的设计，源自于服务人员对乘客之间的矛盾进行的有效化解。

（二）建立科学的服务目标管理体系

1. 服务目标责任具体化

除了在制定民航服务目标的过程中，做到目标体系系统化外，更需要在实现层面建立起横向的联系性和纵向互保性。亦即不同职能部门之间建立相互协调关系，互为资源，互为保障；在同一部门的不同层级之间，通过服务目标分级分解，层层落实，形成上下级之间的包保关系。建立起完整的目标实施的制度体系与保障体系，发挥目标的激励与约束作用，如在不同管理层级实行绩效合约等措施。

2. 建立有效控制机制

服务目标系统是诸多微观要素的集合，服务目标的过程会在所难免地出现误差，影响服务目标的实现，需要建立起有效的控制机制，及时发现问题，找出原因，并及时加以纠正。否则，目标就形同虚设，不仅会失去解决作用，而且很可能影响人们的斗志。只有每个岗位都能很好地完成任务，民航服务质量才会有保证。相反，每个人都得过且过，缺乏责任心，出现服务失误的可能性就会大一些。从服务过程的实践来看，任何微小的事件都隐含着极大的责任，都有可能演变成不可控制的事件，造成不可挽回的影响。

3. 做到责权利相结合

人是目标实现的核心要素，如何调动服务者的积极性是推进目标实现的核心问题。需要在目标分解与落实的过程中，以不同层级部门以及相关的服务者具体目标，通过责权利相结合的形式，把目标的实现程度与部门或个人的利益相结合，以充分调动人的积极性，保证预期服务目标的实现。

【案例 3-7】

长龙女“雷锋”助旅客找回遗失行李

2017 年 3 月 4 日，浙江长龙航空地面服务部收到旅客亲自送来的一面锦旗，而这锦旗背后的故事发生在 2016 年 11 月 17 日下午。当天，GJ8700 航班从广州起飞，于 16:12 到达杭州。登机口服务员邵艳做好了一切准备工作，比出安全手势后，乘务人员打开舱门。开舱后，当班乘务长告知有一名旅客在广州机场候机时丢失了一个包，内装有重要物品，旅客非常着急。

旅客明先生是来杭州出差的，包内资料等物品十分重要，如果真的丢了，会有很大的损失。邵艳了解了具体情况后，立即告知当日值班经理，并向地服调度席位询问广州场站代表联系方式和广州机场失物招领电话。可是广州场站反馈登机口附近未发现遗留物品，广州失物招领也回复目前没有接收到这样的物品。邵艳便留下了明先生的联系方式，并表示会保持联系，一有消息及时告知，如果在杭州有需帮助则一定竭尽所能。明先生被邵艳的真诚感动，感谢之情溢于言表。

第二天，邵艳仍与广州机场积极取得联系，最终在失物招领处找到了明先生的物品，并第一时间将情况告知明先生。在广州场站代表、广州机场的配合下将物品打包好迅速寄往明先生处。明先生表示十分感谢长龙航空，要是没有地面服务部工作人员积极联系相关单位，东西就不可能被找回来。

2017 年 3 月 4 日，再次来杭州出差的明先生专程来到浙江长龙航空，将锦旗送到邵艳手中。明先生说："真的太感谢你们了，为你们热情、负责的服务态度点赞，以后乘坐飞机我会首选长龙航空！"

资料来源：http://www.caacnews.com.cn/1/6/201703/t20170306_1210111.html

（三）提高标准，保证服务质量

服务标准是实施民航服务的基本依据，服务标准高低直接决定着服务过程与服务质量。如果服务标准能够适应服务目标的要求，那么，民航服务目标的实现就有了良好的保证。服务标准是客观的，而服务质量是主观的，高质量的服务表述和高质量的服务过程同等重要，顾客感知的满意程度才是企业真正关心的。

（四）细心观察，灵活应变

乘客构成的多样性和需求心理的复杂性，决定了服务过程中要细心、灵活应对各种情况。通常所说的"服务于服务之前"，就是要求服务人员在不断的观察中发现乘客的需求迹象，跟踪乘客需求的变化，选择合适的时机为乘客提供及时、灵活的服务。

【案例 3-8】

东航山东：细心服务，为客舱安全保驾护航

2015 年 7 月 30 日，康海涛乘务组（朱立虹、徐华、杨慧、张超）执飞 MU5541 航班。旅客登机时，乘务组发现有一个学生假期游学团，三十多名十岁左右的孩子，刚刚从加拿大回到中国，转机回济南。乘务组细心地安排好"娃娃团"的座位，并提醒好安全注意事项。同时 4 号乘务员张超在客舱中迎客时主动询问旅客座位号码，并指导旅客就座。

在第一辆摆渡车上的旅客登机时，张超突然发现坐在 47 排 L 旅客的登机牌上显示的航班号有误，经询问确定该名旅客应该乘坐 FM9459 浦东—贵阳航班。张超及时向乘务长康海涛汇报情况，康海涛第一时间报告机长，并通知地服人员。经过与地服人员的交接，将旅客信息核实确认后，旅客由地服人员带下飞机。之后，乘务长组织乘务组在最短的时间内确定客舱清舱正常，并再次恢复登机，保证航班在 21:30 准时推出。

飞机起飞后，乘务组在提供正常服务的同时加强客舱巡视。“娃娃团”的孩子们可能因为长途跋涉，纷纷睡着了，乘务员仔细检查他们每一个人的安全带，已经解开的，就帮孩子们重新系好，以确保他们的安全。飞机即将下降时，乘务员又一一叫醒孩子们，给他们准备好温开水，帮助他们调整好座椅……

资料来源：http://news.cacs.net.cn/html/20150805/163420.shtml

（五）坚定不移，有始有终

服务满意程度除了服务过程的完美以外，还需要十分重视服务过程的关键环节。因为某一个敏感的细节往往会成为乘客不满意的导火线，成为引发服务冲突的诱因。服务过程伴随着长时间的体力、精力与耐力的消耗，服务人员在服务过程的任何阶段都不能有麻痹思想，也不能减轻服务的强度。

（六）身心互动，以情动人

民航服务之所以是高层次服务，关键在于服务过程的心理投入。情感是通过眼神的交流和温馨、甜美的笑容来传达的，乘客最不能接受的是心不在焉的服务过程，因为那是对他们的不尊重，是服务的懈怠。神情与服务内容合一，才能传递真心的呵护，才能使乘客体会到温暖。

本章思考题

1. 简述民航服务目标的含义与作用。
2. 简述民航服务的宏观目标与微观目标。
3. 简述民航服务期望的含义及在目标管理中的意义。
4. 影响民航服务目标实现的约束因素有哪些。
5. 结合实际分析如何有效地实现民航服务目标。

第四章

民航服务思想

本章学习目标

☑ 了解民航服务思想的起源与内涵；
☑ 理解民航服务思想的实践意义；
☑ 掌握民航服务思想的体系；
☑ 掌握民航服务思想的培养；
☑ 能够全面理解民航服务思想的转变是推动民航服务发展的关键问题。

导读

服务思想为民航服务行为导航

一位哲人说过："人的思想是万物之因。播种一种观念就收获一种行为，播种一种行为就收获一种习惯，播种一种习惯就收获一种性格，播种一种性格就收获一种命运。"思想决定行为，行为决定命运。要改变命运，就要先改变行为；而要改变行为，先要改变思想。改变自己要从思想开始。同样的道理，企业具有人格化的特征，要想把企业的事情做好，需要先清楚地认识自己所做的事业与社会、市场、消费者、竞争对象是什么关系。优秀的企业一定以超越平凡的思想的创新为启动，并以思想为核心形成企业文化，通过纵横交错的企业神经网络渗透在企业的每一个角度，培育着企业人。

民航服务面对的是社会发展，惠及普通百姓，但这些普普通通的百姓就是我们的上帝，就是企业发展的源泉，尊重消费者是民航企业服务思想的基础，尊重与被尊重就像一枚硬币的两面，懂得尊重消费者，企业才能获得消费者的尊重，也才能去消费你的服务产品。在民航服务的发展中，谁的服务思想领先，谁的服务就做得好，企业就能得到快速发展，反之亦然。企业思想借用企业无形的传导机制，无形地影响着企业机体，而且根深蒂固。很多专家分析新加坡航空成功的经验，其中最为大家接受的是其服务的不断创新对其的引领作用，多年来，新航公司以其独特的人性服务、增值服务和精确服务理念在群雄逐鹿的国际航空业的激烈竞争中独领风骚，多年连续被国际民用航空组织评为优质服务第一名，其重要特点在于善于捕捉乘客的心理需求，对于乘客的任何一个细微的需求都把握得很到位。三个服务理念中，第一个服务理念是人性服务：新航流动服务，说的是在航班起飞和抵达时间发生更改时，新航会在第一时间内通过电邮、手机短信与文字传呼通知客户。看似简单，但偏偏新加坡航空注意到了这点；第二个服务理念是增值服务：新航的所有员工都明白一个服务原则：宾至如归。这个词对于普通国人并不陌生，甚至说很熟悉。而且所有员工在服务理念中始终贯彻这一原则。他们提出，要使每一位乘客从进入飞机起就感觉如在朋友家中做客一般。说是简单，但新航能做到极致。第三个服务理念是精确服务：新航充分引入了西方社会的精确服务理念，将其贯穿到服务的每一个细节上。尤其令人惊叹的是，新航的异常精确的服务细节享誉全球。

我国的民航服务还处于起步阶段，在服务思想上有了突飞猛进的发展，但还是很难去除传统服务思想的痕迹，也经常出现垄断的痕迹，也经常对乘客提出更多的抱怨。在民航市场竞争愈演愈烈的今天，服务思想的转变是绝不能忽视的根本问题，当我们能够以崭新的思想去看待服务，把先进的服务理念渗透在服务行为中的时候，我们的民航服务的崭新一天就能开启，人们渴望的民航服务才能展现出来。

引例

不断创新的服务思想引领香港航空飞得更高

2015 年，港航宣告启动服务升级计划，作为蝉联业界最具权威研究机构 SKYTRAX 颁发的“四星航空公司”评级的香港航空，在服务上一直坚持“以客为本，待客以诚”的服务理念，服务升级承诺也从软硬两个方面，为乘客带来了愉悦的享受。

在硬件设施建设方面，2014 年 6 月刚刚投入使用的紫荆堂贵宾室占地 506 平方米，全新机场贵宾室在设计上充满香港特色，且每个季度都会设计不同的主题装饰让贵宾室变得更加生动。此外，贵宾室还配备了高端 iMac 计算机配套设施及独立私人会议室，务求给每一位使用的旅客以最佳的体验。除了贵宾室外，香港航空的 A330-300 商务舱座位可调节至 180 °平躺，A330-200 商务舱座位可倾斜至 155 °，能为乘客提供更好的舒适感；在餐食部分，2015 年 2 月香港航空正式携手香港本土知名餐饮商太兴餐厅，为商务舱旅客提供地道的港式佳肴，还不断设计了更多的精美餐食以迎接来自全国各地的乘客。

在软件服务上，拥有最年轻空服团队的香港航空，亦推出了“以人为本”的六条服务精神，并贯彻到每一位前线员工的服务中，在“热情待客、多走一步、多样选择、履行承诺、难忘印象、积极主动”服务精神的引领下，香港航空也多次获得各类服务大奖。据介绍，2015 年的香港航空将会进一步优化现有的服务程序，打造具有香港航空特色的服务精神，针对如常旅客、儿童及婴儿等不同客户的差异化需求提供定制级别的航空服务。新的一年，香港航空服务团队将会以全新面貌迎接八方来客。“我们不主张空姐掌握标准的微笑。因为微笑是没有标准的，其唯一的标准就是真诚。”香港航空服务总监简浩贤先生如是介绍港航服务之精髓。

随着航空运输服务业的飞速发展，市场消费需求日益增长，航空公司很难仅凭借价格上的优惠获取市场的青睐，这也要求航空业界以更高的服务标准来迎接这一全新的命题。对此，香港航空服务总监简浩贤先生表示，“优质的服务永远没有终点，好的服务不仅仅是物质上的，更多是精神上的。未来，香港航空将不断提升自身服务力，为每位乘客带来更好的旅行体验。”

资料来源：“冲上云霄”点燃航空热情 香港航空许下服务“心”承诺［EB/OL］.（2015-12-23）. http://www.mafengwo.cn/travel-news/220944.html.

第一节　民航服务思想的内涵及作用

民航服务是在一定的思想驱动下的主动行为，服务思想决定了行为方式以及行为结果，有什么样的服务思想，就会有什么样的服务行为。因此，提高民航服务质量，必须首先从服务思想的塑造入手，让服务意识深深扎根于每个服务人员的心灵，固化在日常行为中。

一、民航服务思想的内涵

（一）民航服务思想

思想是指导行为的哲学或态度，也是服务行为方式的发源地。在实际服务过程中，优秀的服务案例和失败案例的区别，表面看是问题处理的结果不同，其实关键是指导行为的思想不同。民航服务思想即是对服务意义和服务行为的理解与态度。在民航服务过程中，乘客与公司的关系、乘客与机组之间的关系、乘客与每个服务人员之间的关系，构成了公司与服务对象关系的集合。这些关系，看起来很明确，但在实际工作中未见得能够完全体现出来。民航服务思想就是站在市场、公司发展、企业竞争的高度，去正确认识上述关系，从而指导民航服务的发展方向。

（二）民航服务思想的延伸

服务应从被动到主动，从单一到全面。民航服务是一项项细微的服务环节的综合，某个环节出现失误，就会使乘客对整个服务失望或不满。做好一个服务环节是比较容易的事，但把每一个细微的环节都处理好是很难的，这需要树立牢固的服务意识与正确的服务思想，并渗透在行为中。服务思想作为服务行为的指南，决定着服务人员的态度，引导着服务人员的价值取向。俗话说“服务是个良心活”，而这里的“良心”就是建立在正确服务思想基础上的价值取向。

如果服务意识淡薄，服务思想扭曲，必然带来服务质量上的问题，而且是根本上的问题。从不同航空服务之间的差距很容易看出：服务思想的差距是根本问题，是致命的缺陷。服务思想超前，服务贴近乘客的需求，那么服务内容就更丰富，服务过程就更细腻，服务行为就更完美。

【案例 4-1】

人文细节——香港机场八大人性化设施

免费 WiFi 上网和充电设施。商务人士是光临机场的生力军，而网络时代他们对网络的依赖度也越来越高。香港国际机场免费 WiFi 覆盖了整个机场，还在“Internet Zone”专门为没有带计算机的人士准备了上网设备。当然，充电处在候机厅也是随处可见，不过内地旅客要注意携带插座转换器。

儿童专区。不少游客会带着小孩一起旅行转机，在机场等候的时候小孩子容易烦闹，香港机场连这一点都考虑到了，为小朋友们设置了儿童专区，卡通图画的地毯上放着几个小转椅，电视播放着适合小孩看的影片，小朋友们可以在这里乖乖待上一个小时，家长也能轻松一下。

隐蔽处的躺椅。足够的座位是机场的必备，所以香港机场每个登机口都设有舒适的座椅，而且在连接通道的花圃旁边还有长条座椅方便旅客或坐或躺，并且贴心地设置在了比较隐蔽的地方。

机场邮政局。到了机场才发现没有给亲友寄明信片？不用着急，位于香港国际机场一号客运大楼旅客登机大堂的机场邮政局，就可以轻松解决问题，并且，所有在机场寄出的信件或包裹都会盖上机场特有的精致飞机图案邮戳。

首间机场 IMAX 影院。2012 年 3 月初刚刚开业的全球首间机场 IMAX 影院落户香港国际机场，如果真的要长时间延误，着急也没用，还不如放松心情，去看场电影。比市区内的价格还要便宜，一场 3D 大片只要 55 港币。

环亚沐浴休闲廊。除了众多免费设施，香港机场还有付费就可享受的高级设施。环亚沐浴休闲廊里设有浴室，可以洗澡、洗发吹发，还有小休区设有沙发和长椅可以躺着休息。

半小时到达市区的机场快线。香港的机场快线人性化设置之处在于，一下机场快线开门见山就是航站楼，不用下地铁之后再走很长一段路。机场快线不仅价格适中，还不会堵车，半个小时就能从市区到达机场。

应季小花圃布满长廊。在长达 3 千米的入境走道，沿途都有精心设计的小型花圃，根据不同季节会换上不同的鲜花和植物，能够减轻经过长途旅行的人们的劳顿和疲惫，视觉上会得到放松。

资料来源：http://news.carnoc.com/list/233/233567.html

二、民航服务思想的作用

（一）民航服务思想是实现民航服务目标的推动力

民航服务思想是对乘客与航空公司关系的定位，这种定位确定了民航服务人员的角色，也确定了乘客的角色。民航人员就是公司为乘客服务方案的具体实施者，全心全意地为乘客服务是民航服务人员不可推卸的责任。

其实，民航服务过程是民航人员的心理准绳、职业习惯与技巧的结合，体现着一个航空公司的服务思想。这些思想除了体现在规范的服务过程之中，更重要的是体现在当乘客提出责任、规定以外的要求时。如果服务人员不知道该怎么办，或者延误了服务时间，或者简化了服务内容，就会损害乘客感知的质量。只有在强有力的服务思想的指导下，在强烈的服务意识的氛围中，服务人员才能清楚地知道自己应该做什么。先进的服务思想，能开启服务的思路，指导人们的行为，并使民航人员感受到工作的乐趣，实现自己的价值，进而达到对自身的满意，满意的员工也会为乘客主动提供满意的服务。

（二）民航服务思想统一了民航人员的行为

面对形形色色的乘客，服务过程到底有没有一个统一的标准？答案是服务过程没有一个绝对的标准。因为，乘客的需求无法用同一个尺度去衡量，同样的服务规范也很难包容不同的乘客的需求。服务标准的最高境界在于民航人员对服务思想灵魂的把握。只要是乘客需要的，只要是为了满足乘客的需要，就都应该去做，而没有分内分外的区别，更没有任何推托的理由。

【案例 4-2】

机票卖多了？主动赔你 1 000 港币，包住宿和接送

因为天气导致的延误是不可抗力，没办法让老天爷负责。但如果因为飞机故障、机票超卖、人员协调失误导致的延误，就应该由航空公司来负责。家住苏州的蒋小姐，在过年假期时乘坐香港国泰航空有限公司（Cathay Pacific Airways Limited）的飞机从香港飞往上海，因为航空公司超卖机票，蒋小姐两夫妻换登机牌的时候已经没有位置了。最后的解决方法是，国泰为他们改签了第二天的航班，就近在香港机场附近为他们安排了住宿并包来回接送，还提供了 1 000 元现金的赔偿。

“跟内地的航空公司比应该要好点，起码不用我们去吵架，沟通时他们的态度也挺好的。”虽然对耽误了一天行程这件事略有抱怨，蒋小姐还是认可了国泰的服务。据国泰航空的服务人员反映，航空公司超卖一定的机票是符合规定的，但蒋小姐认为这样导致最后换登机牌的人无法登机不太公平。不过由于航空公司方面积极解决和主动赔偿，也让蒋小姐的愤怒降级了不少。

香港机场对赔偿方面具有主动负责的意识，在香港工作的方女士说：“我试过北京回港坐港龙航空，到达时已经过了子夜，没有地铁，地勤人员就在出租车站拿现金代付车资。”虽然金额不多，但航空公司至少表示出了足够的诚意。

国泰航空公关部的程炜表示，国泰航空会根据实际情况的不同为乘客提供力所能及的帮助，最常见的就是在飞机延误时向乘客发放免费小吃或餐饮券，可以在机场内的食肆使用。情况严重的时候也会各方协调尽量安排住宿，把不便降到最低。

资料来源：http://news.carnoc.com/list/233/233567.html

（三）民航服务思想是从民航服务目标到乘客满意的桥梁

为乘客提供温馨优质的服务是航空公司永恒的追求，是民航服务人员崇高的目标。然而，从目标的追求，到乘客的满意，不是仅靠朴素的感情就能办到的，需要在心灵深处确定乘客的地位，坚定不移地贯彻为乘客服务的理念，并落实在行动中。

其实，当面对需求各异的乘客的时候，当面对服务过程中复杂的具体问题的时候，特别是当乘客提出过高的要求，甚至有无理之嫌的时候，服务人员的服务思想与服务理念将面临严峻的考验。平时思想意识不到位，行动就会走样，即使有良好的想法，但处理具体问题的时候也很难把握尺度。所以，一个优秀的服务人员，必须牢固树立正确的服务思想，时刻将乘客利益放在首位。是否具备正确的服务思想是衡量一名服务人员是否合格的基本标准，也是选拔民航服务人员的基本标准。

【案例 4-3】

孕妇飞机上早产，厦航服务平安接生

2017 年 3 月 7 日中午，MF8229 航班在天津上客时，一位肚子很大的孕妇引起乘务长顾娟的注意。经询问，这位旅客叫迪丽拜尔，这是她的第二个孩子，随身携带的医疗单据显示，她已经怀孕 29 周。顾娟请孕妇和家属填写了特殊旅客乘机申请书，帮她垫好腰，并找来加长安全带给旅客系好。

12:00，飞机正常起飞，顾娟不时观察询问孕妇的情况；14:20，孕妇说她胸口闷，肚子疼，顾娟在报告机长的同时，把孕妇调到商务舱，并通过机上广播寻找医生。不巧的是，该航班一位医生护士都没有。此时距离乌鲁木齐还有一个半小时的航程，机长评估了备降机场敦煌的距离和医疗水平之后，决定继续飞往乌鲁木齐。

14:40，孕妇开始出现持续的疼痛，顾娟拉好隔帘，指挥乘务组成员赶快分工准备产妇需要的物品和可用的机上应急医疗设备，包括垫纸、毛毯、急救箱、应急医疗箱。另一方面，机长通知地面员工协调机场安排最近机位，联系医生做好准备。

随后，乘务组把商务舱九条毛毯全部找出来，铺到地上，让迪丽拜尔安稳地躺好，按照平时培训所学的内容，找出服务手册，一步步记录、处置。15:13，孕妇羊水破，婴儿的头已经可见；15:30，一个漂亮的女婴平安出生。拍背、吐水，婴儿响亮地啼哭，包上服务外套和毛毯，顾娟才长长地舒了一口气。顾娟守着产妇，每隔两分钟询问一次产妇的情况，直到航班 15:48 落地。舱门一开，地面 6 位医生迅速登机，为产妇进行检查，处置婴儿脐带。

机上旅客静静地等着，直到担架把母女俩平安送走。

乘务长顾娟 1991 年出生，当时已有 5 年的飞行经历，她在飞机上处置过旅客因癫痫发作或低血糖昏厥等情况。接生还是第一次。

资料来源：http://m.xinhuanet.com/2017-03/08/c_1120586887.htm

（四）民航服务思想是检验航空公司为乘客服务状态的标准

乘客是航空公司的基本市场，是公司赖以生存的基础，长期维系与乘客的关系，创造永久的客户是公司经营工作的基本方针。而能否保证为乘客提供的服务的质量，首先是看它的服务思想与服务意识。无论是新加坡航空公司的“致力于以创新的产品与优质的服务为顾客提供最佳的飞行体验”的服务思想，还是中国南方航空公司秉承的“客户至上”的承诺，“可靠、准点、便捷”以及“规范化与个性化有机融合”的优质服务理念都是公司宗旨的写照，体现着公司的服务宗旨和对社会、乘客的承诺，体现着航空公司的社会价值。

【小观点】

积极的心态可以改变一切

有一个寓言故事：一枚鹰蛋被放到了一个母鸡的巢里。结果这枚蛋被母鸡孵化成了一只小鹰。这只小鹰自以为也是一只小鸡，每天做着与母鸡一样的事情，在垃圾堆里找食物吃，与其他母鸡嬉戏，发出与母鸡一样的叫声。它从来没有飞过几尺高，因为母鸡们只能飞这么高。它完全认为自己就与母鸡一样。一天，它看见一只鹰在万里碧空中展翅翱翔，就问母鸡："那种美丽能干的鸟是什么？"母鸡回答说："那是一只鹰，它是一种非常了不起的鸟。你不过是一只鸡，不能像它那样飞，认命吧。"于是，这只鹰接受了这种观点，也不尝试着去飞，没有想过与母鸡们做不一样的事。由于没有鹰一直影响它，它只有与母鸡为伍，缺乏远见，结果丧失了鹰的特长，像鸡一样度过了自己的一生，最后也像鸡一样死去。多可惜啊！它本来能像鹰一样地飞，但却习惯于受周围母鸡的影响，不去积极地追求，最终造成了这种悲剧。

人都是有惰性的，能克服惰性的人就成了积极的人，无法克服的人就成了懒惰的人。积极的人总是乐观的，遇到问题喜欢寻找方法。经常与生活态度积极的人在一起，自己对生活的态度也会积极起来。

积极者不怕失败。失败越多对他们而言越接近成功。即使失败，他们也会正确看待，将失败转化为动力。发明家爱迪生为了找到可做灯丝的材料，做了5 000多次实验都失败了。有一位记者对爱迪生说："看来我们要用电灯照亮黑暗真是太难了，你已经失败了5 000多次。"爱迪生微笑着说："我不是失败了5 000多次，而是找到了5 000多种不适合做灯丝的材料，我终会找到那一种可以做灯丝的材料的。"

积极的人会经常保持微笑。他们不仅让自己有好的心情，也会给别人带来温暖和阳光。他们时刻让自己处于快乐、兴奋的情绪中，快乐才是动力之源。有一个小女孩吃早餐的时候，看见爸爸愁眉深锁，闷闷不乐，便对爸爸说："爸爸，我在报纸上看过一段报道，说态度积极的人，办事效率较强，健康状况也比一般人好，你同意吗？"爸爸回答说："那当然正确，所以我每天都保持积极的态度。"女儿再追问："爸爸你今天为何不告诉你的脸，也要保持积极态度呢？"爸爸听了女儿的话，脸上再展欢颜，并说："乖女儿，你提醒了爸爸要言行一致。"

积极者更喜欢与别人交朋友，而不是独处。他们愿意主动接触生人，愿意为他人奉献自我，更具有利他主义精神，更关心周围的人，而很少考虑自己的利益。积极的人总是说："我一定行""我会改变方式""我应该这样"，等等。

积极的人，不会相信世上有什么样的挫折可以将自己打倒。在公司，同样是一起进来的职员，有人成了优秀员工、劳动模范，有的却一无所长，甚至有人成了问题员工，被公司除名——他们的差别在哪里？心态。心态积极的员工做事更努力、更负责，更愿意表现自己的长处；而心态消极的员工做事拖沓，懒散，逃避责任，不敢接受挑战，甚至成天牢骚满腹，怨天尤人，抱怨自己生不逢时。这样的员工没有认识到，在任何时候，任何事物都有积极的一面和消极的一面，心态积极的人看到积极的一面，对人生充满了乐观和自信；心态消极的人则看到了消极的一面，人生就呈现出失望和悲观。

资料来源：http://www.360doc.com/content/12/0310/09/6085160_193183279.shtml

第二节　民航服务思想体系

民航服务的特殊性决定了民航服务思想是一个体系，它描述的不仅是单一的服务哲学，更是民航服务过程中对乘客态度的整体描述。民航服务的思想体系如图 4-1 所示。

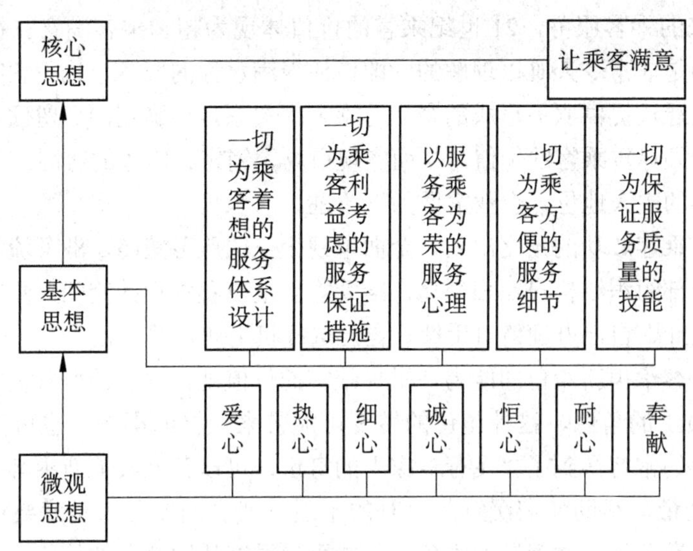

图 4-1　民航服务的思想体系

一、民航服务的核心思想

“让乘客满意”是民航服务的核心思想，是企业的精神所在，也是民航服务追求的境界。它要求航空公司必须树立乘客第一、服务至上的思想，以满足乘客需要为己任，实践自己的承诺与社会责任。

“让乘客满意”也是航空公司争取乘客的基本武器，是航空公司建立企业信誉、树立良好企业形象、取得市场竞争优势的法宝。

“让乘客满意”的核心服务思想是航空公司建立系统服务思想的根本导向，通过服务思想的具体化、细化，全面塑造企业的服务文化，形成为乘客服务的良好氛围。

“让乘客满意”的思想来源于以下三个方面。

（一）乘客的服务期望

服务期望是乘客对航空公司服务的预期，是乘客期待在航班中获得的体验的总和。航空公司的服务目标就是实现“让乘客满意”的宗旨。乘客是否满意，不是由航空公司本身界定的，而是由乘客的心理体验决定的。因此，乘客对服务的满意度就成为评价服务的唯一标准。我们重视乘客，不仅仅体现在服务过程严格执行规范方面，更重要的是通过分析乘客的服务期望，发现乘客的诉求，使公司的服务有的放矢，更具有针对性。其实，发现了乘客的期望，也就找到了满足乘客需求最灵的钥匙。航空公司的各种服务举措，必须首先来源于乘客的服务期望，在服务设计、服务实施过程中给予充分的体现。

（二）尊重乘客的价值

乘客是主人，乘客追求成功（事业的、身心的享受、体验、获利）。单纯的乘客满意已不能适应未来的乘客服务，21 世纪乘客的价值体现为超越乘客满意。在现实中，很多时候乘客的行为是非常令人难以理解的，即使他很满意你的服务，也不意味着会重复购买你的服务，仅仅通过提供服务形成的企业与乘客的关系是很脆弱的。留住老乘客，维护乘客的忠诚度，必须尊重乘客的价值，从而实现市场、销售、服务的协同。

为保证乘客的主人地位，企业需做如下改进。

（1）从助推乘客成功的角度出发，全面审视企业的服务策略、业务流程，加速企业的流程再造，使内部组织结构日益扁平化，给乘客创造自我管理的空间。乘客可以通过网络自己进行旅行设计、自己办理值机手续、自己选择机上座位等。

（2）发展乘客承担新角色的能力，引导乘客的价值观。在新的服务模式下，乘客部分地充当了企业员工的角色，这种角色的转变可能带来积极的影响，也可能产生消极的作用。如航空公司的常客得到了“飞行专家”的身份，可以帮助其他新乘客，协助他们找登机口或者系安全带，帮助他们缓解起落时的不适感或者向服务人员索要饮料。但是“专家”也是抨击航空公司各类问题的主角，如能引导乘客认同企业的价值观，使之积极地与企业合作，则对提高航空运输服务质量大有好处。

（3）为乘客提供“量身定制”的服务，即为乘客提供极富“个性化”的服务，成为航空服务发展的必然趋势。现有的服务项目，主要还是以传统的、统一的标准式服务为主，尽管也是按乘客所需设置的，但都是批量生产的，就是说它至少是为满足一部分乘客需要设计的，不是为某一个乘客单独设计的，还不是真正的“个性化”服务。这是因服务理念、信息技术的限制所致。

（三）公司的长远发展

企业发展最宝贵的财富是企业长期积累起来的企业形象与信誉，而这种积累需要正确的指导思想来指引。如果说服务过程的一个失误属于技术性的，那么思想上的偏差再小，也是全局性的，是致命的，具有深远的影响。例如，公司对乘客态度上的偏差，会导致公司服务政策上的偏离，会影响服务人员的服务意识和服务作风，其结果是失去乘客的信任。而要纠正这个偏差则需要长期的艰苦努力，甚至是几代人的付出。公司的长远发展要求企业的行为建立在正确的指导思想的基础上，绝不动摇。通过培育过程，建立企业的服务信誉，建立赖以生存的基础——忠诚的乘客。显然，公司的发展是正确思想指引的结果。

二、民航服务的基本思想

服务不是机械性行为，服务过程的态度、意识和指导思想，时刻影响着服务人员用什么态度对待每一位乘客，决定着服务质量。民航服务的基本思想体现在为乘客服务的细节上，具体体现在以下几个方面。

（一）一切为乘客着想的服务体系设计

服务质量是否让乘客满意，固然离不开服务过程中服务环节的保证，但为乘客提供什么服务内容、提供什么质量的服务等预期的质量问题也至关重要。如果没有想到为乘客提供什么样的服务，也就谈不上如何为乘客提供服务。

服务体系的实践，就是航空公司根据乘客的需要与变化，通过服务创新，以乘客的需求为导向，进行服务产品的设计。这种服务产品的设计往往能够使企业站在服务竞争的制高点，更容易让乘客感到为企业所重视，使其通过自身价值的被承认而感到无上的满足。

（二）一切为乘客利益考虑的服务保证措施

民航服务是一项效果后置性很强的工作，在事情发生之后即使采取服务补救措施，其后果也难以令人满意。所以，防患于未然是民航服务的基本原则。为此，必须充分考虑乘客的利益，制定详尽的保证措施，防范到位，措施到位，而措施到位必须服务思想到位。当把乘客作为体贴关照的对象时，为其提供什么样的超值服务都不为过。

（三）以服务乘客为荣的服务心理

服务对乘客来说是一种享受，而对服务人员来说是一种付出。这种付出，有人认为是一种快乐，有人却认为是一种负担。不可否认的是服务需要付出艰辛的劳动，有辛酸，有汗水，甚至是付出血的代价，但换来的是乘客愉快的旅途生活，这是职业的要求，也是投身于民航服务行业所享受的快乐。所以，民航服务中，每个人都需要树立以服务为荣的思想，以全心全意的服务投入，换取自己价值的体现，赢得乘客对公司的满意评价。

（四）一切为乘客方便的服务细节

服务是一项注重细节的工作，因为它伴随着乘客强烈的心理体验和个性的检验。服务工作中，经常出现的除了重大的问题以外，更多的是细微之处的安排与操作。“细心是消除服务冲突的有效手段”“细微之处见真情”道出了为乘客服务的真谛。细节是构建乘客满意的基本要素，也是服务品质的重要体现。注重服务细节就是服务过程要细致入微，服务技巧要游刃有余，对乘客的需求要明察秋毫，每个服务动作要稳、柔，用表情传达服务的内涵。

“与人方便就是与己方便”，服务中的过失与失误往往是处理问题的出发点出现了问题。服务人员过于自我，必然导致忽视乘客，潜意识上的地位错位带来的不良后果便会接踵而至。要学会细致、细心，在服务中体现细致；要贴近乘客的心理，从服务中体现乘客的价值。

（五）一切为保证服务质量的技能

技能是提供优质服务的根本保证。服务质量是工作质量的反映，工作质量除了工作中的态度外，还需要精湛娴熟的技能。民航服务技能具有两个功能，其一是完成服务过程，其二是体现民航的高雅性，体现服务的高品位。民航服务的技术动作特点就是雅致，体现着服务技能与服务艺术的完美结合。

【案例 4-4】

乘客空中突然发病拷问民航应急处置

乘客需要帮助，不然还要服务干吗？民航企业只有一切为乘客利益考虑的服务保证措施，并行之有效，才是现代服务业思想的体现。曾有这样一个事例，考验了我们民航在保证措施上的缺失。

2015 年 11 月 9 日，某先生从沈阳搭乘某航空公司的航班飞往北京首都国际机场。在飞机起飞约 5 分钟后，乘客感到腹部疼痛，随即向空乘人员反映。空乘人员表示可能是气压问题引起的，并没有进行处理。之后其腹痛的情况越来越严重，空乘人员赶紧帮忙预约了救护车，空乘和急救人员被指为谁该抬患者下飞机发生争执，患者最后自行勉强下旋梯爬上救护车。乘客在 8 小时后辗转了首都机场医院等待，最后才被推送到北京大学人民医院。经手术，切除了一段坏死的小肠，脱离危险。事件中航空公司和机场地面服务的协调有明显问题，双方都需要承担责任。业内人士也表示，从航空公司内部处置程序来看，当事人遇到的机组成员的做法并非特例，这类突发情况的程序交接里有很多细节航空公司和机场也并没有厘清，“所以没有人敢多做哪怕一点”。

资料来源：肖夏. 南航乘客空中突病拷问民航应急处置［N］. 21 世纪经济报道，2015-11-24.

三、民航服务的微观思想

民航服务是由一系列微小而琐碎的具体服务工作组成的，通过每个服务人员的工作来完成。每一个服务人员都是身心结合的统一体，所表现出来的行为品质构成了公司的服务品质。因此，在实现民航服务目标，打造航空公司品牌方面，每一个服务人员在工作细节方面所表现出的服务品质至关重要。任何服务过程都离不开服务人员身心的统一，通过服务向乘客传递一种信息——被重视的程度，使每一个乘客都有不同的心理体验。

民航服务的微观思想固化在服务人员心中，体现在服务的细节上。在现实层面上，民航服务的微观思想具有直接的决定意义。例如，在民航服务的过程中，每一个服务动作都需要做到神情与动作的有机结合，动作离开了神情，表情木讷，目光游离，服务动作就是机械的，乘客就会感觉到服务人员心不在焉。民航服务的微观思想就是对服务人员心态与行为特征的具体要求，并将这些要求固化在行为中，体现在服务过程中。

（一）爱心

爱是一种力量，是人与人交流的核心信号，是人类行为的基本特征。在任何行为中，付出了爱心，这种行为就具有感染力，就会使人感动，民航服务之所以是高层次、高品位的，“爱心至上”是其本质特征。在民航服务过程中，将乘客作为爱的对象，服务工作就会具有主动性，就会使服务行为充满生机与活力。

【案例 4-5】

海航“最美空姐”跪地为失助老人喂饭

一次普通的航班飞行，海口乘务长樊雪松站在舱门口面带笑容，迎接旅客登机。

远远地，她看到机场地面服务人员推着一位乘轮椅的旅客往舱门口走来。她赶忙迎上前去，交接中她得知，这位老大爷和老伴要去海口过冬，座位是 35H、35J。为了方便老人乘机，樊雪松其实早就打算将老大爷调整到经济舱第一排的座位，恰好 31H 座位空着，樊雪松很快安排老人先入座。心里盘算着，等航班平飞后，再协调老大爷的老伴坐过来照顾。

航班正点起飞，一切如往常一样普通。

当天的乘务组由 5 人组成，樊雪松是乘务长，还带着新乘飞行。客舱内氛围轻松愉快，乘务组紧张而有序地准备着餐食。但此时樊雪松有点小遗憾，大爷老伴的座位没能协调下来，她在想：既然无法调换，那我就多照顾老人一些吧。

发餐时间到了，细心的她特别留意了老人家。她突然发现，老大爷用餐时显得特别“别扭”，大爷拿着餐勺的右手有点发抖，头也低不下去，勺子里的饭根本无法顺利地送入口中……她赶忙走过去，蹲下来问道：“大爷，您是不舒服吗？”大爷模糊地应了一句，很显然说话不太利索。

樊雪松仿佛明白了些什么，她笑着跟大爷说：“您别着急，我来喂您吃吧。”大爷点了下头。“米饭有些硬，不太好嚼，咱们吃面条，行吗？那个软些……”看着大爷肯定的眼神，樊雪松明白了，她像老人的闺女一样，一口一口地给老人喂着饭。

老人哽咽起来，泪水滴落在樊雪松的手心里。

此情此景感动了周围的旅客，大家纷纷赞扬海航空姐的真情服务。拒绝换座位的旅客主动上前表示，自己要跟老人的老伴换座位。樊雪松的鼻子也有些酸，泪水湿润了眼眶。这泪水也许是因为同情心，也许是因为自己的服务工作得到了这么多旅客的认同，并将这份认同转化成暖流温暖着这冬日里的客舱，传递到了每一个角落，温暖着每位旅客的心灵。

资料来源：http://www.hinews.cn/news/system/2015/12/10/017991171.shtml

（二）热心

如果说爱心是人类活动的本质特征，那么，热心是爱心在行为表现中的外在特征，是一个人的主动意识与行为的表现。一个热心的服务人员，在服务中就会具有主动性——主动观察乘客的需要，根据乘客需求的潜在特征去主动询问、提供帮助。另外，热心也会反映在为他人提供帮助的频率上。从这个角度看，服务人员应该是个“热心肠”的人，会在为他人提供帮助中获得愉快的内心体验，感受服务于他人的快乐。热心的动力来自于爱心，热心的强度取决于性格，所以，培养热心必须首先塑造爱心，同时注意外向型性格的培养。

【案例 4-6】

航班延误，服务不误

那日，乌鲁木齐国际机场跑道能见度徘徊在300米左右，刚参加完“十三冬”的黑龙江代表团一行95人在南航新疆地服人员的悉心照料下得到了妥善安置，但当日如不能及时抵达北京，就无法顺利衔接后续的CZ6208（北京—哈尔滨）航班。得知情况后，南航新疆HCC（乌鲁木齐枢纽控制中心）立刻紧急联系北京方面，讲明新疆天气情况，以及衔接团队情况及人数，经过多次沟通协调和运行统筹，成功争取到了后续的CZ6208航班。得知消息后，黑龙江代表团的滑雪教练激动地说：“我第一次来新疆，真正感受到了南航乘客至上的热情服务，新疆每个人都有满腔的热血，有一种主人翁的责任感，这点特别让我感动！”

资料来源：http://cnews.chinadaily.com.cn/2016-02/07/content_23426938.htm

（三）细心

细心是服务质量的基本保证，也是对民航服务人员的基本要求，细心既是一种态度，也是一种行为方式。说细心是对民航服务人员素质的基本要求，就在于细心体现着体贴，体现着关怀；说细心是一种态度，就在于服务本身“没有借口”，不细心就意味着缺乏职业感与责任感，缺乏敬业精神；说细心是一种行为方式，就是说民航服务需要细心的思考，需要长期养成的、习惯了的行为模式。细心就是在服务中把握分寸，因时、因地、因人提供个性化服务。粗心是细心的对立面，也是民航服务潜在的敌人。树立细心的服务思想，就是要想得细、做得细，将服务过程置于细腻的服务之中。

（四）诚心

古语中的“心诚则灵”“精诚所至，金石为开”是对“诚”的最好描述。就像我们反复强调的那样，服务是心的贴近与爱心的传递，如果身心分离，敷衍了事，疲于应付，那就是缺乏诚心，就是缺乏服务意识与职业道德。每次乘客登机的时候，服务人员迎宾，微笑、鞠躬，看似简单，也似乎机械。但迎宾这一民航服务的序幕，决定着乘客对航空公司、航空机组认可的程度，如果落座后你听到乘客讲“你看那迎宾小姐多亲切”或“你看她那神情，简直就是一个木桩”，你就会明白乘客对服务人员的态度多么在意。可以说，真诚的态度可以使乘客带着愉快的心情度过枯燥的空中旅行，忘记烦恼；相反，一份好的心境被破坏，服务冲突就会由此埋下伏笔。

（五）耐心

耐心是对付出的一种坚持，是保持同一种行为的持久性，是面对重复出现的服务现象所保持的忍耐力。耐心表现为当重复事件出现时，特别是一个简单的事件反复出现时，仍能保持斗志与热情的心理倾向。通常情况下，耐心具有随时间而衰退的特征，亦即随着时间的推移，耐心的强度就会减退，就会变得不耐烦、敷衍，也就埋下了服务不满意的隐患。所以，民航人员必须从职业角度，培养自己的耐心，增强职业责任感；从个性的角度，培养自己持之以恒的品性，始终如一地爱自己的岗位。

【案例 4-7】

开学季到，东航北京“爱心妈妈”陪伴小旅客

东航北京分公司地服部为应对开学季无成人陪伴儿童小旅客的增多，特开展“爱在东航，母爱相伴”特色保障活动，由地服部行政班的妈妈们组成“爱心妈妈”服务小组，利用工作间隙和休息时间加班，身穿“爱在东航”红马甲穿梭于首都机场，专门为无成人陪伴的儿童提供“一对一”的“爱心”服务。

孔彤彤就是这些妈妈中的一员。2 月 21 日，“爱心妈妈”孔彤彤来到爱心柜台接到了一名 6 岁的小旅客。虽然是男孩，但是当孔彤彤与小朋友的家长进行交接手续，并带领其前往登机口时，小旅客一直用手抹眼泪，与其妈妈依依不舍。此情此景让刚荣升为妈妈的孔彤彤感同身受，她对小旅客的妈妈说：“姐，请您放心，我会一直陪同孩子，安全把他送上飞机的。”然后孔彤彤又立即安抚小旅客道：“宝贝，不要哭。阿姨等会儿带你去坐滑梯，好不好？”听到了可以滑滑梯，小旅客渐渐忘了离开妈妈的痛苦。随后孔彤彤带小旅客顺利过安检，带至安检内滑梯处玩了一会儿，消除了小旅客的不安情绪，开开心心地登了机。

“爱心妈妈”们凭着自己带孩子的丰富经历，在保障过程中，用爱心、真情温暖了“小旅客”的登机路途。

2 月 18 日 MU5116 航班，“爱心妈妈”李雪梅左手牵着小朋友的手，右手帮她拉着行李箱，一路有说有笑地陪伴着。“阿姨，我是坐在靠窗的座位吗？”“阿姨，我坐的这个飞机能坐多少人啊？”“阿姨……”“小旅客”好奇地一连问了好几个问题，李雪梅一一为小旅客解答疑惑。临别时，小朋友对“爱心妈妈”李雪梅说：“阿姨，你知道的真多，谢谢你为我解答这么多问题。”李雪梅说：“宝贝，好好学习，你以后会更加棒的。把东西都带好，祝你新的一年身体健康、学习顺利。”

2 月 14 日至 2 月 21 日，东航北京地服部共保障了 122 名无成人陪伴儿童。开学季，东航北京地服“爱心妈妈”的真情服务让小旅客们的旅途变得温暖而愉悦，同时让小旅客们的家长们也多了一份安心。她们用实际行动表达了“我们的幸福北分，我们的快乐地服”。

资料来源：http://www.caac.com.cn/news/132033.html

（六）奉献

奉献于乘客是民航服务微观思想的最高体现。奉献是行为动力的源泉。当奉献精神在服务人员的心灵深深扎根的时候，他就会无私、大度、豁达、充满激情；奉献是服务人员投身于服务的最高境界，奉献在服务过程中无法用语言描述，但会在服务的行为中得以体现，它使服务行为更加完美无瑕，更加人性化，能更好地提升服务层次。

【信息卡 4-1】

新加坡航空的服务理念

新加坡航空公司的一项服务“新航流动服务”承诺，班机起飞和抵达时间发生更改时，会在第一时间内通过电邮、手机短信与文字传呼通知客户。

新航的第一个服务理念是：人性服务。“新航流动服务”其实就是新航服务理念之一——人性服务。粗看，这样的服务方式感觉很平常，但仔细一想，这样的服务挺人性化，对于乘客来说，很多人也许都经历过等机的痛苦滋味，这个小小的举措让乘客预先知道最新的班机时间，而免除了等待之苦。而针对这种现象，一般航空公司只是在候机大厅里通过广播或大屏幕通知一声，而任由乘客在那里苦苦等待。在这个过程中，乘客白白浪费了时间和精力，有可能会耽误很多事。

新航的第二个服务理念是：增值服务。新航的所有员工都明白一个服务原则：宾至如归，而且所有员工在服务理念中始终贯彻这一原则。新航提出，要使每一位乘客从进入飞机起就感觉如在朋友家中做客一般。新航也的确是这样做的，任何一位乘客只要刚在座位上坐定，新航的乘务员就会笑容满面地拿着衣架翩翩而来，询问乘客是否要把衣服挂起来，当得到肯定的答复后，乘务员会把衣服挂在写有乘客登机卡号的专柜里，而在下机前，她们又会及时把上衣送还。飞机起飞之前，服务员甚至还会别出心裁地送上一只插着牙签的点心请乘客品尝。而针对洲际航行异常劳累的特点，新航更是细致周到地引入了饭店服务的策略，将“流动饭店”搬进了机舱。不等乘客召唤，乘务员便会送来一份印刷精美的菜单，上面以英、法、中等各种语言标明每餐饭的菜名，并对每位乘客所选的主菜进行及时登记。而在开饭时，会主动给乘客的小桌铺上一张一次性桌布，等乘客用完餐，乘务员又会悄无声息地走来，把用餐的托盘取走，再送上一些甜食和水果。可以说，通过这些完美无缺的增值服务，使乘客在空中享受到的服务异常超值，一点也不逊于任何一家五星级酒店！

新航的第三个服务理念是：精确服务。新航充分引入了西方社会的精确服务理念，将其贯穿到服务的每一个细节上，尤其令人惊叹的是新航的异常精确的服务细节。对于机票的服务，新航提出精确服务法，新航通过遍布全球各地的计算机订票系统网络，任何乘客在任何国家可随时预订新航任何班次的机票，且能够同时得到飞机上的座位号。服务员还会将座位号贴在每一个乘客的登机卡上，然后站在机舱门口欢迎乘客，并引导乘客对号入座，接着会在舱位图上做记号。在乘客坐在舒适的座位上享受乘务员温馨的服务时，公司会预先将航班的全体乘客姓名按舱位平面图进行准确排列，并及时交给当班乘务员，而每个乘务员也会在短短几分钟内记住自己所负责的那一舱位所有乘客的姓名，每个乘务员要管理数十位乘客，要一下子记住这么多乘客的名字，真的很不容易。试想，当乘务员以姓来称呼乘客时，便一下子拉近了与新航之间的心理距离，感到自己在这里受到了不一样的尊重，那种心理感觉是何等的美妙！而这样细致体贴的精确服务，在世界航空公司中独此一家！

多年来，新航公司以其独特的人性服务、增值服务和精确服务理念在群雄逐鹿的国际航空业的激烈竞争中独领风骚，连续多年被国际民用航空组织评为优质服务第一名。这些成绩的取得并非偶然。的确，新航的服务有很多独特的东西，在服务战略、服务理念和服务策略的构建方面，有着很深的内涵。新航在服务的过程中，及时引入西方的先进服务及管理理念，然后结合东方文化中固有的文明待客的礼仪，将二者充分地融合在了一起，以乘客第一为服务宗旨，规范每一个服务行为，细化每一个服务流程。以细致入微的服务征服了来自五湖四海的乘客，并通过各国乘客的口碑，使新航的服务品牌誉满全球！

资料来源：https://wenku.baidu.com/view/435fcc8d960590c69ec376a7.html

【信息卡 4-2】

阿联酋航空公司的服务理念

“您的舒适就是我们的宗旨”，是阿联酋航空一直秉持着的服务理念。阿联酋航空拥有全球最年轻的机队之一，这意味着无论乘坐何种舱位，乘客都可以享受一流的服务与机上娱乐，并且可以体验极致舒适感与最先进的机舱设计。其大部分机队由超现代的阿联酋航空 A380 客机和空间宽敞的波音 777 客机组成，保证为每位旅客提供世界顶级的旅行体验。

一登上阿联酋航空 A380 客机，乘客就会体验到无与伦比的舒适感觉：私人套间、淋浴水疗、专属机上贵宾室，以及空中 WiFi 无线网络。阿联酋航空 A380 上所有机舱的乘客都可以使用 ice 机上娱乐系统，阿联酋航空 A380 还提供多达 1 600 个频道的娱乐节目，包括新闻、电影和互动游戏。在部分航班上，乘客还可以通过公司的 On Air 空中 WiFi 无线网络系统与亲友保持联系。

在头等舱，乘客可以在飞行途中享受淋浴服务，也可以留在自己的私人套间中，暂时逃离繁杂的尘世。在阿联酋航空商务舱，乘客可以在机上贵宾室舒展筋骨，或者在平躺式座椅上充分放松；还可以享用机上提供的五星级美食，或者品尝由侍酒师精心挑选的美酒佳酿。

阿联酋航空的机舱设计旨在让乘客的旅途更加轻松、愉快。了解到空中旅行使旅客疲惫不堪，阿联酋航空尽力让乘客感觉更加舒适，不仅座椅空间宽敞而且带有按摩功能，此外照明设计也能缓解时差带来的影响。

在头等舱私人套间，乘客可以在自己的卧榻上充分舒展身体。在商务舱，乘客只需轻触按钮即可将座椅放平。各个机舱均提供电话、短信和电子邮件服务，而且座椅上还配备了充电设施，方便乘客与亲朋好友随时保持联系。

在阿联酋航空航班上，乘客可以品尝到由当地食材精心烹饪而成的地方风味美食：伊朗野生鱼子酱、椰奶炖牛肉、茄子烤意大利千层面等。机上提供了丰富全面的饮食选择，包括健康膳食菜单、多道大餐，还有专为儿童准备的餐点。大厨特别烹制的各种美食，原汁原味地展现出世界各地的不同风味。侍酒师特意准备了美酒佳酿，尤其适合打发空中旅行的闲暇时光。此外，机上贵宾室还提供了下午茶和开胃小菜以及点餐服务。

阿联酋航空深知乘客的旅行在登机前就已开始，因此在全球 60 多个机场提供阿联酋航空专用候机室以及合作伙伴候机室。乘客可以在登机前品尝美味点心，喝点饮料，或者抓紧时间处理公务。

第三节 民航服务思想的塑造

正确的服务思想不是从天而降的，更不是天生就有的，是长期培养与塑造出来的。一个人潜移默化的成长环境是培养与塑造正确的服务思想的基础。从民航人员的职业素质培养与要求来看，需要强化服务思想。

一、深刻理解服务内涵，不断强化服务意识

在市场竞争的推动下，航空公司不断地寻求服务创新，通过服务内涵的外延扩充，寻求企业发展的突破口，由此带动了与乘客关系的深刻变化。新型的乘客关系的核心就是重视乘客价值，而在乘客价值的导向下，服务意识则是服务人员智慧发挥的催化剂。服务思想是个人素质与心理品质在职业平台上的升华，具有服务意识，服务人员才跨入了服务的门槛，才与“服务”匹配。缺乏服务意识是我国民航服务的致命伤，缺乏服务意识必然缺乏职业责任，服务必然处于一种游离状态，服务质量无从保证。塑造服务人员的服务意识，是提高服务水平不可逾越的台阶。

【观点交流】

另一个视角——乘客被行政拘留的思考

2013 年 29 日，上海飞往哈尔滨的 FM9173 次航班原定起飞时间为上午 11:05。但旅客全部登机后，飞机直到 11:30 许，仍因流量控制在地面排队没有起飞。等待期间，一名女乘客叫来空姐，询问航班何时起飞，之后女乘客让空姐去帮她倒水，不知道怎么回事，她又让空姐回来。据说是因为空姐瞪了这名女乘客一眼，女乘客就上前动手，打了空姐耳光。机场空乘人员随后报警，机场警方赶到后将涉嫌动手打人的女乘客带下了飞机。航班于 13:26 顺利起飞。

资料来源：江华，姚克勤. 女乘客因飞机延时掌掴空姐［EB/OL].（2013-03-31). http://sh.sina.com.cn/news/s/2013-03-31/084540667. html.

针对殴打地勤、值机人员，破坏机场设备，冲击停机坪等全国民航机场、航班上发生的旅客不文明事件，不少网友在对少数乘客过激行为表示愤慨的同时，甚至提议国内航空公司仿效外航，设立黑名单制度，拒载有违规恶行的旅客。

很多人都会认为这样的乘客真可恨，素质太差，被拘留处理罪有应得，也为目前空乘服务的“恶劣环境”感到担忧！但静下心来细想，询问航班能发生争吵，那么争吵一定是双方的责任，绝不能是单方的责任；瞪一眼就动手打人，这一方面是“瞪”了吗？如果“瞪”了，背后隐藏着什么含义，如果不瞪这一眼，还有愈演愈烈的下文吗？我们尚不清楚现场的细节，但有几点我们可以做些假设（首先的假设是这位乘客心智正常，没有精神疾病）：

（1）假设我们的乘务员回答“航班何时起飞”的语言恰当，乘客还能有“兴趣”挑起冲突吗？服务中，乘务员的角色究竟是什么？

（2）乘客说乘务员“瞪”了她一眼，不管其瞪没瞪，如果是一个微笑，女乘客还会动手去打空姐吗？对乘客不微笑就是对乘客的不尊重，更何况是不礼貌之举。

（3）是否观察过这位空姐平时的服务表现？她是不是具有职业良好的情感和职业修养？

这里，需要深思的是服务就是以正确的态度、正确的沟通方式和尊重乘客的心态去化解乘客的困难。在对乘客服务的接触中，服务者需要把握好分寸，注意角色定位，多一点服务冲突解决的技巧，是不是上文提到的问题就可能避免呢？我们在保护乘务员人格和人身权利的同时，多提高我们的服务意识和服务能力，也许“服务失误所造成的乘客拘留”的事件就不会重演，我们的民航服务就会更和谐。

二、正确认识服务本质，明确服务人员与乘客之间的关系

“乘客是人，服务人员也是人呀，我们不比乘客低一等！”我们会在不同场合听到服务人员的抱怨。表面看来，服务人员说得不错，服务人员确实是与乘客具有同等权利的人，但仔细分析就会发现，这些抱怨的员工最根本的问题在于没有明确自己的角色。服务人员无法遵守严格的平等关系，权利、人格上的“平等”会被职业所要求的与乘客之间关系的“不平等”所替代，这种不平等是合理的不平等。因为旅客是付钱的消费者，而航空公司是收钱的服务者。乘客付费购买了航空公司的产品，乘客购买的目的就是开心旅行。确定了服务与被服务的关系，就确定了服务过程中航空公司是满足乘客需要的主体。服务人员是实现满足乘客要求的微观个体，一切必须服从于尊重乘客价值、体现乘客主导地位的思想。

【案例 4-8】

智障儿子被赶下飞机，航空公司拒不道歉

2008 年 6 月 10 日，A 顾客 13 岁的智障儿子在外婆的陪同下，凌晨登上从洛杉矶飞往北京的某航空公司的航班后，被航班机长以安全为由逐下飞机。A 顾客在第一时间向该航空公司有关方面电话投诉了此事。

6 月 11 日，A 顾客向媒体公开儿子与母亲遭该航空公司拒载一事。

6 月 12 日，该航空公司发表公开信解释事件。公开信中称：“孩子登机以后，情绪不稳定，在客舱内来回跑动。无论是孩子、年迈的姥姥还是我们的乘务组均无法使孩子安静下来。直到 233 名旅客登机完毕，孩子始终处于高度紧张状态，不能入座，并在楼梯上来回跑动。这样，航班始终无法关闭舱门进入起飞程序。当时的情况影响到飞行安全、正点，特别是起飞后，长距离飞行可能危及孩子的自身安全。事实上，当天航班因此耽误了起飞。”

该航空公司方面认为，当天机长所采取的行动不仅是对孩子安全负责，也是对其他旅客负责，“当时机长的决定是有法律依据的，请大家理解”。

6月13日，A顾客接受采访时对该航空公司的公开信内容表示不满，希望该航班机长为不妥当的做法道歉。双方当晚在京商议解决办法。

当天，中国智力残疾人及亲友协会表示，A顾客向他们反映了儿子遭航空公司拒载一事。智联认为机长采取驱逐手段是反应过度的表现。他们希望航班机长认真检讨并向当事人公开道歉。

6月14日，A顾客的母亲和儿子在该航空公司相关部门的安排下，搭乘由该公司洛杉矶飞往北京的航班安全抵京。A顾客表示，由于该航空公司的相关领导向此航班的机长打过招呼，特别照顾她的母亲和儿子，她本人对其服务表示满意。同时，该航空公司还约她就相关分歧进行磋商。

6月15日，A顾客坚持要该航空公司道歉，并提出两点要求：第一，该公司澄清当时并不是由于她儿子，而是飞机本身故障造成误点；第二，智障儿童并不是精神病患者，他也有作为乘客的权利，不能把他与其他乘客分离开来，希望该航空公司能承认这一点。

6月16日，该航空公司在“开会研究”考虑A顾客提出的要求后，得出的结果仍是：机长当时“拒载”的决定并没有错，坚持不道歉。该乘客表示，她将保留上诉的权利，虽然“这一定是件很困难的事”。

三、树立职业意识与职业精神，主动适应服务行业的要求

职业就意味着限制，它要求从业人员必须树立职业精神，遵守职业规范，执行公司的章程，这对从业人员来讲是毋庸置疑的责任。就选择空姐而言，具备良好的适应民航服务潜质的预备空姐对于未来民航服务质量的提高至关重要，对现有的民航队伍，以职业意识来判断其未来的发展空间也是很好的标准。

树立职业意识与职业精神，就是要通过学习公司的精神与宗旨，理解公司对乘客的态度，发现乘客需求，树立主动服务的意识。

四、历练自己的意志品质，体验服务的快乐

“服务是快乐的旅程”，当置身于服务之中的时候，心态是最重要的因素。任何态度的强化都是心理体验的结果，而心理体验在于体验过程中的心情与意志导向。热爱民航服务职业是从业人员的基本要求，具有良好的心理体验、容纳百川的开阔胸怀是对民航人员心理素质的基本要求。

一个人的意志品质是天生特质与后天培养的结果。后天培养的核心是在坚定的价值取向下的历练。有些人可能具有良好的意志品质倾向，但在具体行动中却没有表现出良好的意志品质，还需要在一定的环境中磨炼和固化，使这些优秀品质成为自己一贯的作风。

【案例 4-9】

香港空姐学咏春，锻炼坚强意志，强健身体

香港航空总部的企业传讯部陈小姐再次证实，他们确实请了咏春拳高手教空姐们武

功，但都是一些基本套路，入门级别的。希望能通过这个课程锻炼空姐的坚强意志，强健身体，仅此而已。陈小姐说，从 2011 年 5 月开始，香港航空就将咏春拳作为每一位客舱服务人员入职培训的必修课程，每次训练为期半天。现在，所有香港航空的空姐都学会了咏春拳基本套路。

资料来源：http://hzdaily.hangzhou.com.cn/dskb/html/2013-07/31/content_1546854.htm

本章思考题

1. 民航服务思想的概念与实践意义是什么？
2. 民航服务思想体系包括哪些方面？
3. 民航服务思想与服务质量有什么关系？
4. 如何塑造良好的民航服务思想？
5. 结合民航服务的实际，分析民航服务思想中存在的问题及建议。

第五章

民航服务设计

本章学习目标

☑ 了解民航服务设计概念与任务；
☑ 阐述服务设计的动因；
☑ 理解影响服务设计的因素；
☑ 掌握民航服务设计的基本过程；
☑ 了解我国民航服务设计中存在的问题；
☑ 掌握民航服务设计的实践意义。

导读

良好的服务始于科学的服务设计

通常所说的民航服务，是服务的实施过程，就是以服务的内容、规范、技术要求，为乘客提供服务，使其获得更好的服务体验。首先是思考给乘客提供什么样的服务，这是由一定的目标和服务的指导思想所决定的，但服务会是什么状态？以什么样的服务内容、服务形式与服务的细节来呈现？这就是服务实施之前要做好的事情，即服务设计。

服务设计即服务的开始，优质服务是有前提的，失去了前提，一线服务努力会失效。Carl Sewell 在 *Customers for Life* 一书中提出，善待顾客仅仅是完成了良好服务的 20%。重要的是设计那种能够让你第一次就能把工作做好的制度。你给的产品或服务并非顾客所需要的，那么无论你对顾客多好也毫无用处。迈克尔·哈默（Michael Hammer）在 *Reengineering* 一书中也指出，豪华汽车司机脸上的微笑绝不能代替汽车。设计是目标和事项的具体化，决定了服务档次，决定了后续服务做好之后的服务的高度与层次。事先把事情做好比事后做好要好得多，因此，从管理层角度把服务项目设计好至关重要。目前的服务中，服务员往往深陷于由于服务设计本身缺陷而造成的顾客抱怨的旋涡中，也许服务者已经竭尽全力，但在服务的顶层设计中没有为第一次把事情做好奠定基础，乘客抱怨后的弥补是最挫伤工作热情的。

据统计，服务设计不良造成服务成本增加的比例在 25%～35%。在民航服务的实践中，从服务宗旨、思想，到具体的服务内容、流程、规范，往往都具有主观性，使乘客有“被服务”的感觉，缺乏人性化，不够贴心。这在客观上提出需要从服务设计入手，设计出乘客期待的、可以感受到的服务表达，需要在精细化的原则下，把服务的细节设计好，把服务的环节和内容完美地与乘客的需要相结合，体现出民航服务层次。

简单来说，服务设计是一种设计思维方式，使预期的服务体验通过服务的顶层设计落实在实处。服务设计的关键是“乘客为先+追踪体验流程+涉及所有接触点”，乘客的体验会随着时间的推移发生在不同服务接触点上，通过丰富的服务设计，使服务系统成为提供优质服务的平台，让服务变得更加有用、可用、高效、有效和被需要，成为全新的、整体性强、多学科交融的综合领域。

 引例

先天不足，后天无力回天

某火车站的动车候车室最初设计在候车室的二楼，并清晰地标着“动车组候车室”，人们也养成了坐动车在二楼候车的习惯。某日，高先生的几位在北京工作的同学前来公干，计划好与高先生在中午相聚，叙谈同学的友情和思念，并约好，在下午的 2:20 乘动车组返回北京。

由于见面时间有限，在计划的时间内，大家匆忙来到火车站，通过安检、验票，习惯性地乘电梯上了二楼，由于没有看到其他任何提示，就直奔约定的动车候车室，到了原动车候车室，突然发现有一个指示牌上写着“动车候车室已经改为一楼”。大家傻眼了，因为是计算着时间来候车的，而且大家都知道火车站的候车室是“上楼容易，下楼难”，必须走下楼梯，而且没有其他便捷的方式。大家带着重重的行装，急忙赶到一楼去寻找动车候车大厅，费了很大的力气，终于在隐蔽之处找到了“动车组候车室”的字样，此时，离开车还有 15 分钟，匆忙检票，终于赶上了既定的动车，避免了一场虚惊。

送走了同学，高先生一脸困惑，为什么不能在进站口的显著位置采取有效的方式提醒乘客动车组候车地点的变化呢？为什么两个关于动车候车室改变地点的标记没有起到提示引导乘客的作用呢？其实道理就在于服务中缺乏真的为乘客考虑的服务设计，这造成了必要服务的缺失！

第一节　民航服务设计概念与任务

服务是随着社会进步不断发展的，而且会随着人们对服务的认识而不断进步。优秀的服务不仅在于服务中的精益求精，更在于服务前对服务的思考与设计，即真正的服务起点是如何在服务的内容、模式、层次、流程等做好事先考虑，这往往比服务过程一丝不苟地精心操作更重要。实践表明，优秀的服务首先来源于服务设计！

从竞争理论看，服务的核心竞争力是指公司拥有他人无法复制的综合服务体系，是在经营中能够实现持久盈利的能力。这种体系的形成需要不断创新，不断完善其内在的制度、服务方式、服务内容，采用新办法，注入新思维。服务企业的实践表明，有效取得竞争优势的途径就是通过服务设计，将公司的服务理念贯彻落实到具体服务实践中，适时推出系列服务新产品。

一、服务设计的一般认识

（一）服务设计的概念

服务设计是指服务企业根据自身特点和运营目标，对服务运营管理做出的规划和设

计，其核心是完整的服务包与服务传递系统的设计。

理解服务设计需要清楚设计的含义。在我们实际生活当中充满着各式各样的设计，维基百科定义设计是一个为产品、结构或系统产生、发展做计划的过程。事实上，设计要比做一个计划复杂得多，Herbert Simon 在其著作中详细探讨了有关设计科学发展的问题，强调了对设计元素的分析、建模与叠加等一系列问题。从设计所要达到的目标来看，设计可以定义为：为了满足人类与社会的功能需求，将预定的目标通过创造性思维，经过一系列规划、分析和决策，产生相应的建构信息，通过实践将设想转变为满足社会需要的物质财富的思维与活动过程。

服务同设计两个概念的结合，在设计学的发展过程中是一个比较新颖的领域。服务设计主要研究的是将设计学的理论和方法系统性地运用到服务的创造、定义和规划中，20 世纪 90 年代以来才逐渐兴起，而且最初跟工业设计有着密切的关系。因此，我们可以这样定义服务设计：服务设计是为了提升用户体验，将有形和无形的接触点进行有脉络、有组织、有系统的挖掘、设计、整合，并能够为产品或服务创造附加价值的活动、方法及思维方式。通过服务设计，可以“将服务变得有形”，使消费者的体验落实到服务的一系列环节与接触的系统中。

服务设计的基本目的是创造出满足消费者期望的一个可以实施的体系和具体的操作方案，通过有效的服务设计的过程，可以在发展愿景的基础上，使服务组织得到以最快或者最舒适的方式来达成消费者目标的有效解决方案。其实，企业的任何活动都是基于自身发展的需要，通过服务设计，一方面，可以让消费者获得需求的最大限度的满足，因为基于消费者需求核心的预先设计能够更好地贴近需求，增加了企业服务对消费者的吸引力，体现了企业对消费者的担当；另一方面，服务设计本身的品质也是企业服务品质的前提与保证，好的服务设计能使企业获得竞争优势，期望达到“你有两个咖啡店可选，而每一个咖啡店都按同样的价格出售同样的咖啡，服务设计就是让你走进其中一个而不是另一个”的效果。

服务设计之所以为人们所接受，并在服务的实践中发挥作用，这是由服务的本质所决定的。服务和产品差异在于产品可以先通过流水线的生产过程完成，再通过一定的销售渠道得以销售，而用户买回家并开始使用后，消费才算真正开始，即消费者得到了产品后，对产品的体验才开始。而服务的属性决定了服务的生产与消费必须同时发生，正因为如此，服务的提供者必须将决定消费者体验的所有环节与过程事先进行设计，服务设计的结果只有集中体现了实现消费者获得良好服务体验的所有要素的总和，服务的体验性才能得到保证，否则，服务的良好体验也就无从形成。

服务要发展，而服务设计提供了一种提升服务水平的战略性思维的转变，服务设计一系列方法提供了实现“以用户为中心，提高用户体验”的平台，消费者与企业服务接触过程中，用户听到的、看到的、感觉到的、体验到的、参与到的一切，都可以通过服务设计进行优化和提升，进而为企业的服务带来附加值。

（二）服务设计的发展

服务设计进入服务领域的时间比较晚，1994 年英国标准协会颁布了世界上第一份关于服务设计管理的指导标准（BS7000-3 1994）。在欧洲，人们已经开始对服务设计产生兴趣。英国著名的从事服务设计的公司有 Live/Work、Direction Consultants、Engine。美国著名的 IDEO 公司也增加了服务设计业务内容。一些国家的学校在设计学院也开设了服务设计专业。

在我国，服务设计才刚刚起步，但发展比较迅速，特别是我国服务行业巨大的市场需求，以及以人为本观念的日益普及，预示着中国服务设计行业极大的潜力。

服务设计是全球趋势，因为它适用的范围极其广泛，涉及社会创新、服务创新、新社会经济、可持续设计、通用设计、协作服务等领域。在国外，服务设计早已渗透到如政府、金融、医疗、交通、航空、公益、商业等各个行业。在国内，商业领域涉及较多，像腾讯、阿里这样的企业介入较早，也更成熟些，设计赢天下已经成为众多企业的共识。

（三）服务设计的本质

服务企业的发展不在于有服务，关键在于：在什么层次下实现服务目标？怎么能把服务的积极要素的潜能激发出来？怎样使服务对象的体验与价值最大化？提供什么样的服务以及怎样对它们进行市场定位？这些往往决定企业的成长、收益率，最终决定企业的成败。一个企业所提供服务一开始就不完美，那何谈能获得消费者的赞誉，进而使企业发展呢？当我们去挖掘服务行为的基本动机的时候，不难发现服务可以被描述成服务者把被服务者的利益作为其工作目的来实现的工作过程。这正是人们对服务的内在精神的理解的升华，也就是说，一切服务的努力，大到公司服务思想，小到服务中的细节，都是为了提高服务水平，赢得消费者的信任，创造消费者的忠诚。

当我们研判现今我国的服务状态的时候，很容易发现我们的服务水平处于低层次的状态，人们想要的服务没有，想得到的感受也缺乏有效的体验，而服务的提供者也许已经下了很大的力气，甚至是竭尽全力地设法让一线的服务人员对消费者再好一点，但往往收效甚微。

那么，提升服务品质的关键点在哪里？亦即我们所说的服务设计的本质问题——把消费者的美好需求期望变为现实的解决方案。具体描述的话，我们可以说服务设计的本质是以服务系统中“接触点”为线索，从系统的角度来审查人、物、行为、环境和社会五个要素之间的关系，寻找消费者创造更好的体验与价值的系统方案。

二、民航服务设计的认识

民航服务作为典型的服务行业的代表是不言而喻的，而能够体现出其超越一般服务之处的，首先源自于其服务设计保证了服务具有其他服务无可比拟的特性，这表明，民航服务设计的实践对民航服务设计理论的产生具有很明显的推进作用，一些实践的积累，如服务的内容、规范以及实现方式的不断完善与创新过程，为我们认识民航服务设计奠定了基础。

从服务设计理论出发，民航服务设计可以解释为：民航服务设计是基于服务设计的基本理论，以民航服务的技术性要求为基础，以服务系统中的“接触点”为线索，以乘客获得更好的服务体验为目标，对服务系统进行系统设计的过程。

民航服务处处都体现服务的体验，怎么才能做到“以用户为中心”体验设计呢？接触体验性的提升是重要的环节。民航运输中，航班延误的现象经常发生，在处理航班延误的时候，很多航空公司对待航班延误的问题都会理直气壮地说是天气原因造成的，与他们无关，而对由此给乘客带来的不便，也是按章办事，缺少以乘客为中心的思维。试想一下，如果这时候航空公司能反向思考，就会发现乘客最需要的不是找出责任人，而是航空公司能在特殊情况下给乘客多一些关怀，利用这个关键点提升客户体验，客户的满意度就会提高很多，进而带来好的口碑，增加客户对品牌的忠诚度。

民航服务的细致与精致往往体现在空勤人员与乘客的接触过程中“看得见”与“看不见”的细节中。每一个触点的接触都为乘客传递感受，它的好与坏，必要还是多余，高效还是低效，都决定了乘客的感受，也正是真诚与温馨的细节增加了民航服务的亮点，在无数的服务接触点中传递民航服务的精神。

【案例】

服务设计提升民航服务的品质

了解用户多样性能够为服务设计决策提供更好的依据，好的服务设计能够通过满足排除在产品使用范围之外的群体的特殊需求，从而增进产品面向更广泛用户的使用体验，为服务者和接受服务者创造共同价值。YANG DESIGN 城市创新事业部曾实地考察了位于葡萄牙里斯本的 ANA 机场，这也是全世界范围内少数以“家庭旅游”（Familiy Airport）为卖点的机场。针对庞大的客流量和家庭旅游的趋势，ANA 机场较早地聘请了顾问团队，利用服务设计的方法对其进行整体评估。ANA 机场在候机楼中专门设置了名字为“Air Play”的家庭娱乐等候区。3 ～ 10 岁的小孩可以动手参与机场提供的 4 种互动游戏。父母可以通过微波炉为孩子温热奶和餐食，并且向孩子灌输回收分类垃圾的观念。机场还提供儿童推车租赁服务，让家长也可以放心地在机场进行购物、餐饮等活动。其他针对家庭的设施还包括储物柜、婴儿换尿布设施、儿童书籍、吉祥物等，彻底满足了这部分群体的内在需求。

资料来源：http://news.carnoc.com/list/279/279204.html

第二节　民航服务设计的原则与思维

一、民航服务设计的原则

民航服务设计是民航服务走向科学化的必经之路，但面对复杂的民航服务系统，必须在服务设计中做到科学有效，有的放矢，这就需要遵循如下原则。

（一）坚持以乘客为中心

在服务设计中，最先考虑的因素是乘客的需求，既是服务设计的起点，也是服务设计的核心。而在服务设计中，关键的问题是落实以乘客为核心的原则，把想法变为实施方案，避免主观意识，要扎扎实实地进行乘客需求的研究，多目标市场进行细分，找出他们的需求特征和需求期望，系统分析服务接触点以及满足乘客需求的方式，科学架构实现乘客需求满足的有效途径，充分了解乘客的意见和一线员工的有益的建议。

（二）协同创新

只有满足服务过程中不同角色的群体的利益诉求，这样的服务设计才能顺利地实施下去。例如，公司的、部门的利益，民航服务人员、乘客的利益诉求，通过不同利益诉求的相互联系，找到同心做事的纽带，都能实现自己的诉求，多方共赢才能真的做好服务。

（三）有序展示

要求服务设计的时候，充分考虑到用户体验的过程和路径，统筹用户的行动路径和心理过程，进行有针对性的、有顺序的设计和引导，避免各种跳跃、曲折、往返的用户折磨。如在机场排队取行李，等久了用户会不舒服。用稍微增加到达行李处的路程和在路程中增加厕所和商店的方法，可以一定程度上减缓用户的行进速度，最终减少用户的等待。

（四）实体展示

服务中，乘客体会更多的是可以看到的，而不是在后台默默进行的那些服务，因为即使服务者再努力，乘客也无法感知。这就需要民航服务设计中，要努力把无形的服务变为有形的触点，让乘客在体验过程中感受服务的存在。例如，航班晚点后，机场协调人员应该在乘客面前进行电话协调，而不是在僻静之处协调后再告知乘客；机场的候机空间往往比较庞大，但为乘客准备的设置少之又少，视野中没有服务的附着，乘客感受不到服务的存在。需在民航机场等服务过程中增加乘客可以看到、衡量和表达的服务，而非虚无不可感知的。

（五）整体性

在服务设计过程中，一定要思考乘客在不同服务阶段或环节行为的全部流程，强调服务设计中要有系统的、全局的考虑，而不是纠结在一个点上，关注整个服务过程、整个参与角色、整个交易流程，不能顾此失彼，得不偿失。

（六）塑造服务特色

企业在决定服务内容和方式时，一定注意要有创新，有特色。只有有特色的顾客服务，才能吸引顾客，创造出不同于竞争对手的特殊优势，而且让竞争对手不易模仿，具有持久性。

（七）成本与收益均衡

企业在设计顾客服务时，当然要考虑到成本和收益。如果顾客要求有额外的服务而又不愿付出多余的酬劳，那么企业就要考虑，目前的服务是否已经足以让顾客满意，并有不同于竞争对手的竞争优势。如果是，就不必提供这种额外的服务了。如果预计在未来顾客服务方面的竞争会更加激烈，则企业为了战略性的目的，可以忍受一段时期的低收益。因而，企业在设计服务时，既要考虑现在的利润水平，也要考虑服务完善对成本对服务收益的影响，寻求以合理代价最大限度地提高服务的价值。

二、服务设计的思维模式

（一）创造性的（Co–creative）

共同创造，服务设计需要所有参与者进入设计流程中。经过多方共同创造的服务可以帮助服务提供人员和用户更好地交流，也可以提升用户的忠诚度和员工的工作满意度。

不是每个人都可以随时迸发灵感，所以服务设计人员需要有优秀的流程控制能力和组织能力，去激发大家产生灵感。

（二）有序性的（Sequencing）

服务需要有逻辑、有节奏地交付。服务是在一段时间内的动态过程，时间线对用户非常重要。服务的节奏也很重要，会影响用户的情绪，例如在机场排队等候办理登机手续，等久了用户会不舒服，但是如果通过安检的时候，强迫用户加快通过，用户也会觉得紧张。所以服务设计要考虑好每个环节给用户带来的节奏，做精准的节奏控制、用户情绪控制，把用户与服务互动的每个点连接起来，一起“讲一个漂亮的故事”。

（三）整体性的（Holistic）

服务设计过程中要注重全局思考。服务很多时候是无形的，但是服务会在真实世界中发生。用户会从视觉、听觉、嗅觉、触觉等维度全方位感受服务过程。要理解用户有不止一个逻辑或方式去完成一个任务，所以我们要从不同的维度去思考用户使用服务的各个环节，确保没有遗漏的场景和故事，并保证用户的大部分使用场景是流畅有效的。

（四）展示性的（Evidencing）

无形的服务需要被适时展现出来。服务很多时候是在后台默默进行的，用户无法感知。很多时候，服务会被设计成让用户无法感知的状态，从而得到一个优质的服务效果。但是有时无形的服务也可以被展现出来，以展现自己的实力，并带给客户信赖感。

第三节　民航服务设计程序

基于民航服务系统的复杂性，在进行服务设计时需要以乘客为核心，通过严谨的科学过程，把服务所要创造的服务体验进行系统化，最后形成可以操作的服务方案，典型的服务设计流程由以下几部分组成。

一、乘客识别与公司战略定位

任何组织的存在都源于顾客的需要。服务中每一个流程的存在都是为了满足乘客的最终需求，并同时提高自身的价值，也即所谓的价值链和流程链的一致性。在乘客实现其出行需求时，不同乘客的需求是多样的，它随时间、阶段的变化而变化。因此，民航服务企业应该在自身服务能力的基础上，确定相应的服务目标定位，在此基础上，要特别关注隐性因素对乘客满意度的制约，真正挖掘影响乘客满意度的关键因素，使企业走向健康服务之路。

美国著名的西南航空公司之所以能在激烈的市场竞争中立于不败之地，并能够被《财富》杂志评为“有史以来最成功的航空公司”，这与它准确的市场细分和市场定位是分不开的。由此可见，航空公司市场定位具有重大的战略意义，它既是航空公司产出有效性的重要因素，又是航空公司发展的逻辑起点及终极目标。美国捷蓝航空公司（JetBlue）同样如此。这家公司成立于 2000 年 2 月，翌年即实现盈利 4 100 万美元。究其原因，该公司准确的经营策略和市场定位起到了关键性的作用。总结起来，捷蓝航空公司的市场战略主要有以下三点：其一，低运营成本，高服务品质；其二，以差异化产品刺激新的市场需求；其三，避免与现有航空公司正面竞争。

公司的发展战略需要通过服务战略来实现，而服务战略选择是前提。按照波特的战略理论，一般企业要获得竞争优势可以选择三种战略：成本领先战略、差异化战略和集中战略。其中，前两个体现了“你有我优”“你无我有”的战略思想，而后一个体现了专业化思想，体现在为特殊的乘客群体提供定制化的产品和服务。因此，民航服务业首先要通过对市场和客户等环境的分析，基于市场宏观环境和微观的客户需要，结合自身能力，以实现组织目标利益最大化思想为依据，确定战略定位。

二、服务产品设计与需求管理

尽管服务是一种无形的产品，但在服务的实现中离不开有形化的过程，即要把服务通过一定的方式体现出来，如服务的档次、服务的内涵、服务的内容与程序、服务的规范与标准等，以确保提供令乘客满意的服务产品。服务产品的设计，原则上主要涉及产品显性和隐性两部分。对于显性部分，最终实现产品标准化。标准的制定不仅是质量的保障而且也是流程标准化的基础。对于隐性部分，主要体现在对乘客的态度、尊重，更重要的是乘客个性化需求的定制，突出体现在正确识别乘客的精神需求，才能够提高服务“有形”产品的附加值。

从航空公司看，民航服务产品的设计通常包括三个部分：航线网络、有形展示和乘客服务。其中，第一，航线网络是企业服务能力的体现，航空公司的产品不是有形的物体，而是进行旅客或者货物的航空运输，航线网是航空公司产品的核心，它决定了航空公司的经营范围，影响着航空公司的投资决策和运营成本。第二，有形展示主要包括客舱布局、航班密度和机型、服务环境，客舱布局包括三方面，即座位间距、座位宽度和过道安排。低成本航空一般使用单一的机队和单一的舱位，在飞机上尽可能安排更多座位，以降低飞机维护和运输成本。很多公司在航班密度和机型上面临许多困难的决策，需要在产品质量和成本之间权衡。商务旅客需要宽广的直飞航线网络、方便的航班时刻，并愿为此付出高价，但这样会增加航空公司运营成本。休闲旅客对中转旅客方便性要求不高，但对价格敏感。所以近年来旅客更倾向于长航线上直飞的不中转航班。第三，乘客服务，它是航空公司产品的一个重要组成部分，直接关系到旅客旅行是否满意。包括乘客电话询问航班信息、乘客预订机票、乘客抵达机场服务台、乘客排队候机、售票员接待乘客、售票员办理票务、办理托运手续、安全检查、乘客寻找登机口、导乘员指示登机通道、乘客等待飞机起飞、检票人员检票、乘客登机后所受到的接待、乘客寻找自己的座位、乘客安放随身行李、乘客就座及其他事项、飞行过程（欢迎词、起飞后广播、餐饮服务、意见卡、下降时安全检查）、到达终点、离机、取托运行李、离开机场等。

由于服务生产和消费的同时进行，乘客的需求存在着明显的不确定性，使其无法用固定的模式来满足所有乘客的需求，需要加强需求管理以应对需求的差异，通常需要在服务设计中考虑乘客对服务需求随时间、地点乃至环境变化的规律，加强服务产品的细分，使服务质量提升，提高服务流程的效率。

三、服务流程规划

服务流程是根据乘客出行需要、提供服务内容以及企业自身的财务目标等因素确定的最优化的整个服务过程。服务流程设计要考虑两个因素，其一是标准化的服务流程和专业化的服务流程。标准化的服务流程是基于行业标准的、面对差异化程度比较低的服务内容而言的，具有普遍性，如机场的值机过程的流程，对服务人员的要求相对比较简单，通常是依据规范进行，往往具有用自动化的机器设备替代的可能性，如自助值机。专业化的服务流程，一般是面对差异化比较高的乘客需求，其服务流程没有固定的模式，要求服务人员具有较高水平的服务技巧和分析判断能力，适时地与乘客进行沟通，以灵活的服务方式来满足乘客的个性化需求。在民航服务中，地勤服务更多地突显出标准化的服务程序，而空勤服务更多地体现在专业化服务流程。因此，空勤服务的流程中，除技术性约束外的服务流程更具有灵活性。

在服务流程设计中，需要鉴别薄弱环节，通过服务流程的梳理，对薄弱环节要事先矫正，这是减少民航服务冲突的解决之道。从民航服务的特点看，有两个方面需要特别重视：第一，服务内容与流程的匹配，就是乘客需要服务的环节必须纳入服务的流程中，做到乘客需要服务的时候，有服务存在，而不能让乘客感到无助。第二，服务中易引起乘客不满的环节，即过往的易产生不满或冲突的服务环节，要改进服务设计。如登机口，是乘客服务不满的节点，当航班晚点时，需要强化服务的细节设计，以有效化解服务冲突。再如，特殊旅客运输、客舱的随身行李的安置环节等。

四、服务传递流程设计

服务流程描述了服务具体操作实施的方法和顺序，详细指明不同的服务细节是怎样贯通在一起来创造对顾客承诺的价值主张的，本质上讲服务流程也就是顾客的服务体验的经历。高品质的服务产品是设计和管理出来的，如麦当劳的高品质快餐，令人愉悦的环境和优良的服务都源于严格的设计标准，而民航的空中乘务之所以获得了社会广泛认可，也是源于严谨的流程设计。对于残缺的服务而言，往往源于缺乏服务管理，特别是在服务程序和规范上缺乏科学的设计。通过服务设计可以尽量减少或避免失误和冲突。服务的传递过程是顾客和企业互动的一个过程，过程质量受到双方的影响。因此，服务流程设计要充分考虑顾客的想法，形成完整、连贯、高效运作的流程。

由于服务产品无形性和个性化因素的存在，在流程设计时不仅要关注标准化的问题，更要重视柔性设计。柔性的概念存在于流程内部和流程之间两个层次，前者需要给服务操作人员授予一定的自由处理权限，而后者需要给中层人员类似的权利。

五、服务接触设计

民航服务是接触性很强的服务模式，是通过服务接触点来完成服务的传递的。据研究，对一线员工的 15 秒接触直接地影响了顾客对某一品牌的印象，成败得失都在这关键的 15 秒，可见接触设计的重要性。在服务的过程中，航空服务企业或服务人员与乘客的每一次接触都将产生一个或者多个接触点，向乘客传达关于企业的品牌形象的信息，起到了对具体形象进行感知和联想的效果，增加了乘客对服务的感知。我国民航对服务接触设计还没有得到充分的认识，未来需要关注以下几方面。

（1）加强乘客体验的接触点设计。包括对环境体验、服务者形象体验和消费方式的体验。其实民航服务是体验型服务，但在服务接触设计中却缺乏体验性。正如交互设计专家 Jon Kolko 所说："飞行这件事情曾经被技术奇迹的光环所环抱。飞机能飞！像施了魔法一样，我们竟然能在天空中翱翔！而在技术光环褪去之后，标准的资本主义作为就占了上风。价格降低了，乘客期望升高了，商品化的步伐绊住了创新的脚步……这个产业牺牲了设计，坐拥着工程技术，依靠单单一次技术创新（飞行技术）一路走过来。"

（2）增加乘客的体验度。在技术安全允许的范围内增加乘客的自由度，使其接触更新颖的接触点，可以提高乘客的体验。维珍的创办人理查德·布兰森早在《商界裸奔》一书中曾揭露了对飞机的不满："乘坐飞机是一种被动的体验。从你进入机场的那一刻起，你就被告知该做什么……乘坐飞机毫无舒适自由可言。"而维珍的团队却创造出了一种开放式的体验，即乘客可以在飞行时间里做真正想做的事情，而且不会觉得乏味无聊。

（3）多维度创新服务接触点。乘务员服饰、客舱颜色与布局、听觉、视觉、味觉、触觉等，让乘客从开始到结束都有不同的享受。

六、服务信息系统与乘客管理

服务的有效性来自于服务信息的支撑，你对乘客理解多少就决定了你是否能为其提供有效的服务，企业的竞争也是服务信息的竞争。因此，建立和利用服务信息是服务设计的重要环节。

服务产品个性化的特点在民航服务中体现得尤为显著，为了能使乘客得到更好的服务体验，需要对乘客进行有效的管理，这在服务设计的时候要给予充分的考虑，需要建立乘客信息收集与评估机制，通过对信息的深入分析，对乘客分类、乘客忠诚度、乘客满意度进行分析，以及乘客消费模式分析，实现客户关系管理，提高企业的竞争力。

七、服务变革与创新管理

服务变革来源于两个层面，一是业务变革的需求，二是技术变革的需求。随着时代的发展，服务变革开展方式已由被动转入主动，这也是企业维持自己竞争优势的必需选择。具体的业务变革主要源于对用户消费内容和方式的观察和前瞻性估计，而技术变革往往是因为服务效率和效益的问题引发的。

创新管理主要包括目标创新和过程创新。目标创新意味着服务组织必须能够识别并引导服务发展的方向，比如绿色环保型的消费方式的倡导，不仅能够节约组织的资源消耗，同时满足了社会环境的可持续发展的要求。过程创新也包括两个层面的内容，一是改善具体服务操作细节的质量，二是采用更为先进的技术和方式提高过程的效率。

【观点分析】

顾客就是上帝？顾客永远是对的？

人们经常议论的话题是"顾客是上帝"，也经常告诉服务人员："顾客永远是对的！"但大量的研究表明，在所有服务方面的问题中，由顾客产生的问题约占1/3，顾客的错误行为影响了服务秩序，干扰着服务流程，甚至导致严重威胁民航安全事故的发生，因此，对"顾客永远是对的"这一观点提出了严峻的挑战，也有必要重新梳理对顾客消费行为的认知，需要有效地对顾客进行管理。

"顾客就是上帝"是永恒的真理，正常顾客的正常需求需要得到满足是企业的正常责任。不良顾客（jaycustomer）鲁莽、恶言相向，会给公司、员工和其他顾客带来麻烦。顾客的不良行为有行为不当、行为不轨、违法乱纪、拒不付费、破坏公物、过分挑剔、拒绝合作、明知故犯等。空中的严重冲突（专家称之为"空中愤怒"）相对罕见，但已经构成威胁民航安全的主要因素。2015年，美国联邦航空管理局（FAA）记录了99起对不守规矩的乘客采取的“执法行动”——低于2014年的145起，以及2004年的310起。国际民航组织（ICAO）对全球航空公司所做的研究发现，2007—2013年，平均每1 708次航班就会出现一次无礼乘客事件，其中1/5的事件严重到在飞机降落后要求警方介入。当此类事件发生时，“空中愤怒”会让乘客和机组成员感到不安。飞机是密闭空间，在飞机飞行中，是无法报警的，行为不当的乘客无法被逐走，而改变飞行航线会造成数十万美元的损失。曾因前排乘客把座椅放低而引发空中愤怒事件；乘客拒绝坐在自己的座位也曾引发此类事件。航空公司称，引发空中愤怒的主要原因是醉酒，也有国外的学者（如多伦多大学（University of Toronto）和哈佛商学院（Harvard Business School）的一项研究发现了一个额外的诱发因素：阶级忌妒，即因不同级别舱位乘客之间的差异而导致的冲突。

我们今天的民航服务者们背负了太多压力，除了服务的压力不可推脱外，民航服务秩序上的压力也得背负，民航公司在向服务要效益的同时，对民航服务中的不良乘客也要坚决地拿起法律的武器，严格进行规制。成熟的民航服务秩序需要严格的法律，这就是人们所期待的民航服务的未来。

资料来源：http://www.ftchinese.com/story/001067618

【信息卡】

未来十大航空领域的进步，飞行体验会更好

1. 空客A350飞机和波音787-9梦想飞机的投入运营

据预测，到2034年，航空旅客数量预计将会翻番（达到70亿人次），对效率更高的飞机有着迫切的需求。新的飞机设计包含了各种创新和改进：全新内饰美轮美奂，还采用了新的机上娱乐技术，它们将会提升旅客的机上体验。同时，需要更好地控制二氧化碳排放量的更加环保、对于乘客更加友好的新型飞机设计问世。

2. 生物识别自助设备以及护照APP在机场的崛起

生物识别自助设备以及护照APP的崛起，使自动化和自助流程成为航空旅行未来的顶级趋势，其可以更好地解决令人厌烦的值机和转机程序。

3. 更好的机上WiFi和流媒体播放娱乐

借助更快的上网速度和连接容量，旅客能够通过在飞机上播放流媒体进行娱乐，包括流行的订阅服务。全球性的机上WiFi覆盖即将来临。

4. 苹果智能手表和APP

苹果智能手表极大地改善了航空旅行的启示，会促使航空公司重新考虑它们的APP和移动技术并对其进行大幅改进，数字和移动旅行是必然的发展趋势，纸质机票必将成为历史。

5. 行李跟踪技术

国际航空运输协会（IATA）做出的第753号决议必定对行李跟踪服务产生重大影响，航空公司和机场都在为实现行李托运流程的自动化而努力，以确保航班落地后，行李随手可得，无须等待。

6. 高端经济舱的崛起

为满足旅客对履行环境和服务的需求，会促使航空公司在经济舱产品的基础上做一些改进，让旅客能够享有多出几英寸的腿部空间以及额外的一些福利。也会促使航空公司去迎合一些企业家、经济型商务旅客以及更多的富裕休闲旅客的需求，推出一种真正差异化的高端经济舱，改进产品设计和新的座椅，使在远程航班服务上的投资最终带来很好的回报。

7. 美国海关与边境保卫局海关预检项目的扩大

旅客会对入境后在入境处柜台前面排长队等候表示出厌烦，为此，美国海关与边境保卫局试图减少海关预检项目，以减少排长队的情况的出现，它也能够确保在旅客们登上飞机、前往他们的美国目的地之前，通过对旅客提前进行安检，从而更好地实现安全。这也将成为世界其他机场有所作为的领域。

8. 信标与物联网

随着信标与物联网技术更大的发展，使建设一个能够意识到乘客的动向、偏好和需求并对此做出回应的数字世界成为可能，以确保今后无论乘客到哪里，旅行环境都能够识别出乘客，从而避免今日的传统类似流程带来的许多麻烦。

9. 移动与个性化

将信标、物联网基础设施与更好的数字、移动平台以及更完善的大数据管理结合起来，航空公司和机场能够按需满足乘客的旅行需求的机会就会呈指数增长。这些变化会让今后的航空旅行体验变得更具个性化。

10. 更好的机上娱乐

无聊是航空旅客体验的一大痛点，特别是在远程航班上。未来机上娱乐方面将取得更大进步。

资料来源：因为这十大航空领域进步 明年飞行体验会更好［EB/OL］.（2015-12-20）. http://news.carnoc.com/list/331/331761.html.

本章思考题

1. 简述民航服务设计的含义与任务。
2. 简述民航服务设计的原则与设计过程。
3. 简述民航服务设计对民航服务的影响。
4. 结合民航服务的实际，分析民航服务设计中存在的问题及建议。

第六章

民航服务系统运行与控制

本章学习目标

- ☑ 了解民用服务系统的基本构成与系统内部要素功能；
- ☑ 理解民航服务系统的运行机理与要求；
- ☑ 理解民航服务系统与民航服务质量的关系；
- ☑ 理解民航服务系统运行机理；
- ☑ 了解民航服务运行系统的控制；
- ☑ 分析民航服务系统运行与控制中存在的问题与对策。

导读

把高质量的民航服务寓于良好的控制中

任何事物都存在着整体性、系统性、联系性的内在规定，也就是一种机制，规定了事物发展变化的内在规律，只有按照事物的发展变化规律，对事物演变过程实施有效的控制，才能达到预定的目标。控制理论的诞生是人类进步的重要标志，也是人类聪明才智的高度体现，小到一项有目的的活动，大到航空航天工程的有序进行，都得益于控制手段与方法在其中发挥的重要作用。控制理论正是在人们的实践中得以成熟完善，并广泛地应用于各个领域，作为一种例常性的思维模式，渗透到社会、经济和人们的日常生活之中。

民航服务是一个开放的可控制系统，在系统的运行中存在着大量的信息交互作用和精神场能的辐射，使得服务最终结果存在着不确定性。因此，如何对各种因素进行有效的控制，及时发现问题，采取有效措施纠正偏差，就成为服务实施不可缺少的环节。同时，民航服务系统的控制关键是服务者与服务活动的匹配，无论是服务系统组织结构还是岗位定位，均是规定了服务者在什么时间节点应该做什么，怎么去做，谁去做，该做到什么程度。信息的交流成为不可或缺的要素，需要通过反映服务状态信息的收集汇总、比较分析，才能掌控服务状态，以便及时发现问题，并采取有效措施加以纠正。

民航服务走向科学，不仅要塑造服务者的职业态度与过硬的服务能力，更需要从系统性出发去思考，比如服务的顶层设计、企业文化、服务的宗旨与诉求等。同时，还需要在方法论上有所突破，把服务系统运行与控制置于整体思维、全面控制的科学的认识上。

与其他服务一样，民航服务不能简单从服务行为本身来解决服务问题，从服务宗旨到一线员工的具体服务，需要根据服务系统的不同部分进行功能划分与功能整合，而服务的失效看似是具体环节的失效，其本质上是服务的系统性失效。也就是说，要提供优秀的服务，必须有良好的服务系统做保证，离开了服务系统的有效运行与控制，服务的品质也就无从保证。人们常抱怨现实的服务不尽如人意，不是服务的个体问题，而是服务系统整体不完善所致。

第一节　民航服务系统构成

民航服务是建立在服务的系统化基础上的，体现在为实现服务目标所建立的保障体系以及对服务要素相互关系的约束的机制。从民航服务系统的功能看，民航服务系统由以下几个部分构成。

一、服务技术系统

民航服务是民航运输的实现过程，它是以民航运输的技术为支撑的，包括飞行器的飞行、空中交通管理、机场安全保障、机务维修、油料供应等。其中，飞行问题不仅涉及飞行器的状态、飞行技术，也包括各种飞行条件对飞行安全的影响，错综复杂的因素影响着航班的飞行状态，势必对民航服务提出了更高的要求与挑战。从接触性来看，技术系统问题与乘客没有直接关系，但其状态必然影响乘客的出行以及出行过程的感受，势必影响航班的运行计划的执行，或者飞行安全；机组成员的身体与精神状态也会通过飞机的驾驶过程影响乘客的安全或飞行感受。所以，民航服务系统的良好运行，需要技术系统提供保障。

二、服务规范系统

规范是民航服务的生命线，这是民航的技术特点所决定的，由于民航设备、设施和运输过程的特殊性，服务的过程必须按规范进行，不允许随意或违规行为发生。从更高层面看，服务规范也是在众多民航服务失误中总结出来的、确保安全的必要措施的总结，是血的教训积累起来的宝贵财富。可以说，服务规范越系统，越具体详细，民航服务就越稳妥，飞行也就越安全，服务规范与否也是民航服务成熟与否的重要标志。我国民航管理部门制定了比较完善的民航服务规范，如《航班正常管理规定》、《民用机场服务质量》（MH/T 5104—2006）、《民用航空货物运输安全保卫规则》[民航局 2012（70 号）]、《中国民用航空旅客、行李国内运输规则》（CCAR—271TR—R 1）、《中国民用航空局公安局关于维护民用航空秩序保障航空运输安全的通告》，各航空公司也针对自身的特点提出了《客舱服务部乘务员、安全员管理手册》《公共航空运输承运人运行合格审定规则》《公共航空运输服务质量标准》等。

三、服务组织管理系统

对服务的统一组织管理是民航服务的特征之一，科学严谨的服务组织是保证客舱服务、机场服务或航空公司地面服务的质量的前提条件。组织管理系统的任务是贯彻公司的服务宗旨，通过有效的组织形式，将以顾客为核心的服务理念与目标落实到乘务队、乘务组以及每个服务个体，使其成为一个整体，为乘客提供完美的服务。一个优秀的组织管理系统，通过计划、组织协调，部门和服务者责权分明，形成有效的服务团队，工作中协调一致，相互信任与配合，指令流程监督到位，惩罚分明，勇于担当与奉献，工作中充满活力与激情。

四、服务执行系统

服务执行系统是任务、指令、信息反馈和具备服务能力的人员所组成的责任、权力（权威）、信息传递与人的结合系统，承担着服务的具体实施任务，也是为乘客提供亲身感受到的服务的系统，对建立乘客的服务体验至关重要。对航班服务来说，要首先了解航班任务的有关信息，通过分工确定每个号位的责任，并通过有效的信息反馈来掌控客舱的服务状态。这个系统的运行是以规范的强制为前提，同时乘务组成员要具有强烈的服务意识与安全意识，服务能力要强，决策要果断，通过团队合作意识把大家紧紧地联系在一起，共同为乘客提供完美的服务。

五、服务监督系统

服务的品质是服务过程的结果，但不是自然过程，由于服务本身的复杂性和服务对象的多样性，使服务本身在服务的周期内处于非稳定状态。另外，服务者的差异以及执行力的差异，不可能完全依靠自觉的行为就能保证服务过程完美无缺，需要服务的监督保证，以解决服务中的系统性问题。同时还要随时发现服务中出现的问题，如乘务员执行规范的情况，各个安全节点的把握，乘客的状态，客舱的秩序等，随时把控，及时加以解决。特别是要通过有效的监控，及时发现可能出现的问题，对其进行纠正或制止其发生，把问题消灭在萌芽状态。同时，监控过程也是对乘务员个体行为的监督与提示，对于航后的总结提供依据。

六、客舱安全保证系统

客舱安全是航空公司为旅客提供的最有价值的服务，客舱服务与安全相冲突的时候，应该无条件地服从于安全，乘客乘坐飞机最大的受益就是快速、安全、舒适的位移，从这个角度理解，满足旅客快速、安全、舒适的位移需要就是民航服务的全部内容。按照这样一个概念，确保旅客飞行安全是民航对旅客最好的服务之一。首先，安全保证系统体现在客舱中每个服务人员既是服务者，承担着服务任务，又是客舱安全责任的承担者，保卫客舱安全是其第一责任；其次，必须在客舱安全机制框架下，认真地履行安全保卫责任，敏锐观察，监督乘客的行为，对存在的任何安全隐患，要及早发现，及时反馈并及时处置，做到第一发现人同时也是处置的第一责任人。

第二节　民航服务系统运行

民航服务从公司目标，到服务设计，最后要促成服务系统的有效运行，使乘客得到服务，使企业有效运转。在服务的实践中，试想一个准备出行的乘客是如何通过航空公司的服务而达到便捷安全的目的？一个乘客到了机场后又是经过什么过程而顺利登机呢？其实，这一切，航空公司、机场部门已经为乘客做了详尽的安排，而因这些详尽的安排使乘客获得便利需要通过服务系统的有效运行。

一、民航服务系统运行机制

服务的实现是通过服务系统的联动，把服务传递给服务对象，这是个系统性活动，从开放的系统角度看，服务系统运行的机制可以描述为如图 6-1 所示。

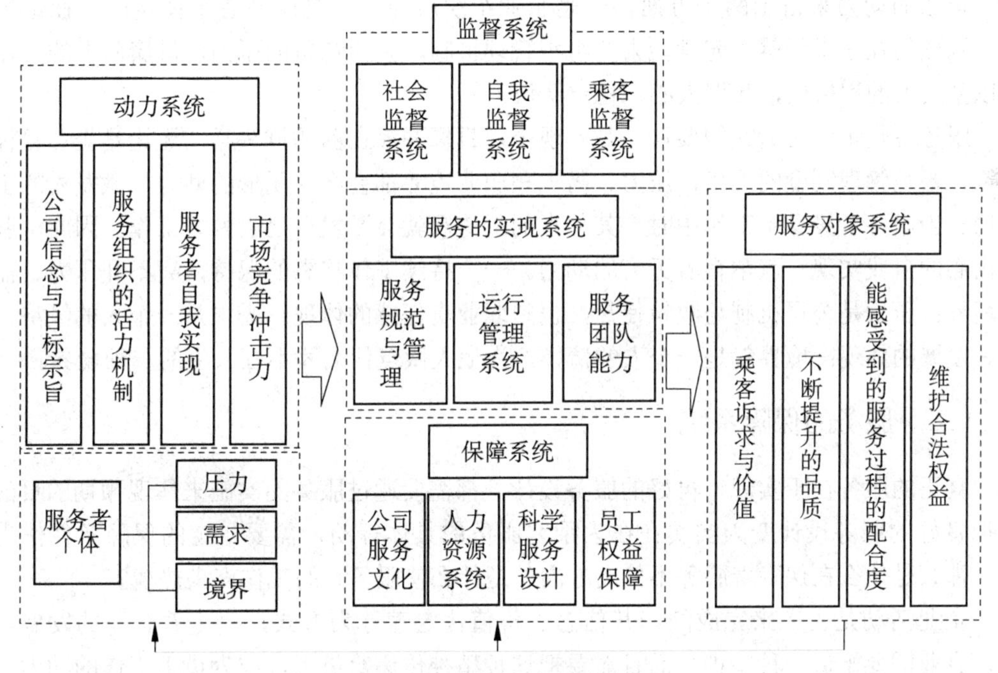

图 6-1　民航服务运行系统示意图

二、民航服务运行系统分析

（一）服务的动力系统

什么是动力系统？服务运行系统中的动力系统指的是什么？我们先引用一个数学的概念来分析动力系统。从数学上的一个概念看，在动力系统中存在一个固定的规则，描述了几何空间中的一个点随时间变化的情况。例如描述钟摆晃动、管道中水的流动，或者湖中每年春季鱼类的数量，凡此等等的数学模型都是动力系统。在动力系统中有所谓状态的概念，状态（即存在的形式）是一组可以被确定下来的实数（亦称为决定系统运行的参数）。状态的微小变动是由对应这组实数的微小变动而引起的。动力系统的演化规则是一组函数（内在的规定性）的固定规则，它描述未来状态如何依赖于当前的状态。这种规则是确定的，即对于给定的时间间隔内状态只能演化出一个未来的状态。

服务的质量状态本质上是个多维（多个影响服务的因素）的函数，尽管无法用确切的变量以及相互关系来确切地描述，但它是客观存在的。一个优质的服务一定对应一个优质的动力系统，它使服务顺畅持续，而且有效。

服务是企业的自主行为，其根本目的由自身发展的需要与社会责任的双重约束所致。企业的存在在于社会需要的客观性，有需求才有企业的存在，而满足需求又是企业存在与发展的必备条件，社会需要造就了企业的存在，但同时也为企业提出了如何满足社会需要来求得生产与发展的永恒的课题，而实现企业的发展的目的本身就需要建立稳定的动力系统，以推动服务行为的持续高效进行。

企业的动力来自于两个方面，一是企业组织层面，二是服务者个体层面。在组织层面，强烈的社会责任感，充满活力的组织管理机制，企业竞争的压力，健康向上的文化，可以激发人的积极性，凝聚人心，稳定队伍。

服务者是企业最活跃的要素，是实现公司目标冲锋在前的排头兵，无论是企业目标的鞭策，还是管理制度的约束，压力、需求和职业境界都会产生无形的动力，激发人的工作热情。当服务者投身于工作中时，其朴素的价值观就会激发自己去做好工作。因此，服务者内心的自我实现，就孕育着无穷的动力。一个持续工作状态的保持，离不开压力、需求与境界：压力是公司机制与政策使然，也是职业责任感的体现；需求是一个人的经济、地位、发展的体现；境界就是一个人的情怀，为他人做点什么才不枉人生的一种境界。

（二）服务的保障系统

真正的服务在于实现，再好的服务设计，都需要通过服务的实施来体现预期的目的，而把良好的服务设计变为实实在在为乘客服务的具体行动，需要一定的保障条件作为支撑。那么是什么在保障着服务不偏离方向？是什么使服务者的工作充满热情？

企业活动是由人来完成的，其信念、价值决定着行为方式，决定着企业的发展。因此，企业需要塑造一种精神，而且需要把这种精神传递给员工，成为员工工作的动力；企业需要培育正确的价值导向，使之成为员工的共同价值；企业更需要社会责任的担当，把员工意志凝聚在一起，这就是企业文化的要素以及基本功能，企业文化蕴藏着推进企业发展的能量，是企业智慧的结晶，是一种无形的资产，其可以启智员工的灵魂，引领企业发展。民航服务承担着企业发展和社会进步的双重责任，服务者的思想意识、价值观念、责任与使命感决定着企业的担当，决定着服务的品质。民航服务企业需要通过文化建设，唤起员工的使命感、归属感、责任感、荣誉感和成就感，使员工勇于承担安全与服务的责任，把为乘客服务变成员工的自觉行动，保持持续的工作热情和良好的精神风貌。如果忽视服务文化建设，企业服务行为就容易偏离企业的宗旨，员工的工作就会懈怠，面对困难就会无所事事，就会迷失。

民航服务所展现的完美服务境界是以服务设计为基础的，其通过服务过程向乘客提供了完美的服务的平台，更是企业的服务宗旨与服务理念的具体体现。通过服务设计给出了服务的内容与规范、服务的内容与服务接触点，以及服务管理体系与监控体系，因此，良好的服务首先必须有良好的服务设计，其使服务内容更加丰富，服务过程更能贴近乘客的需要，能够处处彰显出民航服务高端大气的气质。

人是服务过程的决定性因素，服务团队的精神风貌和敬业精神决定着服务品质。服务者不仅有经济利益的诉求，更有精神层面的诉求，其身心健康需要得到全方位的呵护。随着社会文化的发展与民航竞争的加剧，员工面临着越来越大的压力，企业均希望通过挖掘员工潜力、提高工作效率来提高自身竞争力，但员工利益的保护并没有得到足够的重视，已经成为不可回避的问题。服务队伍的稳定，是企业员工保障体系健全与否的一面镜子，需要从民航发展的大局去思考。实践表明，快乐的服务者才能给乘客带来快乐出行体验，满意的员工才能提供满意的服务，忠诚的员工才是企业的财富。企业需要通过重视员工价值，改善员工的工作和生活条件，关注员工的职业发展，为员工创造良好的工作氛围，保持服务队伍的稳定与服务能力的持续提升。

人力资源系统就是要招聘忠诚于企业的，具有良好服务意识与技能的服务团队，并给予其系统的培训，使其具备承担服务具体工作的能力。涉及服务人员的职业生涯发展、职业疲劳、正确职业心理培养，更离不开晋级、激励制度，涉及人文关怀。

（三）服务的实现系统

服务的本质特征在于行动，再好的为乘客服务的愿望都需要通过服务过程才能转变为乘客的体验。服务的实现就是面向乘客需求的一次次接触，体现对乘客的关怀与呵护，就是通过服务的细节，持续地为旅途提供保障，使旅途无忧。民航服务之所以成为标志性的服务行业，体现在服务实现机制完善，能够实现服务过程的自我管理，使服务处于良好的掌控状态，同时，服务实现体系高效有序，服务状态持续绵长，让乘客能真真切切地感受到服务就在身边。这有益于以下几个方面：第一，服务的规范完善。做到了乘客想要的，预先都有详尽的安排，也就是服务无缝隙、无空白。第二，有良好的服务跟进系统。什么时候提供什么样的服务，以及服务处于什么样的状态，都在掌控之下。第三，服务能力的基础扎实。民航的服务团队均经历了高强度的岗前培训与考核，“带飞”与考核过程也强化了服务能力，而且在职业生涯中均有定期复训与考核，为民航服务能力提供了保障。

服务实现系统不仅在于服务环节的衔接与服务接触的细致入微，更体现在服务过程的自律性与团队精神。服务质量的保证需要每个服务者具有高度的自律性，能在自己的岗位，在每次与乘客的接触中，处处展现以乘客为中心的自律行为，正如一位民航老乘客所言，“微笑的脸庞是常态，而乘务员转去的背影中，可以看出其服务的心态”；民航服务，特别是机上乘务服务，团队合作意识极其重要，在遇到复杂情况时，需要配合默契，相互理解，相互合作，才能化解突发问题，确保飞行安全。

（四）服务监督系统

监督是通过有效的手段保证把事情做得更好的过程，是一个完整系统的有机组成部分，监督是做好服务的前提与基础。民航服务过程具有明显的离散性，即服务的接触发生在服务者与服务对象个体之间，其服务细节具有一定的“私密性”，而非在公众的监督之下。不同服务者所持有的服务意识、服务态度以及服务方式不同，使得服务的状态各异，这个需要进行系统的监督，通过对服务过程进行动态的监督，并根据服务状态不断地修正服务行为，以保证服务质量的稳定性。优质服务不是自然形成的，从服务心理和服务过程看，即使人们怀着满腔热忱去工作，由于服务能力差异以及对服务的理解不同，也不能保证每个服务环节都是妥当的，服务差错也是服务的一部分，在所难免。因此，为了实现乘客满意的目标，必须对各类服务失误、差错或者服务的懈怠，动态地进行监督，及时纠错。

监督也是服务概念的外延，是一种反馈性保证体系。其实，对服务中各种问题视而不见，或纠错不及时，是对消费者信心的极大伤害，特别是在网络时代，即使是小小的服务瑕疵，通过网络的演绎传播，很可能形成对公司形象的巨大伤害，因此，建立完善的服务监督机制是必不可少的环节。

从监督机制来看，有效的监督系统包括社会监督系统、自我监督系统及乘客监督系统。

（1）社会监督主要是通过各种媒介，从社会公共监督的角度，对各类服务中的问题进行分析与评价。其特点是具有权威性与影响力。例如，曾经发生的高危病人无法由客舱转移到停机坪救护车事件，美联航超额售票并暴力拖拽亚裔乘客下机事件等，这些事件在媒体的广泛监督与传播下不断发酵，最后演变成全社会关注的问题，严重地影响到了民航服务。

（2）自我监督系统是航空服务部门建立的自律型服务监控体系，它通过公司内部的检查、考核、评价等有效手段，形成自我内部修正体系，这种体系可以找出影响服务质量的因素并加以改进，是自我形象的保护与提升的必要措施。提升服务品质的有效手段，除了公司的外部监督外，最有效的手段是内部的自我监督，发现问题及时，找出原因直接，而且能在不影响企业形象的前提下把问题解决好。一般而言，服务的自我监控首先要有健全的监督机制和监督组织体系，同时，以服务规范和服务质量标准为依据，实时监测服务过程是否符合服务规范与质量标准，并采取措施加以纠正。民航服务的自我监控包括三个阶段：第一阶段，服务的事前监督，就是在服务之前检查服务者服务的心理与技术准备，沟通服务可能存在的困难与应对措施。如乘务员在登机前，通过网上准备系统与进场后的航前准备会议来完成。通过乘务员网上准备系统，对航班任务进行准备，并进行相关业务考试，以此来评估乘务员状态，并判断乘务员是否适合执行航班任务，消除因乘务员即时状态不佳可能带来的服务隐患；入场之后的航前会议，乘务长除了宣布航班的相关任务外，着重检查乘务员的准备情况以及注意的问题，以保证航班服务任务的顺利完成。第二阶段，服务的事中监督，与服务过程同步进行。如客舱服务中，客舱乘务员按《乘务员直接准备检查单》《客舱故障记录本》进行检查，并报告乘务长，同时要求，客舱各项准备与检查由两个乘务员进行复检；乘务长通过巡舱环节，观察客舱的状态，对乘务员执行岗位职责情况进行监督，关注乘客对服务的反应，及时化解服务冲突；乘务员之间也是相互监督关系，特别是关键设备的检查实行双人互检制等均是自我监督体系的体现，其有助于形成相互支持的合作团队，以减少服务缺陷与遗漏，使服务更加完善。第三阶段，服务的事后监控，就是服务以后进行总结，发现问题，及时纠正，避免其重复发生。例如，客舱服务中飞行后的会议，乘务长要对执行航班的乘务组进行点评，指出航班服务中存在的问题，提出改进意见；另外，非飞行时间的培训与学习也是事后监督的一种有效手段，不断地强化服务意识，提高服务能力。

（3）乘客监督系统。乘客是服务体系运行的中枢，让乘客满意是服务系统运行的根本目的，乘客满意与否是对民航服务最真实的评价，而主动接受乘客的监督，鼓励空乘参与监督，听取乘客的批评与建议，是衡量民航服务体系健全与否的重要标志。通常采取投诉、问卷调查、电话访问等手段，收集乘客对民航服务的反馈意见。优质的服务离不开乘客的监督，离不开乘客的参与，批评或鼓励都是乘客监督体系中最有价值的信息。

（五）服务对象系统

服务对象是一切服务工作的核心，围绕着乘客的利益开展服务工作是现代民航服务的基本理念。从服务系统角度看，服务对象属性、特点、需求以及权益的保护构成了服务对象系统的基本要素，同时，服务对象与服务者、服务过程的互动性，决定了服务过程的生命力所在。

1. 服务的诉求与自身价值支撑着消费行为

服务与被服务既是一对矛盾，又是双赢的博弈，而乘客实实在在的诉求就是在充分理解的基础上满足其需求。对企业而言，乘客的价值是不言而喻的，认知乘客的价值是对乘客最好的尊敬，对乘客价值的认知既是民航服务的基本问题，也是民航服务的根本问题，具有决定性。说其是基本问题，在于离开了乘客，民航就失去了发展的基础，没有乘客，再好的机场、再舒适的飞行也只能是欣赏品；说其是根本问题，在于乘客的利益的满足决定着民航企业的发展。而民航服务系统的建设与运行，必须在服务中处处要保证乘客价值的实现。

2. 对服务品质的期待是消费的动力

乘客对服务品质的期待是每个人共同的心理，无论是机场地勤，还是飞行安全，乃至于客舱服务，都有自己的心理定位。在接受民航服务的过程中，不同乘客对服务品质都有各自的感受，但表达方式各不相同，有人喜欢表达出对服务的满意程度，而有人不喜欢表达，但有很强的体验性，把感受记在心里，或者爆发，或是影响未来消费的选择。因此，有效的服务系统必须能够全面及时地了解乘客的需求与感受，建立有效的沟通渠道，具有为乘客提供优质服务的强烈愿望，以良好的心态投入服务中，使服务水平得到保证。

3. 真心相待，感受真切的服务

乘客究竟需要的是什么？有人说是热情，有人说是真情，但归根结底还是结果——一种能够真真切切享受和感受到的服务。消费者不可欺，消费者不能欺，因为欺骗消费者最终受害的是自己。所以，对待乘客群体的核心是以真心还真心的理解，以真情服务去感动乘客。

4. 正常权益得到维护

乘客既是消费者，具有独立的消费权利，但同时，在具体的民航服务的消费过程中，又是弱者，是需要帮助的群体。民航服务的消费普遍存在着忍让心理，对民航服务的需求缺乏反应，也缺乏有效的反馈渠道，这就需要民航服务部门或服务者能主动体察乘客的需求，建立有效的渠道倾听乘客的真实呼声，对乘客的权利给予全方位的保护，而不是敷衍了事，不敢面对问题。其实，对乘客的坦诚相见是化解服务问题的最直接、最有效的方式。

第三节　民航服务系统的控制

一、民航服务系统运行的关键点

服务的实施过程是伴随着对操作偏差的不断纠正而完成的，也就是当服务出现偏差时，就不能任其发展下去了，必须通过有效的控制对其进行修正，使其不断地接近服务目标。民航服务的过程要受制于技术性与安全性的要求，从客舱安全到乘客享受舒适的服务，涉及众多的服务环节，且每个环节的状态的集合决定了服务质量，也说明服务的核心问题离不开消费者与服务企业的员工或有形实体要素发生直接接触和交互作用的过程。因此，控制好服务环节的状态，才能赢得满意的服务，而决定服务环节的状态是由服务接触过程的状态决定的，因此，服务控制的关键在于服务的接触点质量控制。

从服务过程与内容看，民航服务属于多次重复性的接触类型，其接触的高频率与接触的深入，恰恰突显出民航服务的品质特征。服务接触良好会产生良好的感受，而良好的感受是最生动的服务体验基础，直接影响乘客对服务的满意度，影响其对服务质量的评价，进而影响空乘忠诚度的形成。因此，从民航服务控制的角度看，对服务接触的关键点实施控制，是提升民航服务品质的关键。

根据民航服务的接触方式，民航服务的服务接触可以分为三大类：面对面的接触、电话接触和远程接触。民航乘客是通过其中的任何一类或综合的接触方式接受服务而获得服务的体验的，图 6-2 是以航空公司为例的服务系统的控制框架来描述服务系统的控制过程。

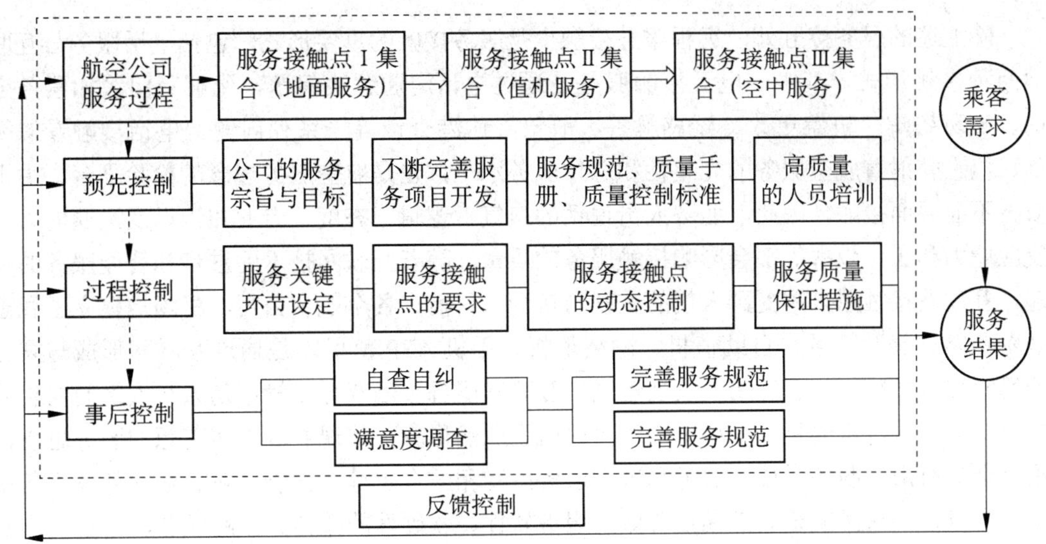

图 6-2　以航空公司为例的服务系统的控制框架

在服务系统的控制体系中，面对面的服务接触是民航服务的主要接触方式，如机场地勤服务中的引导、咨询、值机、安检，客舱服务中的迎宾、引导、餐饮、安全检查以及个性化服务等均属于面对面的接触，其服务状态取决于接触中服务组织和服务者与接触对象的对接方式。

从组织层面看，民航服务品质的总体走向取决于服务组织的定位，也就是说，服务组织在顶层设计上决定着服务接触的效率与质量。一个以乘客满意为准则的服务组织，会强调乘客的满意度，而不会过分强调企业自身原因的约束；会鼓励一线员工千方百计地满足乘客的要求，而不刻意去追求效率或成本。组织层面的服务控制在确定鲜明的服务目标的基础上，保证一线员工的服务基础必须体现企业的服务宗旨和服务规则，避免随意性和对服务内容的“截留”。从与乘客接触的员工支配程度来看，民航服务接触中，其技术性较强的部分接触属于一线服务者支配型，在服务的接触中，不仅具备专业知识与技能，并能够设身处地为乘客着想，以高超的技能、持续的服务热情和高素质行为举止赢得空乘的信赖。如飞行安全、应急设备的使用、安检服务流程序、值机过程、行李运输等，这类服务接触首先保证技术规范在服务过程贯穿始终，并为乘客所接受。从服务过程看，民航的服务接触绝大部分是相互配合型接触，需求的满足过程亦即服务的接触点。这些服务接触点，绝大部分是服务设计中预先设定的服务接触点，但存在着大量的乘客随机产生的需求形成的接触点，这取决于服务的情景，如值机中乘客行李超重，那么服务的过程就显得复杂，服务接触频度就增加，反之亦然。由于民航服务是在服务安全规范允许条件下，以乘客需求的满足为主导而形成的服务者与乘客之间形成相互配合的关系，正是乘客的需求或面临问题才产生了服务接触，这些服务接触过程具有敏感性、不可掩饰性和影响的直接性，也意味着直接的服务接触最容易产生服务的偏差，需要施加有效的控制。因此，这类服务接触中的服务控制点在于服务语言、行为方式，以及服务者所展现的精神状态、仪表风貌、服务态度。

除上述的服务接触外，远程服务接触也是服务接触的重要形式，包括电话服务与互联网两种接触形式。其中，电话接触服务是通过电话沟通解决问题，化解疑问，如票务咨询、航班咨询、机票更改、疑惑解答、航班离达港查询等一系列问题。电话接触看似简单，但它映射着航空服务的完整性和总体服务水平，也是航空服务理念的检验平台。由于双方不面对面接触，因此，服务人员说话的口气、逻辑、态度、专业知识以及沟通能力、反应能力和工作效率等都会影响接触服务的质量。随着互联网技术的进步和智能服务的兴起，互联网接触越来越受到人们的重视与接受，目前，各个航空公司、机场均建立了智慧地勤保障、智慧机场，自助值机、网络值机、手机 APP 值机均是通过互联网形成与乘客的远程服务接触，具有广阔的发展远景。互联网服务接触双方尽管不是人与人之间的直接接触，但接触过程的每一个环节代表着民航企业的形象，体现着为乘客着想的服务思想，乘客会把有形的服务、技术服务和远程服务感受相结合，综合评价民航企业的整体服务质量，所以，要求民航企业必须把有效的服务软件、软硬件的兼容、跟踪服务、自动查询及信息交换的安全保密性完美地结合起来。

二、民航服务系统运行控制过程

服务实现的过程离不开控制，服务的实施是人的行为，而人的行为避免不了出现差错，只有及时地进行有效的控制，才能使服务尽可能及时纠正偏差。为了使服务的过程得到更有效的控制，应该在以下三个环节实施对服务的控制。

（一）服务的预先控制

预先控制实施在服务前，其关键在于预防不良服务的发生，使服务者处于良好的“预服务”状态。在预先控制中，要针对服务实施过程各个环节可能出现的问题，做出预先预案，把可能出现问题的应对方案纳入预案中，以保证服务无死角、无缝隙，减少瑕疵与漏洞，避免因准备不足而造成慌乱或服务失误。做好服务的预先控制，需要从以下几个方面入手。

1. 服务宗旨先导，服务目标明确

提供什么样的服务是满足乘客需要、获得乘客赞誉的前提，需要不断地根据社会进步和乘客需求的变化调整企业的服务思想，修正服务目标，使其更能代表当代服务的最高境界，并据此丰富服务内容，完善服务过程。特别是面对时代的发展和民航企业的竞争，民航服务思想的禁锢对企业的发展将是致命的硬伤，即使有了明确的服务思想，如果出现实践中的偏差也会给企业的发展带来不可挽回的损失。我国民航服务业正处于高速发展阶段，民航需求总量迅猛增加，尽管企业发展中的服务思想的瓶颈尚未突显出来，但服务思想的竞争已经来临，并已成为未来企业发展的导向。谁树立了科学的服务思想，谁就站在了民航服务的制高点，谁能多为乘客考虑，谁就能赢得乘客的爱戴与信赖。企业需要在企业利益获得与乘客利益满足之间做出选择，不可否认的是民航企业提供服务首先基于自身

的发展，而实现自身发展取决于市场占有率和乘客的满意与忠诚。被世人称为“经营之神”的松下幸之助早年的观点也许会给我们启发，他认为，利润是企业为消费者提供服务后的回馈，如果企业得不到利润，说明没有给消费者提供满意的服务。可见，企业发展所考虑的问题首先是市场，是乘客的利益诉求。

2. 服务设计创新，服务系统完善

从明确想给乘客提供什么样的服务，到乘客获得满意的服务，需要对服务进行科学的设计，使服务活动能承载民航服务的目标。好的服务是以服务设计为基础的，随意的、缺乏系统考虑的服务不可能完美，不良的服务设计会造成服务的先天不足，增加企业的服务成本。据统计，服务设计不良造成服务成本增加的比例在25%～35%，另外，从服务的体验来看，乘客抱怨后的弥补是最挫伤工作热情的，把事情做在前面是体现服务系统品质的重要标志。因此，服务设计即服务的开始，决定了民航服务的档次，事先把事情做好比事后补救要好得多，需要在管理层面高度重视，以精细化为原则，强化服务活动的再造，在服务细节上完美体现保证服务的精致。

3. 强化服务标准，细化服务规范

服务标准是衡量实现服务目标过程或环节质量的尺度，是对民航服务进行监督的重要组成部分，而服务规范服务人员的行为，是服务标准的具体化，包括内部各个工作岗位、各个工作流程明文规定的标准，是工作中的行为准则。没有标准就没有衡量服务状态的尺度，而没有规范就无法统一各部门或个人的行为，就无法控制服务过程的状态。因此，服务的标准化与规范化是做好民航服务的基础，高标准、严规范是民航服务质量提升的保证措施。

4. 服务培训到位，服务保障扎实

民航服务的接触性决定了对服务者有更高的要求，综合素质、服务意识和服务能力必须不断提升，好的服务者才能创造优质的服务，因此，必须抓好服务教育与岗前培训环节，建设科学的教育与培训体系，保证员工服务能力提升，培养职业员工的忠诚。同时，做好企业对员工的内部服务，减少各种因素的干扰，让员工安心踏实地投身于服务工作。

（二）服务过程控制

服务结果是经由过程积累来实现的，服务接触过程既是服务魅力的展现过程，也是服务瑕疵出现的地方。实践表明，民航服务过程控制得越精细，越严格，越及时，服务的品质就越高，这也是民航服务品质的保证条件。

1. 严格执行标准与规范

标准的实践价值在于执行，规范的作用在于落实。严格执行标准需要严谨的工作作风与监督体系，而服务规范要成为员工的行为指南，更需要不断地强化规范意识，一丝不苟才能天衣无缝。要培养员工良好的工作品质与职业态度，使执行标准与规范成为员工的自觉行动。

2. 动态掌握服务状态

服务是动态的，服务偏差的发生也是随机的，存在差错是正常的，而忽视问题是致命的，乘客在任何一个服务环节的不满，看似简单，但积累起来都将是企业发展的潜在危险。因此，必须动态及时地掌握服务状态的第一手信息，为调整服务方式、改进服务提供依据。

3. 找出原因，并有效纠正

掌握造成服务瑕疵的原因并加以纠正是针对性地解决服务问题的关键，而且分析原因不能就事论事，必须找出更深层次的症结，通过表象看本质，才能做到对症。纠正服务瑕疵有时效性的要求，一方面，乘客的不满情绪会积累与传播，容易形成对企业形象与信誉的伤害；另一方面，服务者的不良行为如果不能及时得以纠正，也会形成不良的行为习惯，对个人长期职业生涯发展和企业发展都会产生潜在的影响。

（三）事后控制

服务是一个螺旋式不断提升的过程，服务也在不断完善中体现服务的魅力，服务是无止境的，不断提升服务质量就是服务的进步，完美的服务总是下一次服务的追求。事后控制体现在两个方面：第一，总结服务做得好的经验，使其成为未来服务的榜样或规范模式；第二，吸取服务失误的教训，从中分析原因所在，从规范、服务过程、服务技术、服务标准，以及服务者的能力欠缺等方面，提出改进意见，提高服务水平。

三、服务过程控制的常用方法

实现服务过程的有效控制，是一种思想，更需要一定的有效手段与方法。在良好的服务愿望的基础上，控制方法往往具有决定性作用。

（一）目标控制法

目标既是对人的激励，也是一种有效的约束。目标控制法即通过制定最终目标而进行控制的一种方法。目标控制法是指在服务控制中，遵循其设置的目标，分阶段对服务过程制订切实可行的计划，并对其执行情况进行控制的方法。

目标控制法的理论基础是目标管理（Management by Objectives，MBO）理论，源于美国管理学家彼得·德鲁克，他在1954年出版的《管理的实践》一书中，首先提出了“目标管理和自我控制”的主张，认为“企业的目的和任务必须转化为目标。企业如果无总目标及与总目标相一致的分目标，来指导职工的生产和管理活动，则企业规模越大，人员越多，发生内耗和浪费的可能性越大”。概括来说，目标管理就是让企业的管理人员和员工亲自参加工作目标的制定，在工作中实行“自我控制”，并努力完成工作目标的一种管理制度。

由于目标具有显著的激励性，而且服务的目标与乘客满意度所决定的市场占有率密切相关，所以，目标控制法是民航服务企业普遍采用的服务控制的有效方法。民航服务的总目标是一个体系，与部门和个人的目标之间同样存在着相互保证关系，运用目标管理控制就是对反映民航服务质量主要指标进行的有效控制，如差错率、乘客投诉率、乘客满意度、乘客忠诚度。具体的措施就是对服务质量目标的指标体系进行分解，使各部门有明确的子目标，并通过目标责任书的形式确定下来，形成自上而下的指标“承包”和自下而上的指标“互保”的控制体系。同时提出完成各自目标的具体措施，不断地对所取得的成果进行检查，将成果与计划目标进行比较，及时揭示成果与目标之间的差异及其原因，进行定性分析、定量分析和做出客观的评估，并把结论反馈到有关管理者或服务人员，以便修改原定的计划及采取有效的补救措施，保证服务目标的实现。

（二）服务质量环控制法

民航服务质量的形成是一个过程，表现为过程质量决定服务质量，在服务的产生及其质量形成过程，乘客要参与其中，并亲身感知服务过程，因而服务运行控制可以依据服务过程的质量来进行控制，也就是说，控制好服务的每一个环节的状态，使其符合服务标准与规范的要求，服务运行就会得到有效的控制。根据民航服务质量的产生、形成和实现过程，可以把服务质量环控制通过图 6-3 来表述。

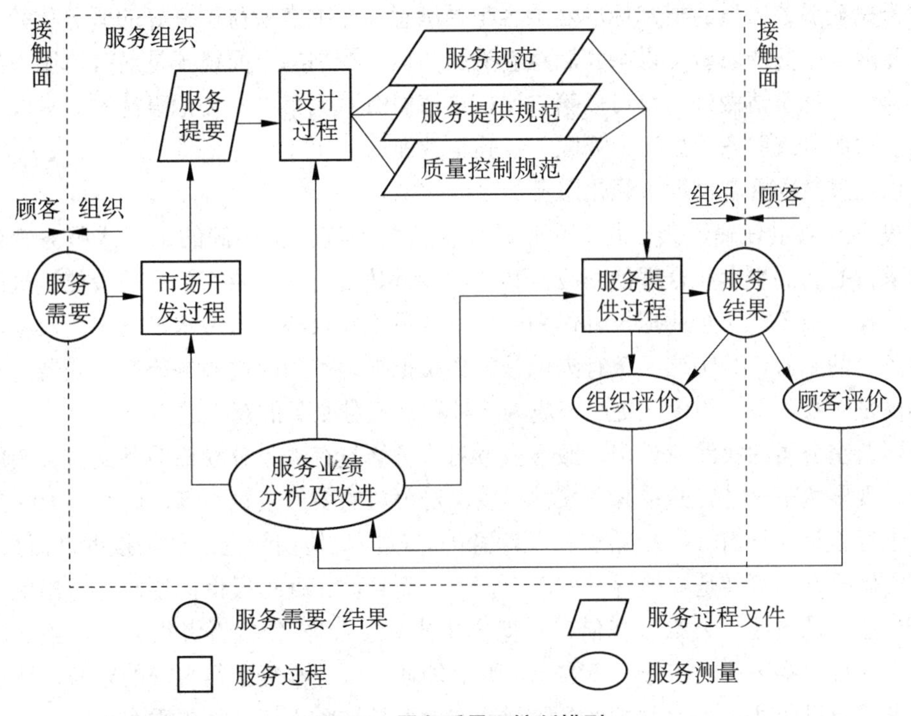

图 6-3 服务质量环控制模型

在服务运行控制环中有四类服务过程文件，其中，“服务提要”包括乘客的服务需要、服务目标及服务的档次、质量、承诺、实现方式等；“服务规范”规定了服务应该达到的水准和要求，即服务的质量标准；“服务提供规范”是服务提供过程中应该达到的水准和要求，它明确了每一项服务应该怎样去做，是服务过程的程序化和服务方法的规范化；“服务质量控制规范”规定了怎样去实现对服务全过程的控制，即怎样去控制服务各阶段的质量。

（三）能力循环控制法

从服务管理角度看，民航服务的实施过程自主性很强，与每个服务者的服务模式、服务能力与行为习惯相关，服务者的主观能动性起着重要作用。因此，着力于服务者的服务能力的提升是最基本的服务控制，无论服务面临什么情况，需要解决什么问题，起决定性作用的是服务能力，服务能力强，服务的失误就少，服务的可控性就强。服务能力与对乘客的满意形成正比例关系，有研究表明，服务能力提高两个百分点，对工作满意的员工约增加百分之一。也就是说，当服务者的能力提高后，服务就更加有效，乘客满意，员工获得了满意的感受，就会增加员工的自信，也就形成了能力循环圈。能力循环控制法就是依据服务者的追求自我满意的心理特点，在对服务人员选聘、考核和培训的基础上，鼓励自我学习，不断提高服务能力，以服务能力的提升来保证服务质量的提高。

（四）乘客满意度控制法

检验民航服务质量的根本标准是乘客是否满意，即乘客获得了良好的服务体验，进而产生重复购买服务的愿望。以乘客满意度为服务运行控制的一面镜子是最有说服力的。我们可以第一次把事情做好，也可以第二次把事情做对，而第二次要把事情做对，取决于是否从第一次服务或服务的循环中吸取了经验与教训。

可以通过鼓励乘客投诉来强化服务的事后控制。

对投诉有双重理解，其一是其可以反映乘客的不满，把不满的事情或服务者告知公司，以求得心态的平衡和合理的回应；其二，投诉是公司征求乘客意见的最佳、最简洁的手段。现在，很多航空企业把投诉作为衡量乘务员工作状态和服务水平的唯一尺度，成为威慑乘务员的武器，其实这不免有失偏颇。如果把投诉作为改进服务的有力武器，乘客投诉就不仅是对乘务员的约束，更应该成为一种积极改进服务的有效途径。

英国航空公司的实践就说明，服务投诉对服务修复有着十分积极的意义。英国航空公司调查发现多达三分之一的乘客在某种程度上对公司的服务接触不满，但其中69%的乘客从来不进行投诉，还有23%的乘客在不满意的时候向离他们最近的员工投诉，而只有8%的乘客实施投诉，可谓是“投诉者冰山”一角。而且，在处理投诉问题时经常出现“要么矢口否认自己的过错，要么寻找借口，把事情搪塞过去”，使投诉者很无奈。当然，也有直接把责任推给乘务员的情形。事实上，要是能通过服务修复获得乘客的忠诚，那么暴露出问题就需要以留住乘客的方式来采取行动，而不是推脱责任。如果乘客不投诉，往往认为乘客对服务是满意的，其实，这只是理想的假设，研究表明，乘客不表达他们对服务的不满是因为投诉太麻烦，而且潜在的回报太少，对于面对面的服务接触而言，大多数人更愿意避开可能的不愉快。而投诉的多了，也不意味着服务就一定不好，乘客说了心里话，表明畅所欲言，不愉快也可能变为愉快，需要辩证地去对待。

从投诉的服务修补功能角度来看，航空企业需要建立顺畅的投诉渠道，积极鼓励乘客投诉，以融化“投诉者冰山”。英国航空公司通过统计分析，发现了一个令人惊讶的现象：如果公司能够使向服务部门投诉不满意的乘客人数增加 1%，那么，公司就能够从潜在的流失的乘客身上赚回 20 万～40 万英镑的收入。

（五）员工满意度控制法

员工的情绪是企业服务状态的一面镜子，乘客与员工之间存在着“满意映像”，即乘客与员工满意度之间存在着密切的关系。在服务中，映像体现在：充满工作热情的空勤人员不仅对乘客传递他们的热情，而且尽力使乘客拥有愉快的旅途经历，乘客的满意度通过乘客的评价和对热情服务的回应来体现出来（如乘客回应的微笑，说声谢谢等），这一切会巩固乘客与服务者的关系，进而将提高服务者对下一次乘客接触的热情。既然积极稳定的服务接触体验会产生使员工满意的心理体验，使员工的忠诚度提高，那么平衡员工的工作效率与乘客满意度就变得很重要。员工的工作不仅是为了逐渐了解工作的要求以及如何把它做好，而且是为了逐渐了解乘客以及他们的特殊兴趣和需要。这种情况下，原本仅仅是一系列的服务接触，转而成为一种乘客—员工之间的关系，即便出现了差错或者误会，乘客与员工之间更容易相互原谅对方。

服务的满意映像的形成过程往往包括多种错综复杂的关系，其主要关系可以用图 6-4 表示出来。

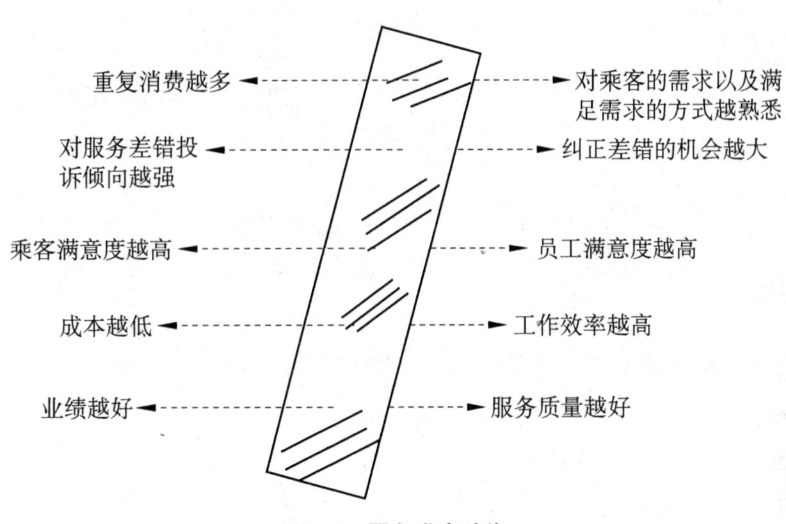

图 6-4　服务满意映像

可见，员工在服务过程中自身所获得的满意程度，以及对乘客满意程度的体验，是激发服务者工作热情的动力源泉。在服务的管理与控制中，需要不断使服务者能够满意感受，或者去帮助他们获得满意的感受，而不能使他们在受挫败的情绪下工作。这也从另一个层面说明严宽并进的人性化管理的重要性。

本章思考题

1. 从民航服务系统的构成分析民航服务的运行特点。

2. 从民航服务系统的运行特点分析如何提高服务的品质。

3. 剖析服务接触的关键点与服务实现过程的关系。

4. 简述服务系统的控制目标与基本方法。你觉得哪些方法更有实践价值？

5. 员工满意度控制法的实践意义在哪里？对目前我国民航服务队伍建设有什么启示？

第七章

民航服务补救

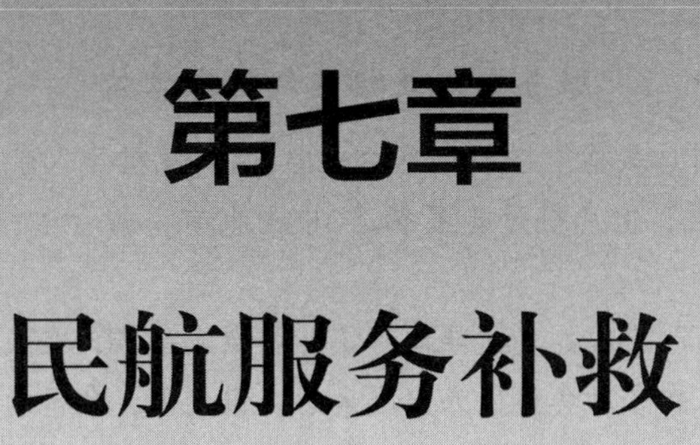

本章学习目标

☑ 了解民航服务失误的概念与危害；

☑ 理解服务补救的含义与作用；

☑ 掌握民航服务的原则；

☑ 掌握民航服务补救的策略；

☑ 能够对目前民航服务补救面临的问题进行全面分析，并给出改进服务补救的措施。

导读

服务失败是福是祸可以掌控

美国大陆航空公司总裁格雷格·布伦尼曼曾说，“危机不仅带来麻烦，也蕴藏着无限商机。有人不喜欢危机，但危机无处不在。”中国也有一句古语：“祸兮福所倚，福兮祸所伏”。

企业是由“企业人”组成的人文导向系统，就像人一样，在成长过程中难免会遇到各种问题、起伏与挫折，在各种各样内外部因素的交错之下，危机的种子就此萌芽生长。在同样的危机袭击面前，有的企业可以镇定自若，在最短时间内平复危机，而有的企业却应对无措，损失惨重。毫无疑问，对待危机事件的心态、应对的策略、处理危机事件的能力，决定了企业遭遇危机事件之后的结果。

民航服务中，并不是所有的服务失败都会导致企业服务危机，但既然是服务失败，其给乘客和公司造成的不良影响就会是无法预知的，如果任其发展而不加以控制和引导，乘客的不满情绪会进一步升级，或引发服务冲突或导致群体事件，进而对企业声誉、经营活动和内部管理造成强大压力和负面影响，严重时也可能演变成企业服务危机。但如果企业能够因势利导，及时化解矛盾冲突，在服务失败中重塑企业形象，“危机”也许会成为一种自赎的“机会”，成为对企业服务管理的经验，也是服务本身赋予企业的责任。

服务失败的危害不言而喻，但其蕴藏的机遇更值得重视。首先，服务失败可以暴露企业服务的不足，使企业清醒地看到问题，对症下药，为改进和提高服务质量提供一手资料；其次，服务失败后在补偿环节可以近距离接触乘客，倾听乘客的意见，在相互理解的前提下建立良好的关系，以此重塑企业的形象。由于服务补偿是个讨价还价的过程，是矛盾双方的“较量”，由此建立的关系会更加牢固，可以培养起乘客的忠诚度。

当然，服务失败与服务补偿也是双刃剑，如果服务失败来临之时，企业处理不当，或视而不见，或怠慢乘客，就会发展成为冲突，甚至危害到民航运输的安全。服务失败是危害还是机遇，关键在于对乘客价值的认识，在于对服务失败的妥善处理。只有充分重视服务补救，做好服务补救的机制建设，提高服务补救的处理能力，民航企业才能处于不败之地。

引例

服务补救塑造乘客的忠诚

20 世纪 80 年代，英国航空公司进行私有化改革时，就对公司内部管理结构进行了大刀阔斧的改革，确立了乘客导向的服务理念。公司调查发现，有 1/3 的乘客对公司的服务不太满意，其中，69%的乘客从未提出过批评；23%的乘客在不满时，只向身边的服务人员口头提出抱怨；只有 8%的乘客与公司乘客关系部联系过，希望公司系统地解决自己的抱怨，这时候，公司才会将乘客的批评纳入信息系统。然而，乘客关系部在处理乘客的批评时，经常否认自己的错误，或者是找出一个借口搪塞过去。

公司发现要想通过服务弥补过程来赢得乘客的忠诚，必须在问题出现时就努力维系自己与乘客的关系。为此，公司对前台员工进行了培训，让他们学会在现场解决问题。并开设了热线电话，由乘客关系部负责接听并解决乘客提出的问题，还开发了乘客分析与维持系统，收集整理有关乘客的数据资料，为乘客服务部门提供决策依据。另外，还扩大了员工处理乘客问题的权力。此外，英航还注意到，在没有投诉的不满意乘客中有一半的乘客是不诚恳的，还有 13%的乘客彻底放弃了选择本公司。英航采取的措施是：对于那 8%的提出正式投诉的乘客，以公司的回复速度由 12 个星期缩短到 5 天；对于 23%的向英航服务人员口头投诉的乘客，公司通过赋予员工可做出回复的附加权力以提供更加及时的反馈。英航建立了情报通信部，整个系统不到一年就得到了可观的经济回报。投诉的乘客数量增加了 150%（90%的乘客也不再沉默）。

在采取了上述步骤后，英航仍然面临着当今服务业的一个基本话题，就是如何激励乘客提出批评，如何“溶解掉抱怨的冰山”。其实，面对复杂的服务对象，出现问题是正常现象，旅客提出问题或者提出抱怨，其实是对航空公司服务的期待，是否采取积极措施应对，体现了公司对旅客的态度。而从旅客那里得到更多“抱怨”信息，无疑是对公司服务质量最好的鞭策，忽视了旅客的意见，就意味着疏远了旅客，也丢掉了市场。

第一节　民航服务失误原因

一、服务失败

安全学中有个典型的墨菲定律，是说“事情如果有变坏的可能，不管这种可能性有多小，它总会发生”。这忠告人们：面对人类的自身缺陷，我们最好还是想得更周到、全面一些，采取多种保险措施，防止偶然发生的人为失误导致的灾难和损失。“错误”与人类一样，都是这个世界的一部分，狂妄自大只会使我们自讨苦吃，我们必须学会如何接受错误，驾驭错误，并不断从中学习成功的经验。

尽管民航服务本身的复杂性远不及大型工程项目那么复杂，但可以肯定地说，服务者

无论多么用心，面对多变的服务问题，总会存在纰漏或失误，也就会造成非预期的结果，假如没有服务的失败，企业就没有必要花费那么多的人力和物力去对服务进行监督了，所以，服务中出现问题是客观的，而如何应对服务失败则属主观范畴。

服务失败是服务产品特定的一部分，什么是服务失败？一般而言，服务失败是指服务的目标未能达到预期或服务对象不满意的现象，就是服务中的服务不当而引发服务对象的不满、抱怨，甚至造成服务冲突。衡量是否存在服务失败，可以从两个角度看。第一，服务主体的初衷，即民航服务企业的出发点，无论是航空公司的乘客服务，还是机场的保障服务，在服务设计中，一定是以最大限度地满足乘客的需求为目标，但在服务的实施过程中，各种服务因素交叉作用，使原本的服务的预期不能实现，这属于系统性服务失败，具有先天性。第二，在服务接触中，服务人员与乘客之间配合错位而导致的服务的个体性服务失败，使乘客对服务产生抱怨、不满或对抗。无论出现哪种形式的服务失败，其带来的后果都是对服务主体的不良的影响，都需要从系统性的角度和服务的操作中尽量去避免。更重要的是，在服务失败以后，需要及时采取措施进行补救，既然服务失败客观上很难避免，那么处理好服务失败的不良影响往往比单纯地改进服务更有价值。

研究服务失败问题，对民航服务而言更有其特殊性。民航服务是以无形产品的属性展现出来的，而这种无形性与有形产品之间的最大差别在于，有形产品可以有质量检验标准，而且可以直接展现出其实体与功能特性，处理产品质量问题也有章可依，可操作性强。而服务作为无形产品，其质感——满意程度发生在服务过程与乘客接触的真实瞬间，具有很强的体验性，而且同样的服务现象，不同乘客的个体差异会使体验各不相同，例如，环境、态度、服务技能以及服务过程中所展现的精神面貌，都会具有强烈的感知差异。同时，服务的消费质量也与乘客的参与程度密切相关，参与度越高，配合越默契，服务的感受越深刻，但同时也容易出现问题。由于服务失败的原因有的是显性的，有的是隐性的，在理解服务失败的原委中，也无法避免扭曲、放大或扩散，也许会因微小事情引发团体性冲突，不仅可能危及民航服务企业的声誉与形象，更可能触及民航安全的红线。

二、航空服务失败的原因

造成民航服务失败的原因是错综复杂的，可以根据问题的性质分为两大类，一是系统性的，即是因服务系统设计存在的缺陷所造成的；二是服务过程中，服务接触的失误所造成的服务失败。

（一）服务系统性原因

民航服务是满足乘客需要的过程，而良好服务的前提是以乘客需要和民航服务客观规律为基础的服务设计，好的服务设计是好的服务的起点，第一次就把事情做好比任何服务补救都重要。但既然是服务设计，必然离不开设计者的主观意识，存在着客观上的局限性。由于顶层的系统设计而引发的服务失败，属于服务系统性原因。其主要原因通常表现在以下几个方面。

（1）对乘客需求的研究不够，缺乏第一手资料，致使服务与需求脱节。

（2）服务设计过程缺乏实现的具体手段与措施，亦即服务细节不够具体化。

（3）服务设计缺乏系统性整合，服务的品质很大程度是多个服务环节交替作用的结果，而缺乏整体考虑的服务设计，往往存在缺陷和漏洞。

（二）服务接触过程因素

民航服务的实现过程在微观上即服务的接触过程，这个过程服务者与被服务者之间的直接接触和交互作用，其间存在多种因素微妙的作用，甚至个别因素具有化学作用，如服务态度就是最敏感的化学元素，容易引发各种问题。现代服务理论强调，服务接触是服务过程中最敏感的环节，既可以让乘客感受满意的服务，也容易引发服务失败。

（三）服务过程失误造成的服务失败

民航服务环境特殊，干扰因素随机，很容易出现服务过程的失误。例如饮料配送时，飞机突然颠簸而造成的饮料溅出；对求助请求回应较慢；特殊旅客需求的处理不当。再如，对乘客所系安全带检查督促监督不够，遇到飞机颠簸而造成伤害，等等。这些都是在特殊服务环境下，由于对具体的技术性服务细节掌握不到位或技术不够精湛、经验不足造成的。对乘客来说，这些技术性较强的服务，属于空中乘务人员必须具备的技能，是乘客基本权益得到保障的基础，这样的服务失误往往不会轻易为乘客所谅解。

（四）空勤服务人员个人因素造成的服务失误

在民航运输大众化的今天，从事民航服务的从业人员的服务意识、职业修养、服务作风、服务能力各异，在服务中集中反映在服务态度、服务的主动性等服务心态方面，有时情急之下，空勤人员表现出不够职业的行为容易导致服务失败，引发服务冲突。如 2008 年 6 月，某航空公司内蒙古海拉尔飞往广州的航班，延误了 8 个小时，航班终于在广州落地，随后 19 名旅客因延误及不满航空公司的解释而拒下飞机。原因是在 8 个小时的等待过程中，不仅没有得到应有的照顾，让乘客气愤的是，言语不睦间竟有工作人员态度非常恶劣地说："你们爱上不上，不上拉倒！行李随机带走，带到哪里是哪里。"原本飞机延误，航空公司也不想发生，而"按照规定需要做的事情，我们都做了"的做法不能让乘客满意，其实乘客只需要一个良好的服务态度、同情之心也许就足够了。

（五）因服务承诺失信而引发乘客投诉

服务需要以诚信为本，兑现承诺体现的是一种契约精神，一方面，民航服务企业需要以社会责任感与使命感去承担社会责任，无理由推卸责任，失信于乘客；另一方面，在服务的过程中，以人文关怀为初衷，去兑现对乘客应尽的义务。但在实际服务中，民航服务企业的主导性地位，使其具有不可动摇的"霸主地位"感，致使服务中存在着随意性或隐瞒事实的情况，如在航班延误原因说明、航班延误后何时登机、航班延误的补偿等问题上，存在着与事实不符的情形，引发影响民航服务秩序的事件与各种服务矛盾冲突。随着法制建设的进步与公民法律意识的增强，维权行为已经成为人们的常规做法，而由于民航服务企业与乘客之间主体的不对称性，使得乘客有时会成为弱势群体，因此，乘客也会从微小的服务失误中去找到维护自身权益的理由，这也成为当前民航服务需要关注的问题。

另外，我国作为民航大国，仍处于发展阶段，民航消费群体仍不成熟，乘客的差异性很大，其自律性、遵规守纪、公共意识等多方面存在不足，特别是，很多乘客缺乏对民航旅行一般常识的了解，也缺乏对民航运输业特殊性的理解，因而，期望值过高，内心期望与实际存在差距，容易导致心态失衡等问题。其实，诸如航班晚点、取消的现象在世界各地均同样存在，但很少见到外国旅客的抱怨，更难看到由此引发的服务冲突。其实首先需要做的就是向乘客传递真实的航班信息，取得乘客的理解与配合，并竭尽全力为乘客提供方便，用人性化的关怀感动乘客。据有关部门的统计，造成航班异常的原因有 20 多种，有航空公司的原因，也有乘客方面的问题，其中常见的六大类原因有飞机晚到、天气变化、流量控制、航空公司调配计划、飞机机械故障、乘客晚到等。2016 年我国航班正常率达到 76.4%，比 2015 年提高了 8.4%。在各种影响因素中，2015 年天气因素占 29.5%，2016 年占 56%，航空公司因素降低到 10%以下，天气因素成为最主要的影响因素。可见，在天气原因引发航班延误的条件下，需要认真解决给乘客带来的诸多不便。在机场，乘客与值机的冲突基本围绕这些问题：飞行为什么不能到达？什么时候到达？还能飞吗？我们乘客怎么办？等等。而且，乘客无法得到满意的答复更是常见的现象，引发冲突也就不足为怪了。

【案例 7-1】

对乘客负责不讲理由

日本航空的准点率都在世界前列，日本航空的骄人业绩，与其健全的应急机制与周到细致的服务直接相关。日本的航空公司应急机制健全，一旦有紧急或特殊情况发生，备用的机组和人员便能够及时应对。除了备用飞机，日本的航空公司在处理飞机晚点方面有着完善的体系。一旦航班延误或取消，航空公司会在最短时间内通过网站、售票网向乘客手机发送短信等方式告知，尽量支付被耽误乘客的开销，即便是不可抗力延误。另外，日本还有飞机延误保险，如所乘航班延误，即可获得 2 万日元左右（约合人民币 1 337 元）的赔偿。日本各航空公司在机票变更方面有比较详细的规定，在退票方面，只要在机票有效期、有效延长期内或有效期满后 10 天内都可全额退票。

资料来源：http://news.21cn.com/caiji/roll/a/2013/0222/15/14710479.shtml

（六）乘客原因引发的服务失败

乘客作为服务的群体，是民航服务的必要要素，既是服务的享受者，也是服务的参与者，这就需要乘客群体以“主人翁”的态度，配合机组的工作，听从指挥。但毕竟我国的民航乘客群体并不成熟，缺乏大局观和文明礼让，致使很多在日常生活中的不良行为习惯出现在民航出行中。如客舱中，行李安放、占座、喧哗、语言冲突、不文明举止引发乘客的一个或群体冲突，严重影响客舱秩序，甚至影响到客舱安全；有个别乘客缺乏乘坐飞机的基本常识，擅自打开安全门。由于社会环境的影响，个别乘客习惯于从自己的利益出发考虑问题，我行我素，还有个别乘客在航班经停站下机而未通知航班机组或地面服务人员，从而导致机组被迫清舱，造成航班延误。为此，民航管理部门有严格的法律制度和乘客管理规范，以约束不良行为的发生。其实，民航航班延误实属正常现象，乘客抱怨因航班延误而耽误自己的旅程及由此产生的诸多不便也在情理之中，但乘客的过分之举必须严格制止，甚至需要上升到法律层面去解决。

大量的民航服务失败的案例说明，乘客行为对于民航服务失误具有不可推卸的责任。例如，造成航班延误的一个主要原因是乘客及其行李。因乘客不按规定时间登机造成延误所占的比例，与国外相比，国内明显偏高。据南航统计，2002 年 8 月份，从广州出发的南航航班，晚到乘客达到 5 562 人。几乎每一个出港航班，平均都有两名误机乘客，这就意味着为等个别人，航空公司要调动从地面到机组的一系列人员为之提供“特殊服务”，由此造成的航班延误少则几分钟，多则半个小时。另据统计，早在 2002 年 1 月到 8 月，中国民航航班因乘客晚到而导致的延误达 4 118 次。有的乘客办完乘机手续后，不注意听广播，很容易误机。有的乘客携带超出民航规定的体积、重量和数量的行李乘机，交运又不及时，也容易造成航班延误。少数乘客上飞机后，口无遮拦，戏称包里有炸弹或要劫机，不但本人受罚耽误行程，也会使整个航班的乘客要按规定重新安检登机，导致航班延误。

第二节　民航服务补救概念与意义

一、民航服务补救的概念

（一）服务补救

所谓服务补救，是指在遇到服务失败时，为了重新赢得已经失去的乘客好感而做出的努力。Tax 和 Brown 定义服务补救为，“服务补救是一种管理过程，它首先要发现服务失误，分析失误的原因，然后在定量分析的基础上，对服务失误进行评估并采取恰当的管理措施予以解决。”从服务补救的行为特点看，服务补救是面对服务失败而做出的即时性和主动性反应，这些努力有时会使企业失去面子，有些痛感，甚至暂时会影响形象，但如果任凭危机事件的结果蔓延而熟视无睹，一方面可能使事态扩大，甚至引发群体事件，另一方面，即使事态没有扩大，久而久之也会伤及企业赖以生存的信誉根基。服务补救的反面就是回避、伪装、推卸责任。其实，任何人心里都清楚，当问题出现的时候，回避是下策，面对问题才是最好的选择，从这个意义上来说，服务补救是企业冷静正视问题，从不同的声音中找到发展源泉的重要举措，是在竭尽全力地归还乘客应有的权益。

服务失败客观存在于服务之中，服务补救也就成为服务系统控制的有机组成部分。其问题的逻辑在于：服务失败是服务不可避免的问题，而面对已经出现的问题，如果能迅速施加影响，并采取有效的措施，既能控制事态，又能把危机转化成重塑企业形象的良机。

（二）民航服务补救

民航服务过程主客观因素的交互作用，客观上使服务存在着失败的可能性，即可能出现冲突、失误、纠纷，甚至错误等损害乘客权益、利益或者心境的危机事件。无论是地勤服务，还是客舱服务，都是特殊的服务意境下，人与人、人与事物的交互过程，避免不了因环节或人为的失误而导致服务失败，需要航空服务企业端正态度，正视事实，并制定各种预案与对策，对发生的服务失败予以管理，以有效控制可能的后果。

所谓民航服务补救就是对航空服务过程中出现的各种服务危机事件所采取的积极措施，以避免与挽回服务失误对企业形象的影响。民航服务系统的特性决定了服务中的不确定性，服务中的各种冲突是服务本身的衍生品，无论发生在机场还是客舱中，都会因民航运输的特殊性而显得格外重要。从民航安全的角度看，一方面要认识到避免服务失败与补救服务失败的后果同等重要，需要树立预防为主的思想，尽一切可能避免服务失误，同时，出现服务失败必须及时采取措施进行服务补救；另一方面，面对已经形成的服务失误，要以危机意识为导向，以乘客利益为核心，果断采取行动，控制和制止事态的发展。从民航服务的系统性看，民航服务补救是民航服务的延续，是服务本身的重要组成部分，如果服务中的危机事件未能得到妥善解决，就意味着服务没有完成，也就谈不上真正意义上的服务。从法律层面看，服务失败与乘客的维权意识密切相关，需要航空服务企业正视问题，曾经发生的“三鹿奶粉”与“双汇瘦肉精事件”的事实已经告诉人们，消费者不可欺，不顾及他人就等于伤害自己。

二、民航服务补救的意义

如何看待、处理服务失误是对民航服务态度和服务水平的真正考验，尽管民航企业规模之大赋予其强大的形象，而空乘个体看似弱势，但乘客的集合却构成了庞大的群体，对民航企业发展具有决定性作用，是民航企业赖以生存的基础。在以乘客满意为基础的企业发展的思维下，如何从企业发展与乘客满意的双重角度出发，去正视服务失误的影响，如何科学地化解危机或冲突给企业的形象带来的损伤，如何从社会责任角度去保护乘客的利益，是民航服务领域从自然王国走向必然王国的必经之路。

（一）重塑民航服务企业的形象

从表面上看，服务补救增加了航空服务企业的成本，包括资金、时间、人力，甚至暂时影响了企业在乘客心目中的形象，实际上，其却为乘客提供了重新评价企业态度、服务宗旨和服务质量的机会。

1. 有助于提高乘客的满意度和忠诚度

在很多情况下，乘客的满意度是建立在某些服务或“关键时刻”的服务质量的感知基础上的，即使服务很努力，乘客对服务的结果评价往往会受到某一事件的影响而得出不一定客观的评价，但这又是乘客对服务满意度的评价依据之一，服务失败的直接后果是乘客不满意，而且任其滋生蔓延，会形成对民航企业不良的思维定式。

有效的服务补救不仅可以消除不满或制止可能的不良状态的蔓延，而且是重塑乘客满意度的锐器。面对问题是真情的表露，真情是无价之宝。事实上，民航服务中很多服务失误的客观性并不为乘客所理解，乘客更在乎的是服务企业的真诚态度，因为其反映了乘客在企业心目中的地位，这种正视问题的做法不但不会影响企业的形象，反而会在相互理解的基础上提高乘客的满意度，无形中培育了自己乘客群体的忠诚。管理学中的“80/20”法则告诉人们，企业 80%的收入来源于 20%的忠诚的乘客，挖掘一个新乘客比留住一个老乘客所花的成本要高得多，恰当、及时、迅速地进行服务补救，可以起到既能抚平乘客的不满情绪，又能起到大幅度提升乘客满意度和忠诚度的效果。

英国航空公司管理人员通过补偿服务实践，在服务补救方面得出了几条重要结论：做出反应的时间越短，达到乘客满意所需的精力与金钱补偿越少；当服务热线的乘客满意度达到 95%时，乘客所需的赔偿金会降低 8%；公司每投入一英镑用于维系乘客关系，就可以减少两英镑的潜在损失。同时也指出，有一种现象值得注意，旨在增强乘客忠诚度的常客计划虽已几乎在全部航空公司普遍实施，但乘客投诉却仍在增加，原因何在？很简单，一个乘客同时在对几家航空公司“忠诚”。这就需要航空公司在服务质量与吸引乘客方面有新的措施，减少服务失误，及时处理服务失误，服务补救要到位，同时，不给乘客流失的理由。

2. 提高乘客的重复消费率

乘客投诉如果能够得到快速、真诚的解决，乘客的满意度就会大幅度提高。他们会自觉或不自觉地充当公司的宣传员。乘客的这些正面口碑不仅可增强现有乘客对公司的信心和忠诚度，还可以对潜在乘客产生良好的影响，有助于公司在社会公众中建立起将乘客利益置于首位、真心实意为乘客着想的良好形象。

有研究表明，乘客的抱怨解决程度与乘客的重复消费有着密切的正相关关系，高消费乘客的抱怨得到迅速解决，其重复消费率达到 80%以上，且服务补救的投资回报率在不同公司可以达到 30%～40%。这说明，企业的服务失败或乘客的抱怨，不会影响乘客的重复消费信心，关键在于服务补救是否积极有效。

3. 改善乘客对民航企业的感知形象

形象是企业的无形资产，是在多次强化中逐渐形成的，而且具有显著的传导性。一项调查显示，企业服务失败导致了乘客的不满，不满的乘客会向 9～16 人讲述自己所遭遇到的服务经历，以此循环下去，企业的负面形象就会不断被传播。同时，在遭遇服务失误后，乘客会产生负面情绪和多种补救预期，大多数乘客在遭遇服务失误时并不抱怨，企业因此失去了弥补失误和挽留乘客的机会。现实表明，企业缺乏相应的合理引导机制和措施非明智之举，西方学术界指出，服务承诺不仅是传递服务质量的信号，也是指向服务失误和补救的，尽管尚缺乏有效的验证，但结论的倾向性是可以确认的。因此，服务失误造成服务危机事件的处理往往是树立与提升公司形象的最好机会。许多研究表明，出现服务失败后如果服务员工能成功地予以积极解决，此时乘客对服务的评价反而要高于没有出现服务失败的情形。此时，公司更容易为乘客或媒介所重视，投诉的解决全面地反映了公司的态度与能力。公司可以从中发现并修正自己的失误，消除使更多乘客遭受损失的潜在危险，不断提升品质与质量。

（二）提升乘客感知服务的整体质量

从服务质量与服务补救之间的关系来看，服务补救在改进服务质量方面具有内在的推动作用。客观来讲，没有瑕疵的服务不是真实的，而通过不断的修正过程推进服务质量的提升才是服务改进的真实逻辑。服务补救的依据是乘客的不满情绪或所感受的服务品质偏差，这些信息是真实而可靠的，以此做出的服务补救对提升乘客感知的服务质量才更有效。

杨俊等学者提出了服务补救—质量提升模型[①]，如图 7-1 所示。认为企业首先建立服务补救预警系统，跟踪、识别服务失败，预测服务失败可能发生的环节。服务补救一旦进行，应尽快解决乘客的问题，使乘客得到满意，同时，企业以补救信息为依据，改进服务系统，提升服务质量。通过对服务补救过程的跟踪，对服务失误进行补救，可以发现服务系统环节中存在的问题，并以此对服务流程、环节等进行修正，形成完善的服务补救跟踪系统，以便更有效地防范服务失败，采取有效的服务补救措施，提升服务质量。

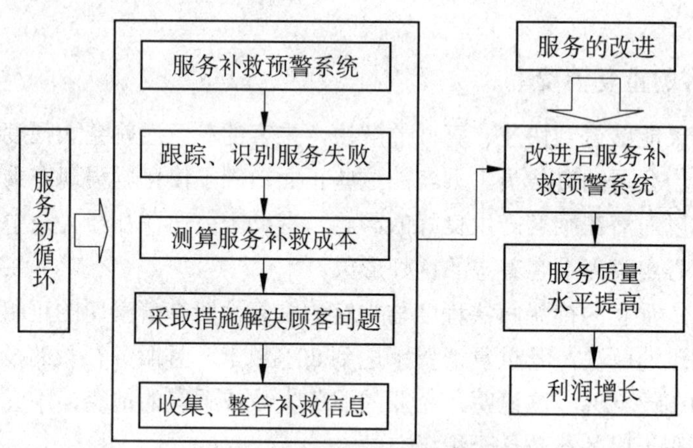

图 7-1　服务补救—质量提升模型

（三）有助于发现组织管理和服务流程中的弊端

服务的问题实质是管理与组织问题，服务失败多重原因均可以归结为服务的组织与管理问题，并延伸到服务流程。组织管理涉及服务激励机制、岗位责任与分工、监控机制等；服务流程关系到服务的实现途径。不管是在服务过程中发现了问题点，还是事后甄别出的问题，都有助于发现组织管理和服务流程中的问题，通过对补救信息进行的收集与整理，利用大数据手段，找出服务的薄弱环节，对这些环节加以详查，就可以发现服务失败可能会在哪些环节发生，进而得到修正问题的思路。最后，根据服务补救的需要，将背后

① 杨俊. 服务补救—质量提升模型［J］. 外国经济与管理，2002，24（7）：45-48.

的真正原因加以整合、分析和矫正，使民航服务企业能够建立起更完善的服务系统，改进服务细节。乘客投诉还可能反映公司服务不能满足乘客需要的地方，仔细研究这些需要，可以帮助公司完善服务内容，改进服务流程。乘客投诉往往蕴藏着非常有价值的信息，是沟通航空公司管理者和乘客之间的桥梁。

服务的补救采用逐级上报制度，虽然可以减少高层管理者处理乘客不满的工作量，但传递中的信息遗漏和信息失真会使高层管理者丧失许多重要的信息，难以采取有效的改正措施。英航为了鼓励乘客投诉，从而更好地把握良机，特地建立了好几种不同类型的意见收集台，除了热线电话，公司还引进了全球免费意见卡，公司行政人员还在全球各地组织了“非正式沙龙”讨论服务问题，公司邀请提出宝贵意见的乘客与乘客关系部经理一起飞行，共同体验公司的服务。

在实践中，忽视对服务补救进行管理是比较常见的现象。多数公司没有以适当的方式对乘客的投诉进行记录和分类，增加了公司学习的困难。一些服务人员没有兴趣听取乘客对问题的详细描述，仅仅将乘客的问题作为一个独立事件，认为需要的只是解决方案，不需向管理层汇报；很多服务人员不想承担责任，而把问题归结于客观因素；很多投诉没有得到妥善处理，乘客留下了信息，但没人据此采取行动；多数公司没有系统地收集信息的方法，也没有找出导致乘客对责任人、部门或程序进行投诉的原因。

（四）启发服务创新的源泉

服务的任何失败主观上都是人的失误或服务系统的效能问题，创新是增加服务活力的源泉，而从乘客的不满意反馈中所获得信息是直接的，最具实践价值。乘客投诉是一个非常有价值且免费的创新信息的来源，前来投诉的乘客多数是因为在接受服务过程中服务人员的失误给他们造成了某种物质或者精神上的损失，是痛彻于心的，所以他们反映的信息具有很强的针对性，往往直指“病灶”“痛点”，乘客投诉就像一位医生，在免费为航空公司提供诊断，让航空公司有可能充分了解自身的不足与问题所在，以便管理者“对症下药”。

（五）利于激发员工的工作热情

乘客的满意度就是服务的一面镜子，从满意的服务到旅客的忠诚是一个不断积累的过程，这取决于一线服务者的工作状态，以主观能动性去化解服务失误带来的危机。一线员工身临其境，感受真切，需要在服务的历练中不断提高工作能力与工作热情，通过有效的服务补救，在乘客的获得满意中获得自豪感、成就感。这也能使员工从重压之下解脱出来，愿意为乘客的满意而付出努力，进而进入员工满意—乘客满意的良性循环状态；否则，失败的服务补救或缺乏服务补救的激励政策，会导致员工缩手缩脚，无所事事，因士气低落而回避乘客的抱怨，甚至激化矛盾，失去危机事件的最佳控制时机。现实中，最有效预防和化解服务失败后果的是服务在一线的服务者，在提倡无缝隙服务的今天，部门与部门之间、服务者之间要提倡自救式服务补救，用自身的努力去弥补上一道工序的服务差错，将服务失误的影响消灭在萌芽状态。

第三节　民航服务补救的原则

服务失败的后果具有传播性、蔓延性等特点，服务补救也必然是个复杂的工作，因为服务失误的“受害者”往往处于一种非常心态，不容易沟通，不满的情绪容易蔓延，甚至是扩大化的趋势。因此，为了有效地开展服务补救，在补救过程中，应遵循“公开、主动、迅速、关心”的基本原则。

一、真诚沟通原则

服务失败必然使乘客利益受损，引发乘客不满情绪，不满情绪会在抱怨中不断升级蔓延，此时，最需要的是服务方有人站出来，代表服务组织与乘客进行真诚的沟通。精诚所至，金石为开，真诚沟通是掌控服务危机的灵魂，坦率地说明情况，不回避服务中的问题，接受诚恳的质询，以控制好局面，为问题的解决创造条件。需要特别注意的是，沟通者的一举一动都会引起不同的反应，即使坦诚相见，也免不了受到质疑，而蒙混过关的侥幸心理必将使冲突局面恶化，但仍需要以诚相见，尽快与乘客沟通，说明事实真相，促使双方互相理解，才能消除疑虑与不安。

要做到真诚沟通，需要坚持诚意、诚恳、诚实的态度，诚意是指在服务失败发生后的第一时间，服务者的高层应向乘客说明情况，并致以歉意，从而体现企业勇于承担责任、对乘客负责的企业文化，赢得乘客的同情和理解；诚恳是指一切以乘客的利益为重，不回避问题和错误，向乘客说明原委，重拾消费者的信任和尊重；而诚实是服务危机处理最关键也最有效的方式，人们会原谅一个人的错误，但绝不会原谅一个人说谎。

二、公开信息原则

服务失误所造成的不满情绪，初期往往是事件本身。例如，航班晚到，乘客担心的是旅行计划受阻，而接下来，乘客更关心的是原因的真相。通常情况下，由于民航信息的不对称性，乘客很难得到权威性信息，而从自我保护心理出发，在不明真相的情况下，乘客更容易猜测，航班晚到无论是气象原因，还是流量控制问题，还是机务问题，而乘客得到的消息通常均是非航空原因；再如，民航服务企业没有为乘客提供有效的投诉渠道，乘客不明确航空公司的义务和自己的权益，造成乘客遇到问题后，不知道损失该由谁来承担；或没有清楚告知乘客如果发生问题，应该通过何种渠道、向企业的哪个部门反映，致使受到损失的乘客束手无策；或者提供的渠道使乘客觉得不方便，解决问题的途径形同虚设，如经常无人接听投诉电话等，产生抱怨在所难免。

民航服务企业或服务人员需要在解决服务失误的过程中，让乘客时刻了解到事情的进展情况是十分重要的环节。中国民航协会 2002 年的一项专家调查表明，航班不正常时乘客的需求排序是：将航班延误的信息及时通知乘客，占 47.8%；航空公司及其代理人及时妥善安排好乘客，占 34.8%；对因不可抗力的航班延误，航空公司做出安排后，可以合理收费，占 9.4%；对少数违反《中华人民共和国民用航空法》的滋事者做出处理，占 8.0%。

乘客最难以忍受的是，服务提供者在航班延误后所提供的信息不及时、不详细，难以让消费者信服和理解；给乘客提供饮食的服务程序不透明，消费者不知道多长时间才能获得餐饮服务，也不了解所提供的食品的数量有多少；在延误时间较长的情况下，航空公司和机场没有及时告知乘客，他们是否享有退票、转签、由经营者安排食宿等权利；对由于航班延误给乘客造成的各种损失及种种不便，航空公司和机场未能充分向消费者表示歉意，也未能明确告知消费者，在什么样的情况下他们有权获得相应赔偿等。可见，事情业已成为事实，无可挽回，即使乘客再抱怨，事实也已发生，也没有什么不能接受的。

三、主动积极原则

发现并改正服务失误是服务提供者无法推卸的责任，但主动与否却有着本质上的差别。服务者要主动解决服务失误问题，不要等乘客提出来质疑再被动地去解决。据调查，国内发生的多起乘客与机场地勤人员或航班机组成员之间的冲突，绝大部分是由于乘客面对服务失败时受到了怠慢，责任者却视而不见、回避问题而造成的，主动不仅是一种态度，更是企业文化，反映着企业的责任与担当。目前，我国民航服务的服务补救机制普遍不完善，是制约我国民航服务水平的顽疾。笔者曾亲临了两件事：其一，一次随团从澳大利亚的布里斯班飞新加坡参加校际交流会议，同行一位成员，从布里斯班出发前，把正装放在了行李箱中通过航班随行托运，到达新加坡樟宜国际机场取托运行李时，没有找到。因为第二天要参加外事活动，为此找到了机场行李咨询部门，讲明情况后，机场管理部门立即赔偿 1 000 新币，让其购买一套正装和皮鞋，并告知行李一旦找到即刻送往住处。其二，笔者曾计划由南昌昌北国际机场，经由北京去沈阳。南昌昌北国际机场航班的计划起飞时间是 9:15，当赶到机场候机时，候机厅通告牌显示“航班延误，等候通知”，等候中乘客十分焦急，有些骚动，乘客多次询问才得知，执行航班的飞机还在北京首都国际机场，何时到达没有确定消息，需要耐心等候。直到下午 4:00 航班才离港飞往北京。虽然是民航服务中很常见的小事，但可以看出，民航服务的差异，值得人们反思。

处理服务补救的主动积极的原则有两层含义。其一，出现服务失败，需要服务者主动与乘客接触，主动传达信息，并能得到及时的解决。有项关于“乘客抱怨金字塔”的研究表明，假设不满的乘客中有 40%向前台员工提出批评意见，其中，有 25%未能得到解决，被呈交给中层管理人员。在这些问题中，仍有 20%未能给予解决，假设这 20%中有一半被提交给主管的公司经理，就会形成抱怨的金字塔，企业的高层管理者接到的每一个批评，都代表 500 位不满的乘客。如何鼓励乘客提出批评，从两个角度出发，一是乘客的行为方式；二是导致抱怨的一些政策规定死板无效。乘客一般不愿意对服务提出批评，是因为结果经常得不偿失，付出的努力太多，回报太少，而不是没有抱怨与不满。有时乘客在投诉问题上心里存在障碍，例如，乘客认为企业不会理睬他的投诉，更不会公正地处理他的投诉，所以投诉也是徒劳；另外，还有一些乘客由于不愿意浪费时间、精力和金钱而选择沉默。其二，鼓励乘客投诉是取得主动的重要方式。首先要在企业内部建立尊重每一位乘客的企业文化，并通过各种渠道告知乘客：企业是尊重他的权利的。在此基础上，更重要的是让全体员工，而不仅仅是乘客服务部门的员工，认识到乘客的投诉可帮助企业获得具有竞争优势的信息，而不是给工作带来麻烦。那些直接向企业投诉的乘客是企业的朋友，那些对企业“沉默”的乘客会给企业造成更大损失，因为他们最容易转向企业的竞争对手，而且还会散布对企业不利的信息。许多企业不能及时地解决乘客的抱怨，只能将其逐级上报，在许多组织内部，前台员工的权力有限，只能解决其中的一小部分批评与抱怨，这会给企业服务员工带来沉重负担。所以，航空服务企业或服务人员，要积极主动地帮助乘客解决问题。

四、迅速处理原则

迅速在服务质量维度上指的是响应性。乘客一般认为，最有效的服务补救就是企业一线服务员工能主动地出现在事件现场，实事求是地承认问题的存在，向乘客道歉，并在恰当的时候加以解释，进而将问题当面解决。出现服务失误，要立即对乘客做出有效赔偿。要重视乘客问题，迅速、及时，避免乘客在投诉的过程中对问题一遍遍地重复（因为每次重复都会加剧其不满）。无论如何，企业应该承认问题的存在，向乘客道歉，并积极采取补救措施。当发生服务失败时，航空服务企业越快地做出反应，服务补救的效果可能就会越好。而如果拖拖拉拉，虽然问题最终得以解决，但也只能留住一部分不满意的乘客。因此，速度和时间是服务补救的关键因素。并且，航空公司对问题做出快速响应，可显示公司真正关心乘客的利益，为乘客着想，急乘客之所急。

五、承担责任原则

服务危机一旦发生后，乘客通常关心两方面的问题：一方面是利益问题，即服务失败所造成的损失或出现的问题如何解决。因此，无论谁是谁非，公司都应该承担责任。即使受害者在事故发生中有一定责任，公司也不应首先追究其责任，否则会各执己见，加深矛盾，引起乘客的反感，不利于问题的解决。海航在处理一次沈阳桃仙国际机场飞往杭州萧山机场航班取消事件的做法值得学习。2017 年 1 月下午，由沈阳桃仙国际机场飞往杭州萧山国际机场的航班，由延迟起飞到取消当日航班，改变为第二天早航班。尽管乘客有很多抱怨，甚至影响了重要乘客的出行，但公司的值机人员主动及时沟通，航空公司承担责任，为乘客安排餐食、住宿、交通工具，并主动给予乘客经济赔偿，甚至帮助特殊乘客联系其他航空公司的航班，以解决实际困难。另一方面是感情问题，乘客很在意企业是否在意自己的感受，因此，民航服务企业应该站在乘客的立场上表示同情和安慰，并向乘客道歉，解决深层次的心理、情感关系问题，从而赢得乘客的理解、信任与尊重。

六、关心备至原则

乘客在服务失败后，是个弱势群体，由无助转为自我保护，这既是乘客的心理需要，也是化解服务危机的有效契机。关心在服务质量维度上指的是移情性，它是发自内心的情不自禁的举动，体现着强烈的心理共鸣。服务失败时，道歉是必要的，但不是终结，在很多情况下道歉是远远不够的，需要以关怀之心采取行动。在芝加哥奥海尔机场曾发生过这样一件事。因遭受暴风雨的袭击，机场的一个大型屏幕严重破裂，无法显示飞机航班起飞、降落的时间，由于得不到航班信息，机场出现了混乱，工作人员和乘客们对此一筹莫展。几个星期后，乘客们都收到了美国航空公司的道歉信。作为补偿，美国航空公司愿意为每一位乘客免费提供上百英里的航空服务。反观我们的服务，经常有报道说，某某航空公司航班延误了几小时，出现一幕幕让乘客愤愤不平的情景，但很少听到公司的道歉。

从某种意义讲，道歉体现了一种团队精神，表明了公司上下对航班延误都十分在意，一种歉意，还能给乘客一种暗示——今后公司员工会认真地对待自己的工作，尽量减少延误，减少给乘客带来的不便。其实，不管是几次道歉，想乘客所想、急乘客所急、提供更加周到的服务，采取必要的补救措施才是最有效的。

关心还表现在要倾听乘客诉说，并为乘客设身处地着想。举例来说，当一名乘客准备登机时，仍然在抱怨票价方面的一些限制，乘务人员不仅要主动让对方了解这方面的规定和限制，而且必须能够体谅乘客的感受。

第四节　民航服务补救的管理过程

服务补救是针对服务失败而采取的行动，目的是重获乘客的信任，而对服务补救的系统性工作，需要从意识与预防出发，敢于暴露问题，坦诚地面对问题，从而积极有效地解决问题。

一、树立服务补救意识

服务补救是服务的延续，也是服务中不可缺少的组成部分，在日复一日的服务过程中，失误总是难免的，在服务失误发生的时候，是简单地处罚员工和相关人员，还是抱怨乘客无理，申明自己是不得已而为之，或者是以积极的心态及时做好服务补救，不仅反映出服务管理者的管理理念，也反映出服务企业对待乘客抱怨与投诉的态度，更是企业文化与企业精神的体现。

服务补救意识是把服务补救作为一种常规性工作，纳入服务体系中，人人树立服务失败的危机意识，建立有效的服务补救机制，把高高在上的心态调整到踏踏实实地为乘客服务中来，做到面对服务失误第一时间做出积极的反映，第一时间承认失误的事实而不是解释，第一时间向乘客表达歉意，第一时间改正服务失误，并针对服务失误进行有效的服务补救。

二、建立服务补救体系

民航服务失误的发生往往是在某一环节或某一时刻，但根本原因是系统性失误，因此，解决服务补救问题需要民航从服务系统角度出发，建立有效的补救体系。从服务失败到服务补救逻辑关系看，补救体系核心有三个支撑点，即预防、发现和处理。

1. 建立预防机制

服务补救是发生服务失败后的补救，如果不失败或少失败，这是最理想的状态。第一次就把事情做对，就能有效减少或避免服务失败。服务体系完善，服务规范系统，服务控制严谨，服务者能力与责任到位，是减少或避免服务失败的决定性因素。

2. 及时发现问题

服务失败造成负面影响的传播速度与传播的范围是超出想象的，可谓“好事不出门，坏事传千里”，而及时发现问题，及时判断事态的发展趋势，是做好服务补救的关键节点，有效的途径就是建立迅捷的信息反馈渠道，使真实信息能第一时间传递给有关部门。

3. 果断处理问题

对服务补救而言，时间就是生命，果断就是效率，要给一线员工第一时间处理问题的权力，避免互相推诿，延误事情的解决。

三、鼓励乘客积极投诉

乘客的投诉与乘客的忠诚有着密切的关系，乘客越敢于投诉，越有可能成为最忠诚的乘客。而有研究表明，就忠诚的乘客而言，第一次把事情做好的组织，往往在竞争中不如那些能够进行有效服务修复的竞争者。其实，乘客遇到服务失败的困扰时，乘客的心态各有不同，英国航空公司的“投诉者冰山”研究认为，有三分之一的乘客会遇到服务问题。然而，航空公司的乘客关系部门受到的投诉只占有理由投诉乘客总量的 8%，还有 23%的乘客声称与航空公司讨论过他们遇到的问题，但有关部门收到他们的投诉无动于衷。还有 69%的乘客根本不屑于投诉，他们或者觉得太麻烦，或者觉得他们的投诉不会有什么结果，或者不知道向何处投诉。为此，英国航空公司为了鼓励不满空乘能够向航空公司投诉，建立了多种类型的乘客倾听岗位，如服务中心电话、全球免邮费意见卡，还在世界各地组织了“非正式交谈小组”。重要的乘客甚至被邀请与英航乘客关系部门的管理者一同乘飞机体验公司的服务，并在波音 767、777 飞机上装备袖珍键盘，乘客可以在自己的位置上留下他们的投诉。

四、及时响应乘客投诉

有了投诉，服务者怎么反映其投诉的问题是乘客最关心而且又很无奈的事情。投诉者之所以关心投诉是否获得回应，他们在意的是航空公司的态度和自身受重视的程度。投诉得到回应，会建立起投诉者与航空公司联系的纽带，投诉者会在接触中去品味航空公司的文化与做事风格，进而判断“情感投向”。在处理服务补救的原则中，响应是迅速有效的标志，而石沉大海只能伤害乘客的感情，进而使乘客选择离开。

及时响应乘客投诉要求在服务的一线第一时间解决问题，而不是把投诉问题逐级“踢给”上级，否则，服务补救的效果将大打折扣。一项“投诉升级金字塔”研究表明，如果一线员工只能解决一小部分投诉的话，就会给大家增加服务补救的负担。结论是：如果一个企业的高层接到一个投诉，就表示有500名不满的乘客。而恳切地向乘客寻求这一“金块”，是短期内推动乘客满意度的要素，而在长期内就是促使企业提高整体服务水平的因素。

五、做到有投诉必有结果

补救的结果及时是乘客所期待的，也是民航服务企业对待服务失败态度的体现。如前所述，多数乘客之所以不满意也不投诉，就是担心投诉也没有结果，因此选择了沉默。有效的服务补救管理机制的落脚点是结果——投诉者的预期。这里涉及如下三个问题。

（1）被投诉航空公司的面子。就是如何平衡自己的心态，进而确定服务补救的实施。

（2）航空公司的责任人与经济责任。服务失败一定有原因，如前所述多种原因中，归根结底还是人的因素，责任的主体是服务企业，但由谁来承担责任是值得深思的。就航空服务公司与乘客群体比较而言，乘客是弱势群体；就民航服务组织与服务者而已，服务者个体是弱者，在保护乘客群体的利益的同时，也不能忽视服务者群体保护，如大批乘务员所处的工作环境的生态问题，使得航空公司应该从总体上承担责任，而不是刻意地追究个人的责任。当然，对于缺乏职业道德和职业修养的乘务员要给予追责处理。而在承担责任方面，民航服务企业要“勇敢”地承担责任，为挖掘出更多的“金砖”付出一定代价是值得的。

（3）投诉者的心理预期。我国的民航乘客尚属于不成熟的群体，他们的行为有理性的也有非理性的，培育乘客理性乘机是个漫长的过程，这既要求民航服务企业了解乘客的投诉心理，同时，从整个社会层面，要加强正确的消费文化培养，减少非理性的服务补救的诉求，共同创造和谐的消费氛围。

第五节　民航服务补救策略

一、强化服务补救制度的有效性

服务失败带来的矛盾是尖锐的，解决与否既关系到乘客利益诉求，更关系到民航服务公司的形象，乃至长远的发展。所以，不仅要有健全的服务补救机制，更重要的是这个机制必须运行有效，避免形式主义和教条主义，使补救机制成为联系乘客的纽带和谏言的渠道。

为了提高补救措施的有效性，需要把明确的服务标准与补偿制度相结合，建立通达的信息渠道，清楚地告诉乘客如何进行投诉及可能得到什么样的结果，要增加接受和处理投诉的透明度，设立奖励制度以鼓励乘客投诉，督促员工积极接受并处理投诉，从而加强乘客与企业、企业与员工、员工与员工之间的理解。同时，在员工的培训中强调“从乘客投诉中学习”的理念，以便于信息的传达；设计良好的问题汇报程序，将乘客投诉的问题传达给相关的负责部门，以便于组织学习；建立内部投诉表，对乘客问题进行记录与分类，传播服务缺陷，以便于改善服务；将乘客适当分类，以便于跟踪服务；将各种数据信息集中分析，以改进组织行为，提高公司的整体服务水准。

【案例 7-2】

努力提高航班正点率，优化投诉处理的流程

航空公司要提高服务质量，真正让旅客满意，首要任务是在确保安全的前提下，努力提高航班正点率。据民航总局公布的统计数据，2006 年东航全年航班正点率达 83.19%，名列全行业第三，是三大航空集团之首。2006 年，作为国内三大骨干窗口航空运输公司之一的东航，狠抓航班正点工作，真正做到了公司领导高度重视，措施具体到位，管理到位，工作落实，奖罚分明。在实际工作中始终坚持“以人为本、诚信服务”和“满意服务高于一切”的理念，以打造具有时代特征、民航特点、东航特色的一流服务品牌为目标，在公司领导的直接领导和运行控制部门的严密组织下，加大了考核奖惩力度。在各单位的积极配合、各部门的有力支持下，精诚共进，积极进取，通过广大干部员工的共同努力，使航班正点率取得了明显的进步。

资料来源：http://www.traveldaily.cn/article/9435

二、跟踪并预期补救良机

民航服务组织需要建立一个跟踪并识别服务失误的系统，使其成为挽救和保持乘客与航空公司关系的重要工具。有效的服务补救策略需要航空公司通过听取乘客意见来确定公司服务失误之所在。即不仅要被动地听取乘客的抱怨，还要主动地查找那些潜在的服务失误。市场调查是一个有效的方法，诸如收集乘客批评、监听乘客抱怨，还可开通投诉热线以听取乘客投诉。有效的服务担保和意见箱也可以使航空公司发觉系统中不易觉察的问题。通过跟踪调查还可以识别出那些频频投诉或总是对服务补救措施不满意的乘客。这些乘客要求的利益可能超出了航空公司的能力，或这些乘客本身就是难以满足的乘客。这些乘客将来再购买航空公司的机票时，可以给予特别的关注，或建议其选择其他交通工具。

从补救中吸取经验教训。服务补救不只是弥补服务裂缝，增强与乘客联系的良机，它还是一种极有价值但常被忽略或未被充分利用的、具有诊断性的、能够帮助企业提高服务质量的信息资源。通过对服务补救整个过程的跟踪，管理者可发现服务系统中一系列亟待解决的问题，并及时修正服务系统中的某些环节，进而使“服务补救”现象不再发生。

三、尽快解决问题

一旦发现服务失误，服务人员必须在失误发生的同时迅速解决失误。否则，没有得到妥善解决的服务失误会很快扩大并升级。处理乘客投诉时的任何托词或“没了下文”的举措，都可能招致乘客更强烈的不满。乘客反映的问题解决得越快、越及时，越能表现出航空公司的诚意和对乘客投诉的重视，也能反映出航空公司的服务质量，并能迅速取得乘客的谅解，换来乘客的满意和对航空公司的忠诚。在某些情形下，还需要员工能在问题出现之前预见到问题即将发生而予以杜绝。

四、授予一线员工解决问题的权力

一线员工直接面对服务对象，是完成服务补救的最便捷者，因此，需要授权一线员工解决问题的权力，同时，提高一线员工服务补救的技巧和随机应变的能力。在英国航空公司，所有员工都被赋予灵活处理投诉的权力，可以自行处理价值 5 000 美元以内的投诉案，并且有一个包括了 12 种可供挑选的礼物清单。当然，一些公司担心这样的政策会导致滥用职权、错误判断和过度消耗一线人员的精力，但事实上，多数情况下，一线员工是相当理智的，乘客在他们心中也是如此。当然，这种权力的使用要受限制，在一定的允许范围内，仅限于解决各种意外情况，但规定一线员工不应因采取补救行动而受到处罚。相反，企业应鼓励员工们大胆使用服务补救的权力。

从乘客的角度来看，最有效的服务补救就是当发生了失误后，一线员工能够立即采取补救措施。有时，可能乘客需要的仅仅是一句真诚的道歉或者关于某一问题的合理解释而已，这些并不需要一线员工逐级向上级请示，因为乘客最害怕的就是无休止地等待，更不愿意被人从某个部门或某个人推到另一个部门或另一个人。因此，最容易接触到乘客的一线员工应该成为及时处理乘客投诉的一支重要力量，员工始终要处于乘客抱怨的监听前线，如果一线员工发现乘客不满意和服务失误的根源，他们报告这些信息应该受到鼓励。然而，一线员工往往并不清楚应该怎样处理乘客投诉，这就需要利用各种方式对一线员工进行定期培训，使其掌握如何倾听乘客投诉，如何选择恰当的解决方案，并迅速采取行动。

五、鼓励和培训乘客投诉

乘客有了投诉才能获得有益的服务状态的信息，那么鼓励乘客投诉就显得十分必要，有多种方法可以用来鼓励和追踪乘客的抱怨，如满意度调查、乘客反馈卡、免费拨打电话、电子邮箱的地址或网址等，以便乘客宣泄不满或发表其他评论，借以识别哪些是需要采取服务补救的乘客，并发现提供服务的系统哪些环节需给予特别关注。

在鼓励乘客投诉的基础上，企业还要采用各种方式培训乘客如何进行投诉。如通过乘客能够接触到的媒介，告知乘客企业接受乘客投诉的部门的联系方式和工作程序，要使乘客能够轻松、容易地进行抱怨，既鼓励抱怨，也包括教会乘客怎样抱怨。鼓励乘客投诉还要做到方便乘客投诉，应尽可能降低乘客投诉的成本，减少其花在投诉上的时间、精力、金钱等。目前，许多企业的投诉制度复杂烦琐，投诉步骤支离破碎，难以使用，而乘客最不愿意见到的就是当其不满意时，还要去面对一个复杂的、难以进行的投诉过程。

【小信息】

民航服务补救问题延伸

一、如何平息乘客愤怒

1. 如何看待乘客愤怒

你错了，为何不让人愤怒？喜怒哀乐是每个人的权力，人们对民航服务期望值很高，更得要理解别人的感受。服务失误的结果一定是乘客的某种利益受损，接受其抱怨也是对乘客的心理“补偿”，况且，乘客决定着公司的发展，也决定着每一个民航人的发展。所以，必须以尊重与理解的态度正确看待乘客的愤怒，树立“乘客总是对的”的观点，这是处理好乘客投诉、化解乘客抱怨的第一步。尽量避免与乘客的对抗心理和情绪，理解就是尊重，乘客发泄不满的开始就是解决问题的开端。

2. 平息愤怒的技巧

充分倾听，洗耳恭听，是尊重的第一要素。乘客发泄不满与投诉时，倾听是十分重要的环节，员工应仔细倾听乘客的诉说，而且要引导乘客把话说完，切勿胡乱解释或随便打断乘客的讲述。即使乘客讲话或大声吵嚷时，员工也要表现出足够的耐心和大度，绝不能随乘客的情绪波动而波动。遇到乘客故意挑剔、无理取闹，要耐心听取其意见，不要与之大声争辩，使事态不致扩大或影响其他乘客。讲话要多用文明用语，尽量避免滥用“微笑服务”，以免让旅客产生“出了问题，你还幸灾乐祸”的错觉。同时，要注意语音、语调和讲话音量的大小。

3. 平息乘客愤怒的禁止法则

（1）立刻与乘客摆道理；

（2）急于做出结论；

（3）一味地道歉；

（4）对乘客说，这事经常发生，令乘客感到不诚心；

（5）挑乘客的毛病；

（6）过多使用专门术语；

（7）改变话题。

二、内部服务补救问题

以往的服务补救研究主要局限于对乘客的服务补救，而对内部服务补救问题研究得甚少。事实上，随着内部营销理论的兴起，内部服务补救已经成为理论界和企业界无法回避的问题。在内部营销过程中，员工感知服务质量对于提高员工满意度和忠诚度起着至关重要的作用。美国的詹姆斯·赫斯克特等人曾对此进行过长期的实证研究，证实了员工满意、忠诚与乘客满意、忠诚之间所谓"满意镜"现象的存在，并将其视为服务利润链上最为重要的一环。因此，企业必须注重内部的服务补救与员工满意和忠诚的互动关系，以内部服务补救提高员工满意度，进而提高乘客的忠诚度和企业的竞争力。

在国内，越来越多的乘客开始使用投诉的权利，在这种压力的影响下，航空公司也把投诉率的高低作为衡量本公司服务水平的一个尺度，这也导致了许多航空公司不惜采用一些过于极端的做法，例如对被投诉员工"先惩罚，后调查，再处理""末位淘汰"等。航空公司无底线地退让除了给某些"刁蛮"乘客一种软弱可欺的印象之外，更多地暴露了航空公司服务理念的保守性，并因此产生了许多负面效应，助长了极少数问题乘客的气焰，使他们动辄以投诉相要挟来达到自己的目的。长期下去，势必使航空公司的许多规定根本无法实施。航空公司的极端做法也给空乘人员造成了极大的心理压力，这样必然影响他们的工作情绪，即使设了委屈奖也无济于事。

在国外，许多航空公司一直采取列出"不受欢迎旅客的名单"的举措，对少数问题乘客，这是合理的处理方式。

三、服务补救中的乘客细分

美国学者雅克·霍洛维茨（Jacques Horovitz）把进行投诉的乘客分为四种：质量监督型（20%～30%）、理智型（20%～25%）、谈判型（30%～40%）和受害型（5%～20%）。质量监督型的乘客想要告诉你什么正在变糟，因此为了他们下次的光临和购买，你必须改进；理智型的乘客想要他们的问题得到答复；谈判型的乘客想得到赔偿；受害型的乘客需要同情。进行投诉的乘客也可以分成这四类，要对症下药，解决问题。其实有很多乘客只是一时气盛，并不一定非要解决什么问题，而是寻求心理上、情感上的沟通。工作人员要耐心地反复解释沟通，用热情、周到、细致的服务赢得乘客的理解和支持，并妥善安置乘客，尽最大努力减少乘客的损失。

这样的分类有助于投诉的管理，便于跟踪服务；将各种数据信息集中分析，有助于改进组织行为，提高公司的整体服务水平。

四、投诉处理与服务补救的异同

一般来说，出现服务失误后，及时地修复、快速地反应是必不可少的，但对于投诉处理和服务补救的不同看法直接导致不同的结果。

芬兰服务研究专家格罗鲁斯对传统的抱怨处理和服务补救进行了区别。乘客抱怨处理是指当遇到服务失误的乘客向企业提出抱怨（投诉）时，企业分析这些抱怨，从管理角度进行处理，尽可能地以较低的成本来解决，除非无法避免，企业不会对乘客进行赔偿。而服务补救则不同，它所关注的是与乘客建立长期的关系。服务补救的方式有三种：被动性补救（传统的投诉处理）、防御性补救和进攻性补救。

资料来源：高宏，安玉新，王化峰. 空乘服务概论[M]. 4 版. 北京：旅游教育出版社，2017.

【案例 7-3】

乘客与行李“分道扬镳”

王先生乘飞机从南京到北京，托运 3 件行李。但到了首都机场，在行李领取处只拿到两件，苦等另外一件近一个小时，仍不见踪影。这件装有大量重要材料、票据及现金的行李箱如果丢失，将对王先生的北京之行造成不可估量的影响。王先生焦急地向机场工作人员求助，得到的只有冷冰冰的一句：“怎么会这样？你登记一下，过三个小时再来电话问问吧。”乘客托运的行李无故丢失，机场工作人员不仅没有给予乘客感情上的安慰，更没有给出任何合理的解释，倒像是乘客自己犯了什么错，给机场添了麻烦。看着托运数量、金额、航班号等信息俱全的行李托运票据，王先生百思不得其解，又不知在这种情况下，该找谁说理。

费时费力跟机场交涉了近两个小时无果，王先生只好离开机场入住酒店，期待三个小时以后的电话查询能有好的结果。到酒店后大约一小时，接到机场打来的电话，说行李找到了，原因是“行李没和人坐一趟飞机”，行李“自己”乘坐下一班飞机抵京了，并通知王先生可以来领取了。失而复得本应该高兴，可是王先生觉得很别扭。箱子怎么会自己丢失？到底是哪个环节出了问题？耽误乘客近两个小时的时间谁负责？为什么自始至终没有人说过一句道歉的话，没听到任何合乎情理的解释？没有过失的乘客还得自己往返几十千米去机场取行李？在王先生的要求下，又等了两个小时，机场终于把行李送到了酒店。看着与自己丢失了四个多小时的行李箱，王先生不由地感慨：机场的服务真差劲。

资料来源：拂晓. 托运的行李上了别的飞机 行李怎么会走失［N］. 人民日报，2002-12-20.

【案例 7-4】

其实本与你无关

航班上，一位乘客表情严肃地看着报纸，似乎有一丝心烦。乘务员送饮品到他面前时，礼貌地说：“先生，您喝点什么？”该乘客没有作答。乘务员以为该乘客没有听到，又加大了声音说道：“先生，您需要什么饮品？”该乘客突然说道：“喊什么呀？没看到我在看报纸吗？你们乘务员怎么都是这样的素质！”乘务员觉得特别尴尬，对乘客的态度和言行甚为不解。

在完成对其他乘客的服务后，乘务员专门来到这位乘客面前，说：“先生，抱歉，刚刚是我考虑不周，让您生气了，特来向您道歉！看这会儿您想喝点什么饮品？”看着乘务员友善甜美的笑容，这位乘客也说出了心里话：“这事本来与你无关。我登机的时候，看到门口的乘务员心不在焉的样子，很不高兴，所以心情不太好。刚才对你态度不好，是我的不对，请谅解！”事情清楚了，乘务员又耐心地做了解释，并告诉乘客，一定把他的意见反馈给乘务长。“对您的服务不周，我代表乘务组向您道歉，希望能得到您的谅解！”谈话过程中，乘客的郁闷心情得到了缓解，乘客的脸上露出了笑容。

本章思考题

1. 简述服务补救的必要性与价值。
2. 服务补救如何成为企业发展的机遇？
3. 民航服务补救的特殊性体现在哪里？
4. 民航服务失败原因对改进服务质量有何指导意义？

第八章 空中乘务服务

本章学习目标

☑ 理解空中乘务服务的概念、内涵和特点；
☑ 理解空乘服务与一般服务的差异性；
☑ 理解空乘服务的内容；
☑ 理解并掌握空乘服务的程序；
☑ 掌握航空安全员的责任与权力；
☑ 理解影响空乘服务水平的因素；
☑ 了解空乘服务的未来发展趋势。

导读

做最美丽的“云中服务者”

以“我们的价值观、我们的中国梦”为主题，“时代楷模”中国国际航空公司“金凤”乘务组先进事迹2014年7月28日由中宣部向社会发布。20年来，在万米高空，以岗位为家、以乘客为亲人，“蓝天上的雷锋班组”换了一茬又一茬人，但旗帜飘扬，精神常新，谱写了一首“云中服务者”的动人诗篇。

服务者是美丽的，这是新中国劳动者特有的美丽。为人民服务，在中国社会发展的每一重要阶段，都与时代精神相契合。正如中航集团党组书记、“金凤”组成长见证人王银香所说，作为新中国的载国旗航空公司，从诞生之日起国航就承担了弘扬时代精神的使命。从20世纪50年代第一代乘务员“十八姐妹”，到60年代“蓝天上的雷锋精神”，再到90年代“金凤”组在市场经济大潮中的诞生，全心全意为人民服务的精神始终如一。国航“金凤”乘务组作为“爱服务、会服务、懂服务”的行业标杆，展现的是为人民服务的精神，传递的是关爱旅客正能量，使我们感动。

服务者是美丽的，“金凤”组向世界展现着中国美丽动人的一面。“金凤”组资深乘务长杨金荣经常用一句“我是走到美国的”与朋友开玩笑。其实这并非玩笑，作为一名带班乘务长，在跨太平洋航线上，她坚持不睡，在服务中用脚一步步量过去。正如国航党委书记樊澄所说，作为“坐地日行八万里”的24小时全球运营航空公司，国航“金凤”组全天候拂拭着中国之窗。

服务者是美丽的，呵护这份中国之美，是我们每个人的共同责任。对民航从业者而言，整条产业链归根到底要靠服务民众来实现，靠民众满意来衡量。当前我国经济结构调整、增长方式转变的一个核心环节，就是扭转服务业发展滞后的局面。服务业发展滞后有很多原因，但不容忽视的就是漫长历史时期形成的对服务的偏见，把服务等同于“服侍、服从”的错误观念，会严重制约我国服务业的发展。

今天，我们有必要重新思考“为人民服务”在现代市场经济中的作用，使我们的价值观、服务观有一个新飞跃，使各行各业的服务精神在新世纪航道上全新起飞。

资料来源：钱春弦. 做最美丽的“云中服务者”[EB/OL].（2014-07-30）. http://www.wenming.cn/wmpl_pd/zmgd/201407/t20140730_2091946.shtml.

引例

南航新疆分公司空姐温馨服务感动乘客

2007 年 1 月 8 日，上海至乌鲁木齐的航班正常起飞，飞机在一万多米高空平飞。乘务员孙洁和往常一样，在客舱里不停地巡视、忙碌着。无意之间她发现一位中年女性乘客手里拿着一袋牛奶，不停地在她的脸上、肚子上变换位置。这是怎么回事呢？细心的孙洁立刻轻轻地走过去询问这位乘客是否身体不舒服？有什么需要帮忙的？乘客说自己有胃病，不能喝凉牛奶，登机前在超市买了一袋牛奶是凉的，刚才是想放在脸上和肚子上热一热再喝。孙洁主动表示可以帮忙热奶。起初这个乘客执意不肯，怕太麻烦了。但看到乘务员孙洁真心想帮她，就打消了顾虑，欣然接受了这个诚挚的关怀。孙洁把牛奶带到服务舱，用热水烫了又烫后，亲手把牛奶拿给这位乘客，还顺手给她带了一根吸管，贴心的服务把这位乘客感动得不知说什么才好。这些平凡的小事中充分体现了南航的温馨服务无处不在，无微不至。

资料来源：http://www.xue63.com/cczyeduxuexi-zzjejpdcczyeduawendangzzjlunwenzjffq205764zzj/

案例思考：

（1）乘客服务与其他服务的不同点在哪里？

（2）为什么乘务工作需要细心、温馨地去对待每一位乘客？

（3）当乘客需要帮助时，乘务员应该怎么对待？

第一节　空乘服务的认识

一、空乘服务概念的解析

对于空乘服务的理解是基于服务基本概念的理解而言的。一般而言，空乘服务也是一种服务，不过它是所有服务中最为特殊的一种服务，或者说是在特殊服务环境下，具有特殊要求的服务行业。其特殊性主要体现在确保安全的前提下，以服务规范为导向，开展空乘服务活动，也就确立了其服务内容、服务程序、服务方式的特殊性。

（一）空乘服务的概念

狭义地讲，空乘服务是一种企业经济行为的范畴，因为空乘服务是企业的行为，而非简单的相互帮助。但对航空公司的社会责任与企业竞争而言，对空乘服务的理解已经无法圈定在特定的限定范围内。所以，空乘服务可以理解为按照民航总局规定的服务内容、服务程序、服务的规范要求，以满足旅客合理需求为终极目标，为航班旅客提供服务的过程。这种对空乘服务的理解，强调了空乘服务的鲜明属性：第一，维护客舱秩序，确保安全飞行，这是民航运输的生命线，没有安全就没有一切；第二，服务规范与服务程序的约束性，即飞行的特殊性以及与之相配合的关联到服务程序、内容等的规范是具有法律效用的，是提供客舱服务的前提。我们强调以上两点，在于强调空乘服务的特殊性，但这种强调不是限制空乘服务的范畴，而是在这个前提下如何更好地拓展空乘服务的范畴，充分体现空乘服务至高无上的境界。

空乘服务以飞机客舱为服务场所，它不同于酒店等其他行业的服务，在这种特殊的服务场所及特殊的飞行过程，空乘服务带给乘客的飞行体验需要更多的服务要素去增加其色彩，需要更多的“软服务”来增加其服务的活力与魅力。作为体验型的服务过程，情感因素发挥着重要作用，如航空公司对乘客价值的情感认知、服务程序与内容情感体现、乘务员服务中的情感投入等，需要以一定的形式让乘客感知，使乘客的感知情感有落脚点。从服务系统来看，服务环境、服务文化、服务者的影响力、服务过程的展现力等诸多因素的融合与协调，才能彰显出空乘服务的独特魅力，只有将有形硬件、技术服务与无形的服务情感融为一体，相互融通，才能使空乘服务成为既有格局，又有档次，既能展现出高雅，又能让乘客感到深刻的综合性的活动。可以说，客舱虽小，但它所展示的却是当今最活跃、最具魅力、要素最精粹的服务。与其他服务相比，空乘服务还要强调以下几点。

1. 品质特征

品质特征即服务过程所追求的无缺陷、无可挑剔、无懈可击的服务境界。完美必然包括服务与环境的舒适和谐、服务与内容的舒适和谐、服务与人的舒适和谐。飞机飞行过程中可能会遇到很多不可预知的突发事件，以上三种和谐就是造就完美无缺空乘服务的标志。俗话说，和谐是事物运行的本质特征，和谐产生了美。在空乘服务的发展进程中，一直不懈地追求这种和谐，以品质理念为先导，即有什么样的品质观，就有什么样的品质特征，而且品质内涵有着显著的时代特征。例如，早期的品质观更强调硬件的可靠性和服务人员的规范性服务，进而发展到硬件舒适和服务的完美，而到了当今，品质更体现在以愉快飞行体验为核心的个性化服务中。

2. 人性化特征

人性化特征即服务过程的温馨备至。温馨即轻松、自然、亲切、温暖与快乐，其核心是空乘人员将自己全身心融入服务过程中，融入旅客的情绪之中，心随旅客而动，能真正把旅客作为自己的亲人。以暂时的“自我丢失”换来旅客舒适的乘机感受，以充分的个人展示换取旅客“自感忘我”的飞行体验。自我的“丢失”并不是真正意义上的丢失人格，而是在职业情感和职业责任意义上，暂时丢失本质的自我，使自己进入旅客的朋友、亲人身份的真实服务体验境界。空乘服务的高雅凝聚着乘务员的投入，一颗火热的心，一个微笑的脸庞，映出了空乘服务的优雅风范，凸显出空乘服务作为服务行业标杆的缘由所在。

3. 个性化感染

个性化体现在三个层面：其一，服务的定制化，即根据空乘的不同需求，提供不同的服务；其二，服务方式的个性化，即通过服务设计，在服务内容和服务方式方面与众不同，具有鲜明的服务个性；其三，空乘者的个人魅力，即形象、气质、心态、内涵的表现力。需要特别强调的是，温馨的客舱服务氛围与乘客获得愉快的内心体验是通过空乘的个人魅力与高超的服务艺术和技能完美结合创造出来的，人是服务过程的核心因素，空乘服务人员的个性影响力与展示性成为空乘服务中不可或缺的重要因素。尽管我们不能过多强调空乘服务人员外在特征的重要性，但离开了空乘服务人员良好的外在条件，至少可以说缺乏了空乘服务的“灵气”。我们赞誉航空公司的服务，空姐的良好形象是不可缺少的要素之一，空姐的美丽与高雅，代表着航空公司的外在形象，也是树立公司品牌的有力武器。空乘人员拥有良好的外在条件以及完美的服务技能，内在修养与外在秀美完美结合，对于客舱服务更加如虎添翼，无形中增强了航空公司的竞争力。

【信息卡 8-1】

世界最美空姐

世界航空小姐协会在 2010 年 11 月 25 日宣布创立 WASA 世界空姐日，致力于提高空姐的形象和影响力，积极组织各种活动加强空姐之间的交流和联系。为树立和塑造空姐形象美、心灵美、言行美的职业形象，提升中国空姐的知名度以及美誉度，让世界了解中国空姐，让中国空姐走向世界，世界航空小姐协会特举办“中国十佳美丽空姐”“中国十佳亲和力空姐”“中国十佳才艺空姐”评选活动。

2010 年，中国东方航空公司获最佳服饰第一名，中国深圳航空公司空姐吕娅在十佳“美丽空姐”中名列第一。

2011 年，深航的吕娅等 10 位空姐获评“中国十佳美丽空姐”，她们分别来自多家航空公司。

2012 年，中国南方航空公司的赵凌子夺得“中国十佳才艺空姐”状元。

2013 年，深航乘务员胡爱溪、王钰涵入选“2013 世界十佳亲和力”空姐。

2014 年，深航再次荣获“世界十佳美丽空姐航空公司”“亚洲十佳空乘团队”荣誉。

2015 年，深航凭借 94.61 的高分，位列“2015 世界十佳美丽空姐航空公司排行榜”榜首，深航空姐成为世界最美空姐。深航还荣获“2015 世界十佳微笑服务航空公司”殊荣，乘务长胡兰玫、关艺文荣获“2015 世界十佳美丽空姐”称号。

2016 年，在第七届世界航空公司排行榜新闻发布会暨第六届世界空姐节上，深航空姐刘苗苗被评为“世界十佳美丽空姐”第一名。深圳航空还荣获“2016 世界十佳美丽空姐航空公司”冠军；“2016 世界十佳空乘团队”。空姐刘苗苗被评为“世界十佳美丽空姐第 1 名”。（郑小红　魏叶）

（二）空乘服务内涵的解析

之所以乘坐飞机的旅客能获得一种赏心悦目、耳目一新的感受，其魅力就在于服务过程中除了提供必要而规范的服务之外，其所彰显的是民族气质，传递着一种民族的精神，传承着一种亲和与善良的文化，这就决定了空乘服务的格局。只有深入地挖掘内涵，才能从更宽泛的视野去理解空乘服务，也才能找到解开空乘未来发展的金钥匙。

空乘服务的理解有两个着眼点：第一，作为服务行业的一种，其服务的本质特征是基础，即通过服务过程赢得乘客的满意，通过规范性来保证服务质量；第二，作为服务行业其具有特殊性，其特征正是与其他服务行业的差异所在。也就是说，空乘服务的基本内涵离不开服务的本质，也有外延，需要从多维角度思考，在高度上，立足于航空公司的发展需要，着眼于乘客需求的变化与需要层次的不断提高，特别是精神层面的需求，以寻找提高服务水平之根本；同时，服务是一种无形的产品，接触性使得服务过程的艺术性成为灵魂，在服务规范下，需要发挥服务者的主观能动性，让服务者成为航空公司服务宗旨的使者。这就需要双管齐下，一是做好服务体系、规范的设计，二是把服务的设计通过服务的细节落实到服务的每一个环节。

二、空乘服务是以软服务为先导的完美服务

软服务即服务中的无形部分，强调的是主观性强，乘客可能用心感受的，服务过程的差异之所在，通过服务传播航空公司的服务理念、传递爱心、表现性情，对乘客真心付出，并且始终如一。

（一）服务思想顶层设计决定服务的层次

在世界服务优秀的航空公司，其之所以一直表现出被人赞誉的服务品质，最关键的是对为乘客服务有着超乎寻常的认知高度，能在服务思想、服务战略、服务的细节设计上具有较高的战略定位，不仅在思想上重视乘客，而且能在服务的行为中不折不扣地落实到位。

（二）服务者能够很好地承载公司的服务愿景

服务的实践效果，很大程度上取决于乘务员在服务过程中对服务对象需求的把握程度，再好的服务想法都离不开乘务员对于服务行为的把握，因此，空乘服务过程中，乘务员既是一个服务的践行者，又是企业服务文化的传播者，其服务意识、职业态度、职业情感、心理素质等内在素质起着决定性作用。当乘客步入客舱的时候，应该让乘客感受到：我们正以饱满的热情欢迎您的到来，随时为您提供满意、周到、贴心的服务！

所有优秀的航空公司必然拥有一个优秀的乘务团队，传递着爱心、承载着使命，微笑之中、行为举止之间都闪烁着服务的生命力，谱写着服务的灵魂。服务的一切美好都要传递给每个乘客，这离不开一线乘务员的付出与努力，他们有什么样的境界、什么样的格局、什么样的服务素质，决定了公司服务目标的贯彻与实现程度。恰恰是服务者所具备的高素质与高超的服务技能，才保证了空乘服务的高水准。在空乘服务者身上，可以看到对乘客的敬重、无微不至的关怀与心甘情愿的付出。而一面之缘就能入情至深是很难的，需要深厚的软服务功底，亲切的微笑，柔和的眼神，友善的面孔，细致入微的服务，不仅仅靠训练，还来源于内心的强大支撑。乘务员是美的使者，这里的美包括服务者心灵之美，形象之美，语言之美，举止之美，服务过程之美，是“天地合一”同“内外各一”的境界。人们之所以把空姐比喻成美丽的化身，把空乘服务看作服务行业的标杆，就在于空乘

服务渗透出来的是和谐与美丽，其能促成人们享受其空乘服务的美好愿望。

（三）服务全过程的一致性

空乘服务中乘客的感受建立在乘务员悉心服务的基础上，他们披星戴月，需要克服机舱特殊环境对身心的影响，但乘务服务就是在这样的情境下，保持着全服务过程良好的状态，这是信念的支撑与坚强毅力的使然。澳大利亚航空公司 Qantas 在长达 95 年的营运期间内，从未发生过致命飞行事故，被公认为世界上最安全的航空公司；泰国航空的服务好，有口皆碑，乘务员在听候乘客需求时，都会俯身帖耳，然后一溜小跑去为乘客拿来毯子、饮料等；新加坡航空公司始终如一的高品质服务，外加出众的空乘人员形象，一直是业内竞相追捧的对象。“在航空领域内，有很多不可控的因素，比如天气情况、流量管制等，但是我们可以保证的是服务质量。”新航中国区总经理卜小雄如是说。不管你去哪里搜索“新航”，口碑都很棒。

（四）超强的服务执行力

空乘服务以保障安全为第一要务，任何闪失或执行规范的不坚决，都可能带来安全隐患。同时，随着乘机乘客的维权意识，民航服务常识的普及，乘客对服务的要求也越来越清晰，容不得懈怠。因此，客舱服务有着严格的服务规范与监控体系，以准军事化管理的模式来保证服务的执行力，杜绝乘务员对规范执行的渎职和对乘客的怠慢，这也是空乘服务良好品质的坚强保证。空乘服务的各项活动都是在动态的服务时空环境下展开的，飞行状态、飞行技术、飞行环境的复杂性决定了飞机在执行航班任务时一直处于非确定的状态，而作为航班任务的执行者，机组人员无论在任何情况下，都必须服从机长的命令，听从指挥，具备强烈的安全意识和献身精神，并具备熟练处置各种危机情况的技能，确保飞行和机上乘客的安全。

（五）国际特征显现无疑

民航服务的交际交流频繁，服务文化相互渗透，各国的空乘服务均有自己的文化特征，反映着不同航空公司的服务理念，这也就形成了不同的服务风格与服务模式；乘客来自五湖四海，不同民族文化的交融，风俗习惯、礼仪文化的冲击，必然会对空乘服务提出更高的要求。因此，空乘服务需遵守国际民航组织与国际联盟在民航技术、服务规范等方面均国际化的标准与基本准则；同时，国际化推动了各国空乘服务水平的提高，在空乘服务的共同目标和服务规范下，各国民航不断吸收他国空乘服务的优点，推出个性化服务，建立了适合本民族特点的服务模式，推进了民航服务的国际化水平。国内航空公司与国外航空公司空乘服务人员的交流制度就体现了国际化的趋势。

（六）展现了民族文化和地域特色

任何民族文化都有其民族性特征。民族性是民族文化的根本特性，是本民族文化区别于其他民族文化的最本质的特征。民族文化代表了各民族在其历史发展过程中创造和发展起来的具有本民族的特点，且屹立于世界民族之林的宝贵财富，包括物质文化和精神文化两个层面，都是空乘服务的开展所不可忽视的因素。饮食、衣着、住宅、生产工具属于物质文化的内容；语言、文字、文学、科学、艺术、哲学、宗教、风俗、节日和传统等属于精神文化的内容。民族文化反映该民族历史发展的水平。空乘服务作为重要的展示窗口，一方面，通过具有民族特色的服务向各国人民展现其民族特征；另一方面，世界各国乘客也是通过空乘这一窗口来了解一个民族的文化与传统，认识一个民族的素质、修养、文化与观念，形成对一个民族特质、素质等整体形象的认识。因此，民族性是每个航空公司空乘服务的最大特点之一，如大韩航空公司的空中乘务反映了大韩民族的细腻、温馨、内敛、含蓄；新加坡航空公司空中乘务反映了其严谨科学的服务追求；德国汉莎航空公司的空中乘务具有浪漫轻松的服务氛围等，均具有鲜明的民族个性，均体现空乘服务的民族化特征。

民族性是空中服务的外延特征，既超出服务范围之外，又体现在空中服务之中，是其职业特点所赋予的特殊属性。与其说空中服务是服务性工作，倒不如说它是展示性工作，是各个国家展示民族魅力的舞台，既代表着航空公司的形象，更代表着一个民族的整体形象，要在有限的空间与时间内充分展示民族之精粹，表现出民族的气节、民族的使命感。

（七）空乘服务人员具备“空乘人”品质

空乘人员不仅展现着良好的综合素质，更要体现出“空乘人”的气度与胸怀，即担当、敬业、奉献的人格修养。空乘服务是项既简单又复杂的工作，简单的一面是说服务有章可循，说其复杂，是因为服务过程存在着诸多变数，而且这些变数会导致无法预知的结果。例如，多种因素可能导致一名旅客出现不满情绪，这种不满情绪在地面的各种服务中不至于产生多么严重的后果，但在空中这样特殊的环境下，可能会导致始料不及的后果，这就需要空中人员能有效地进行控制。这就是“空乘人”的责任所在，所以，我们可以说，空乘服务的高品质是由千千万万的“空乘人”的品质所塑造的。

这里，我们需要强调的是，空乘人员的甄选与职业培训是十分重要的，在选择空乘服务人员时，要注重外在条件与内在条件相结合，选择具备良好的职业道德、得体的形象举止、丰富的文化底蕴和高超的服务技能的人员。在世界空姐的评比中，美丽空姐的基本条件是“外表靓丽、品位时尚；形体俊美、衣着得体；举止端庄，大方雅致；服务热情，热爱航空乘务事业”。外在的美固然重要，而缺乏内在修养，这种美就会成为空壳，就没有生命力，就会产生视觉疲劳。因此，空乘人员要内外兼修，实现内在美与外在美的和谐统一，保持永久的魅力。

（八）简单细微服务中彰显高品质

空乘服务可以“把简单而粗糙的事情做得精细，把精细的事情做得精致”，也即呈现出“为乘客考虑得越细，乘客就越方便”的服务思想之精粹，细致之中蕴藏着品位，细微之处体现着对乘客无微不至的关怀，因此，空乘服务中，往往是把服务工作细化，集小的关怀为无疆之爱，体现出“细微之处见真情”的中华民族友爱观。细微不是简单的“拆分”，服务的整体也不是细微服务的“集合”，服务中简单的细微，处处都有生命，都体现着人文关怀。如果说空乘服务与普通服务存在差异的话，那么就是在空乘服务品质目标下，体现空乘服务的每一细节，如体贴入微的关怀、亲切的笑容、优雅的动作等，都传递着服务人员对旅客的体贴，传递着一种精神。细微之处见精髓，温暖的细节才能涓涓入心，才能体现出空乘服务的品质。

（九）空乘服务职业的高职业化

职业性是从技术层面上对空乘服务属性的确认。任何职业都具有职业要求、职业规范、职业生涯以及职业道德的明确界定，显然，空乘服务的特殊性决定了空乘服务职业具有与众不同的职业化特征。首先，空乘服务的技术性明确，在服务过程中有严格的技术要求，如客舱内应急设备的使用，突发事件的处理，服务的技术程序等；其次，服务过程具有明确的要求与规范，强调保障安全的核心任务；再次，面对职业道德，从业资格有明确的要求；最后，职业生涯设计也有明确的预期。这里需要特别强调的是，在国际上，空乘服务业普遍都被认定为特殊职业，认为它是在特殊的工作环境中付出特殊劳动的职业，也恰因如此，空乘服务人员得到了较高的工作报酬，得到了社会的尊重。总之，空乘服务是一个崇高的事业，它代表的不仅仅是一个航空公司的形象，更代表一个民族的风范，体现着一个国家的文明程度，传承着文明与精神。

【信息卡 8-2】

世界航空小姐微笑服务宣言①

今天是 5 月 15 日，是第一个世界空姐日，是我们过的第一个世界空姐节，第一次享受赋予职业群体鲜明记号的自己的节日。

我们的节日，许许多多的姐妹并没有休息，没能够放假，仍然飞翔在云端，忙碌在机舱，穿梭在四方，微笑在蓝天上。因为，我们的职业就是服务，时时刻刻保障着蓝天的运输，全心全意为每一位旅客服务。

大家对我们很羡慕，其实我们很普通。服务，是我们的理想；服务，是我们的誓言；服务，是我们青春最大的建树。

我们每一个服务细节，都将关乎航空公司的服务质量，关乎人们对世界民航事业与空乘职业的判断。每一个微笑瞬间，甚至可以代表各自的祖国、各自的家乡。我们用微笑，用服务，导引五洲四海的旅客，进入不同的国家。

飞机客舱服务，是我们生命之歌的组成音符，我们用每一个亲切而标准的音符，支撑起全世界民航运输的交响曲。因此，我们平凡的职业，蕴含着崇高，显示着尊贵，将一生给我们自豪。

青春做证，我们将更加珍视自己的职业，遵守职业的标准，热情为全世界旅客服务的空乘职业。

---

① 本宣言由世界航空小姐协会副会长乔惠民主持。由理事会有关成员及首届世界空姐节部分空姐代表起草，乔惠民执笔，会长组织理事会审定。2011 年 5 月 15 日于香港第一个世界空姐节，由全体空姐代表签名通过，东航“凌燕”乘务员丁珏奉命发布。

用高雅、端庄为旅客服务，用美丽、大方让旅客放心，用微笑、热情使旅客快乐，这就是我们在今天自己的节日里，全体一致的信念和青春不变的誓词！

每一个自己的节日，我们都将重复自己今天的宣言！

第二节 空乘服务的核心问题与本质

一、空乘服务与一般服务的差异

差异是空乘服务生命力的源泉，也是做好服务的基本点，有了差异，才能更好地把握服务的方向，寻求空乘服务未来发展的空间。与其他服务行业相比，空乘服务存在着明显的特殊性。这种特殊性仅仅存在于空乘服务中，这也强调了在本质上其他服务行业是无法比拟的。

（一）安全责任高于一切

航班飞行过程中必须要有安全，没有安全就没有飞行。使命所在，责无旁贷，影响飞行安全的因素众多，存在于方方面面的细节之中，渗透在服务各个环节，包括执航机组与飞机之间，飞行机组与乘客之间，飞行机组与外在天气等因素之间，乘务员与旅客之间；也包括乘客之间的相互关系。飞机的技术安全取决于机组驾驶人员根据不同的飞行环境与要求的技术处理水平，而客舱的安全取决于乘务组的安全管理水平。其核心问题是对人的因素的把握，乘务人员既是客舱的服务员，又是客舱的安全员。在繁杂的服务过程中，必须要时刻关注、审视客舱出现的安全状况，及时发现处理各种安全问题，与飞行机组人员密切配合，临危不乱地处理各种突发事件，甚至要在特殊情况下，奋不顾身地保护旅客生命安全。

（二）服务过程繁杂巨细

空乘服务的繁杂取决于飞机飞行的特殊性、技术要求对服务过程的要求，集中体现在服务的程序严谨、服务规范细致，执行中不容丝毫差错。例如，客舱人数的清点、客舱行李的检查、各种应急设备设置的检查等，均严格而苛刻，必须按操作规范、操作规程、程序、制度进行；服务的巨细是指服务所涉及的范围之广、考虑因素之多，乘客的需求差异大，需要机组成员之间密切配合，同时，客舱的安全性隐藏在服务过程的细节之中，需要一丝不苟，将服务的规范贯彻始终，如关闭手机等通信设备，靠椅的角度、小桌板的状态，系好安全带等细节，琐碎巨细之中渗透着服务的责任与对乘客的关怀。

（三）乘客的期望值高

乘坐飞机的费用比乘坐别的交通工具高，这也就意味着乘客会对服务产生高期望，“物有所值”有过之而无不及，甚至有些刻薄，这在消费层面是可以理解的，但从服务层面看，这就给空乘服务增加了难度，加之乘客普遍存在的“畸形”心态，个别乘客的自我膨胀，喜欢彰显个人的“价值”，“虚抬”了空乘服务的本身内容。乘客的期望是客观的，而充分考虑乘客的期望是客舱服务的责任，高期望推动了客舱服务的进步和服务档次的不断提升，特别是在精神层面的期望值，已经成为客舱服务的着力点。

（四）多因素交叉影响服务质量

民航服务是个系统性工作，乘务服务只是其中的环节之一，关乎乘客的出行体验与感受。而客舱之外的因素也会传到客舱服务中，如气象条件、空中交通管制、机场地勤服务、航班运行状态、航空公司的管理水平、机务保障等诸多因素的影响等，都会影响乘客的情绪、心态和内心体验；同时，以此叠加，服务中的细节问题也会放大，甚至成为服务冲突的导火索。所以，在追求服务满意的过程中，空乘服务与其他服务相比，难度更大，不可控制因素更多，对技巧的要求更高。

二、空乘服务的核心问题

让乘客满意、提高乘客忠诚度是空乘服务追求的永恒目标。那么究竟是什么决定了乘客满意度呢？服务利润链理论告诉我们，乘客的忠诚度、满意度取决于乘客满意，而乘客的满意度则取决于忠诚员工提供的服务水平。核心问题就是如何把服务的宗旨转换为让乘客满意的服务。例如，同样是开在一条街上比邻的两家饭店，一家门庭冷淡，食客零星，另一家饭店门庭若市，排队等候，难道说前者就不想把饭店开红火吗？其实，两个饭店的差异就在于两家饭店给客人提供的服务有天壤之别。所以，服务的核心在于如何有效实现满足顾客的需求。也就是说，空乘服务的核心问题就是通过员工的自觉行动，完美地实现服务设计方案，让乘客感到满意，其落脚点是乘客满意，而如何实现乘客满意是空乘服务的核心，没有实现的有效办法，再好的服务宗旨和服务设计也没有任何实际意义。

纵观空乘服务的实践，我们可以看到，不同的航空公司，在服务理念上没有本质差异，而在服务的口碑上却产生了差异，其原因主要在于服务目标是否成功转化为乘客满意，其一，转化环节（即服务的实施过程）缺乏有力的保证，把服务作为服务过程，没有在服务的细节中扎扎实实地落实，曾见过“以服务为宗旨，视乘客为亲人”服务口号，以过程为宗旨，似乎偏离了服务的本质，服务离不开过程，但过程必须保证提高让乘客满意的服务；其二是服务态度与服务过程的细节缺乏一致性，缺乏将服务宗旨贯穿始终的有效服务行为。优秀的航空公司服务者一定是一流的，但这种一流必须是理念、态度、行为、能力的高度统一，必须在服务过程中呈现始终如一高品质的、渗透企业服务精神的服务行为。可见，服务核心问题的实践意义在于服务规范与服务态度、服务行为的完美结合。

（1）重视服务设计的同时，必须配套实施体系保障。满意的服务首先建立在充分认识乘客需求基础上的服务方案的设计，但这是必要的第一步，而不是服务的全部，实现服务设计才是服务设计的目的。

（2）服务核心关注的问题是如何做到乘客满意，即要求空乘服务的一线人员必须能够践行服务理念，把公司的信念通过自觉的行为、不懈努力显现出来，这就需要有过硬的服务团队来保证。

（3）建立一荣俱荣的机制，凝心聚力。关注乘务员工作生活与职业发展是刻不容缓的问题，不能让乘务员游离于航空公司的主体之外，需要建立科学有效、持续稳定的用人机制，满意的员工才能创造满意的服务。

（4）提高乘务员的服务能力，提高服务艺术。古语说得好，“工欲善其事，必先利其器”，服务本身是个硬碰硬的过程，无论遇到多么复杂的服务状况，最有力的保证条件是有能力处理，有驾驭服务的本领与艺术，使服务处于可控制状态。

三、空乘服务的本质

从乘客与空乘服务的关系来看，空乘服务就是让乘客满意，让乘客的需求与期望得到满足。面对服务思想更迭，服务模式、服务方式的创新，架构各种机制与体系来保证服务水平的时候，究竟谁的服务更出色？为什么能出色？这些都能引发我们对服务本质的思考。

（一）空乘服务的两种境界

从服务主体对服务对象的心理状态来看，空乘服务可以分为两种境界：发自内心的和谐服务和机械呆板的模式服务。

1. 发自内心的和谐服务

发自内心的和谐服务就是服务主体在心灵的支配下，与服务对象的客观需求达成和谐一致的服从与服侍行为，是服务者的行为与需求者的意愿、社会要求、群体规范相符的行为。此时，对于乘客的不违反法律以及不违背社会公共道德的要求，服务员都必须表现出服从，乐于被旅客“使唤”。这时，服务员必须暂时放弃“个性的东西”，全心全意去理解和遵从消费者的价值观念。服从是服务业员工的天职，所谓“有理是训练，无理是磨炼”，当服从成为一种行为习惯时，服从就内化为一种自觉行动了。

在特定的环境下，老人需要照顾，小孩需要照顾，所有的人都需要照顾与关怀。所以客观来讲，凡是乘客，在飞行全过程中都需要照顾。服务应该是一种互相理解和互相宽容，永远想到他人，替他人着想的意识。在航空旅行过程中，乘客是以“弱者”身份出现在服务主体面前的，在陌生的环境中，就像孩子需要母亲的照顾一样，乘客需要服侍者的“呵护”。

这里需要解释的是有关服侍问题。服侍就是伺候、照顾。在长期的人类关系中，服侍照顾有两个属性：其一，服侍照顾是自然的人类感情，是所有人彼此联系的方式。这种自然感情起源于人性，凡是正常的人都有这种服侍照顾的自然情感。但仅限于这种自然情感是不够的，需要通过教育和努力，将这种自然的感情培养成一种自觉的道德情感。空乘人员对乘客的服侍照顾应该是一种自觉的职业道德情感。其二，服侍照顾与道德和社会理想联系在一起，例如，人需要受到保护或需要得到爱。在这个意义上，可以将服侍照顾解释为个人之间存在的一种特殊的爱以及在特定情境下的伦理义务。需要进一步指出的是，空乘服务不是个性的表演，而是根据服务的基本规律结合自己所扮演的角色的常规要求、限制和看法，对自己的行为进行适当的调整的过程。服务中不允许抱怨，也永远不存在服务人员与客人“平等”的问题。这是由空乘人员的角色所决定的，即角色定位。抱怨来源于角色定位的错位，抱怨最根本的错误在于：没有明确自己的角色，总认为乘客是人，我们也是人。实际上，在为乘客服务的时候，服务的提供者永远不可能与乘客“平等”。因为乘客是消费的主体，而空乘人员所提供的服务是有偿的。乘客支付费用购买了航空公司的产品，包括实物产品与无形的产品，实物产品就是航空器上某一座位在某一段时间内的使用权；无形的产品就是服务，乘客购买服务的目的是要愉快安全地旅行。

作为乘务人员，需要正确理解平等的实践意义。第一，对所有乘客态度上一视同仁、同等对待。第二，所有乘客获得的服务内容与服务机会是均等的。第三，只要可能，应满足所有乘客最基本的需要。第四，乘客支付费用，就应该享受服务；员工付出服务，争取到的是自己的工资报酬与价值的实现。

2. 机械呆板的模式服务

当深入探讨导致不满意服务的原因时，我们很容易发现，服务人员机械的服务是引起人们不满的基本原因。疲于应付的态度、冷漠的面孔、机械的动作以及按部就班的服务过程，这些机械呆板的服务缺乏主动意识，使整个服务限定在固定模式范围内，对乘客的诉求“心不甘，情不愿”。此时，服务人员为乘客提供服务也就成为一种负担，甚至表现出厌烦的心理状态，这必然会给乘客带来不满。其实，当服务处在这样境界的时候，不仅乘客不满意，而且服务成为服务者的累赘，乘客不满意，服务者能快乐吗？

（二）空乘服务的本质

上述简单的对比分析表明，心与心态是最根本的问题，要敬重服务职业、敬重每一个服务细节、敬重每一位乘客。所谓态度决定一切，就是做事时的心态与心境，以恭敬的心做事，将心比心地待人，当做到“你们要别人怎样待你们，你们也要怎样待他们”，保持内心的真诚和谨慎的意境的时候，服务就进入了“随心所欲”境界，此时，服务的方式就退为配角，服务就会赏心悦目，会把服务从让乘客满意升华到感染乘客的境界。所以，空乘服务的本质是可以理解并尊重乘客的心理与意识，通过由衷的服务行为来满足乘客的需求，体现自己的价值，感受服务的快乐。简而言之，服务的本质就是由心而至的服务行为。

由心而至，就是由内心发起，由仁义之心支撑，由宽阔之心去调节的无私的服务状态，把服务作为生命的一部分，就像全球五星级航空公司之一的卡塔尔航空公司的招聘网页上的一句话所说：“As a cabin attendant, it’s not only a job, but the way of your life”。当尝试着把乘务员这个职业当作自己的生活方式，去热爱它，喜欢它，去发现其中美好的一面，去发现一些善良的面孔，服务就成为一种享受。研究服务本质的实践意义在于提高服务修养，启发做好服务的思维。

第一，用心热爱服务。空乘服务境界必须是发自内心地去热爱空乘职业，把其当作生活的一部分，这样才能激发每个人的潜能。

第二，用心做好服务。真心投入服务中，把服务视为享受与快乐，心到事竟成，敷衍了事，得不偿失。

第三，用心理解乘客。要真心对待乘客，从内心的情感出发，视乘客为自己的亲人，给乘客以无微不至的体贴、关怀、爱护、呵护。要把空乘服务作为一种主动行为，淡化个性，服从乘客的价值评价，创造性地改进服务。

【案例】

我愿意为你服务

某航班就要起飞了，乘务员发现一名心神不安的乘客左顾右盼，似乎在期盼着什么。经验丰富的乘务员知道他是个需要特殊服务的乘客，需要特别的关心。乘务员走到这位乘客面前，投以关切的目光，询问情况。原来，这名乘客是第一次乘飞机旅行。平时有晕车的现象，另外对飞机的安全情况也不是很有信心，因此，飞机起飞后，他神色紧张，心里充满恐慌。为了消除这名乘客的恐慌心理，乘务员向他简单介绍了飞机飞行的情况、安全须知，并亲自为他检查了安全带，对乘客说："您放心吧！飞机是最安全的交通工具，我会多来陪着您的！"乘务员还为这名乘客送来了饮料、面巾和机上读物。在飞机遇到气流、出现颠簸的时候，乘务员就会走到这名乘客面前，向他解释颠簸的原因，并询问他的情况。乘客的紧张情绪渐渐消除，脸上露出了平静的微笑。在整个航程中，乘务员十几次来到这位乘客面前，每一次微笑都给乘客传递了安慰与信心，无微不至的关怀与帮助使这名乘客战胜了恐惧的乘机心理。

第三节　空乘服务的特点

安全、快捷、舒适是民航运输的特点，空乘服务工作正是实现这一目的的服务环节。空乘服务看似是一种服务，但其工作的性质、内容有着更广泛的含义。安全为本是空乘服务的第一要务，乘务员在飞机上不仅仅要为乘客提供热情周到的服务，更重要的是保证机上的安全，在任何情况下，都要尽量减少对乘客不必要的伤害。同时，空乘服务是直接面对乘客的服务窗口，代表着中国民航和各航空公司的形象，空乘人员的言谈举止、服务态度是国内外乘客乘坐飞机的第一印象，体现了一个国家、一个民族的精神面貌，也是航空公司服务水平的重要标志，与航空公司的发展密切相关。

一、飞行安全的至高无上

乘客安全抵达目的地，是机组成员的基本任务。在航班正常的情况下，乘务人员首先要做好安全防范，担负着观察、发现、处理各种航空安全隐患的任务，担负着维持客舱秩序、消除各种危机事件对飞行与客舱安全影响的任务，特别是在紧急情况下，空乘人员作为机组的重要组成部分，担负着面对乘客、面对危机、面对特殊情况的责任。因此，参与飞行安全管理是空乘服务人员的基本任务，安全责任重大，远远超过其他服务行业，可以说安全是空乘服务的重中之重。

二、服务场所的约束性

飞机的客舱是一个非常特殊的场所，面积狭小，设施功能特殊，空间局限，高空服务的物品需求受限制，人员密集，而且客舱环境会受到飞行状态的影响，又会受到旅客心理状态的影响。航班中绝大部分服务工作是在飞机行驶过程中开展的，服务过程要受到飞行状态、各种安全规范的制约。在空中服务不像在地面服务，如果服务物品缺失，则无法达到旅客的服务需求。因此，服务行为既有机动性，又必须符合安全、服务规定的要求，在服务过程中机组人员要密切配合，发挥组内团队精神。

三、技能性强，服务内容复杂多变

航空器在飞行过程中，不同阶段有着不同的特性，要求服务过程必须符合技术规范要求，不允许有随意性。客舱中的各种设备、设施都与安全密切相关，操作过程应严格按照规章制度去执行。服务涉及的范围广泛，仅仅包括服务、餐饮，还有许多附加服务，每个过程与环节均有技术规范要求。

四、个性化呵护明显

乘坐飞机旅行是心理状态不断调整的过程，因为飞行过程中的不同阶段、不同气象条件会使乘客产生不同的心理感觉和身体反应。航班上的旅客天南海北，从年龄、职业、身份地位、舱位标准等方面都是截然不同的，很多乘客甚至处于紧张状态，存在着恐惧心理，这就需要乘务员针对不同旅客的需求做好服务。乘务人员只有提高自身的文化修养，掌握丰富的专业知识和服务技能，努力学习掌握不同乘客的不同服务需求及心理特点，才能做好空乘服务。

五、空乘人员心理素质过硬

空乘人员是航空公司的一线代表，是旅客在飞行过程中的直接对话者。飞行环境、服务对象以及服务过程的特殊性要求乘务人员具有较强的心理素质，具有很强的亲和力和超越自我情感的职业情感，让旅客感受到乘务人员的专业性，这样旅客才会对飞行中的服务感到满意，飞机才会更安全。

六、处理问题果断迅速

空中飞行，安全相系，安全问题不能怠慢。航班上飞行中会遇到很多特殊情况和突发事件，服务过程中会出现复杂多变的情况，需要科学系统的服务管理，更需要乘务员具备良好的心理素质、应变能力和决断能力。

第四节　空乘服务的内容与程序

乘务员很忙，除了发餐、发水时能看见他们，其余时间他们在做什么呢？其实，乘务员一直处于繁忙状态，有些是乘客可以看到的，有些是隐形的付出。空乘服务，从最初的为了安全应运而生的空姐这个职业，到现代所有航空公司追求的个性化，空乘服务的内容有了质的飞跃，其服务内容既有统一的规范，又有各自的个性，正是服务内容的不断创新、充实与拓展，才使今天的空乘服务内容丰富多彩。一般而言，我们可以把空乘服务的内容归纳为以下几个方面。

一、空乘服务的内容

（一）基本服务内容

空乘服务的基本内容就是乘客必须享受的、具有一定标准与规范的服务内容。它是乘客从乘机到离开飞机所必须享受到的服务。这种服务是乘客具有的基本权利，也是航空公司的基本义务。从空乘服务的阶段与服务功能出发，空乘服务的基本服务内容应该包括如下几个方面。

1. 面对乘客的地面服务内容

（1）迎宾。迎宾是直接服务于乘客的第一步，是服务乘客的开始，是用形体语言表达对乘客的敬意与欢迎，表现在空乘人员需要按规范的礼仪的要求，以饱满、热情、主动的精神状态，迎接每位乘客的登机。它传递着公司对乘客的态度，体现着乘客价值，印象深刻的迎宾过程，会对乘客的视觉形成强烈的冲击，给乘客留下良好的心理感受，激发出享受愉快旅行的美好期待，对后续服务的顺利进行奠定了重要的基础。

（2）问候。问候与迎宾是直接为乘客服务的孪生环节，共同表达对登机乘客的敬意与欢迎，问候也是乘客接受的第一句有声语言的服务，它用真诚、温馨、甜美的语言表达对乘客的欢迎："欢迎您乘机！"这一句简单的问候，会通过听觉暗示"我们的旅程开始了，我们会守护在您的身边！"同样，其给后续的服务奠定了重要的基础。

（3）安排座位与核对。航班客舱狭小，乘客登机比较集中。不同航空公司、不同机型的座位安排大不相同，所以找座位对于乘客来说就显得尤为重要。对所有的乘客，无论是首次乘坐飞机的乘客，还是经常乘坐飞机的老乘客，都需要给予座位位置的指导与帮助，以提高运输效率。舱门迎宾乘务员要及时指明座位所在的通道（包括单、双通道飞机）；客舱内不同号位的乘务员更要主动、及时、周到、快速地为乘客指点座位，同时协助对乘客随身携带行李物品进行安置。热情高效的座位指引可以疏通过道，避免拥堵和不必要的麻烦，保证在规定时间内完成乘客登机，也可以避免给后续乘客带来不好的感知和引起航班延误。

（4）送客。送客是在航班抵达目的地后，乘客离开飞机时的送别礼仪，一声“再见，请慢走，欢迎下次乘坐本次航班”，表达了航空公司对乘客的谢意与对乘客再次光顾的邀请，也标志着航班乘务员对乘客直接服务的结束，是完美服务的标志之一。服务是个过程，送客尽管是瞬间之事，但意味深长，是前序服务的延续，也是新服务的开始。

2. 飞行中的服务内容

飞机起飞后，要按照服务规范向乘客提供相关的服务包括以下内容。

（1）客舱巡视。客舱巡视是飞行阶段例行的服务工作，其内容包括以下几方面。

①与乘客的沟通，包括向乘客主动介绍航线信息及到达时间、天气、温度；征求乘客对餐饮服务的意见，认真听取、记录好乘客对服务提出的意见和建议，并表示感谢；及时了解乘客的需求并进行处理；及时应对乘客呼唤铃的需求；正确回答乘客问询；帮助乘客交换书报杂志。

②清扫洗手间，及时添补洗手间用品，始终保持洗手间整洁、无异味，使其符合洗手间卫生标准。

③添加饮料。

④回收不用的餐盘、杯碟，清理走廊、座位、洗手间和地板。

⑤照顾好特殊乘客、睡觉乘客，帮助阅读的乘客打开阅读灯。

⑥调节好客舱温度（昼间飞行 22～26℃；夜航飞行及乘客休息时 24～28℃）。

⑦注意观察乘客的动态，严防劫机事件的发生。

（2）客舱广播。客舱广播是按照客舱服务时间、服务顺序、安全管理程序等的安排播出的，在即将进行的服务或服务状况处置前及时完成通知，使乘客了解接续的服务内容，以便更好地与机组配合。播音时要做到播出时层次结构清晰、条理清楚，必须从具体的服务和安全管理入手，进行深入细致的分析。客舱广播质量的优劣是体现空中服务水平高低的重要组成部分，直接影响着乘客的乘机感受和客舱的服务品牌形象。

客舱广播大体可以概括为服务和安全这两种形式，服务主要是通过广播让乘客了解此次航班的航程、时间，途经的省市和山脉、河流，还有一些服务项目等。安全主要是正常的安全检查，在起飞和落地前的广播提醒，特殊情况和突发事件的应对等。

客舱广播除了由资深乘务员来完成外，现在机长广播也成为一种普遍做法。当然，机长广播与乘务员广播的作用有很大差异，乘务员广播具有常规性，以固定模式为主，与例常性的服务相关，而机长广播具有特殊的指向，通常出现在“必要”的时刻，以增加乘客的安全感，为非正常航班助力，同时也是为服务品牌锦上添花。

【信息卡 8-3】

机长广播让乘客的空中体验更有“安全感”

“女士们、先生们，亲爱的朋友们：

“早上好！我是本次航班机长，欢迎您乘坐东方航空班机和我们一起前往广州，您今天所乘坐的是空客 330-300 型飞机，我们的飞行高度是 11 000 米，空中飞行时间大约 2 小时 40 分钟，根据最新的天气预报，广州目前的天气多云有零星小阵雨，温度 29℃，在我们起飞后的航程里会遇到不稳定的气流和雷雨天气，将会有不同程度的颠簸，在此敬请各位不用担心，这是正常的，一切都在我们的掌控之中，为了您的安全，请您在起飞后的航程里，在座位上坐好，务必系好安全带……”这是资深机长教员在飞往广州的航班上的机长广播，既温馨，又体贴，更有安全感。

机长广播与服务广播有着本质的区别。在空中客舱广播中，乘客往往对例行的乘务员服务广播关注度不高，而对航班上的机长广播十分关注，这源自于乘坐航班的乘客普遍都有一个共同的心理——空中安全。特别是第一次乘飞机的乘客，如何使他们放松紧张的心情，机长广播往往比服务广播更具有说服力，能带给乘客更多安心，出于这个原因，近年来，机长广播由过去的“需要做”到目前的“必须做”，已发生了重要改变。在实际运行中，由于机长在起飞、降落等关键阶段需要做好安全方面的工作，没有精力做机长广播，所以，一般机长广播多在平飞后进行。最常听到的是机长欢迎词广播，如“我是本次航班机长，欢迎您乘坐东方航空班机和我们一起前往……您今天所乘坐的飞机机型是……飞行高度是……米，空中飞行时间大约……小时……在飞行航程中，请您在座位上坐好，务必系好安全带，再次感谢您选择东航航班，祝大家旅途愉快!”

但当飞机起飞前遇到排队等待或航程中机长没有时间做机长广播时，机长广播也可以在起飞前或降落后进行。由于这类广播更多类似机长自我介绍，与服务欢迎词广播有相似之处，通常可以由机长做，也可以由机长委托副驾驶或乘务员来做，以拉近与乘客的心情距离，让乘客更安心。

资料来源：https://baijiahao.baidu.com/s?id=1573968618812730&wfr=spider&for=pc

（3）餐食服务。餐食服务是目前正常航班的基本服务内容（除低成本航空外），也是服务特色的体现。提高餐食服务质量，是吸引乘客、提高竞争力的有效手段之一。按照服务规范向乘客提供餐饮服务包括提供洗面巾、饮料、酒水、餐食；对特殊的乘客提供特殊餐食。依舱位（头等舱、经济舱、公务舱）不同、航程长短不同、时间不同，提供的餐饮服务内容各不相同，都有专门的乘务员负责。

3. 安全服务

（1）航前清舱检查。在地面人员（包括清洁人员、飞机维修人员、配餐人员）离机后、乘客登机前，有安全员的航班由航空安全员对客舱进行清舱检查。对检查出现的问题，按照安全规章，以必要的程序进行处理。

（2）应急设备检查。乘务人员配合飞行员登机后根据各自的责任，对照“应急设备检查单”核实应急设备的位置，确认其处于待用状态。

（3）乘客登机前的检查。在客舱安全检查和服务准备工作已经完成后，经济舱供乘客存放物品的行李箱应该全部打开，使其处于安全状态；机组成员的行李、飞行包等放在储藏间里。

（4）乘客登机时的安全检查。观察乘客的登机状态，确保行李摆放稳妥，确认出口位置的乘客，出现情况及时报告乘务长。

（5）飞机的翼上出口介绍。指定专门乘务员落实翼上出口安全确认工作，确认就座的乘客负责的安全任务并做好相应解释工作，使就座其位置的乘客明确自己的职责。确认后，报告乘务长。在离港之前，乘务长将出口座位的确认情况报告机长。

（6）安全演示。飞机舱门关闭后、飞机滑行起飞前为飞机上的乘客播放或者现场做安全演示。根据《公共航空运输承运人运行合格审定规定》，机组成员必须向乘客进行安全演示。安全演示的目的是让乘客能真正掌握安全乘坐飞机必备的知识和技能。主要是通过演示过程使乘客对机上的安全设备、服务设备设施、用具等熟知，如安全带、氧气罩、紧急出口等的使用；乘机过程中对乘客的基本要求，如紧急降落时的自我保护方式等。目前乘机安全演示有两种方式，一种方式是在播音员的引导下，由乘务人员通过示范动作和形体语言来完成；另一种方式是事先准备好安全演示的影像资料，通过多媒体进行播放。前者直观、明了，有亲切感，能较好地体现出乘务员与乘客的互动关系，但有时缺乏规范性；后者示范动作规范、标准，但缺乏现场乘客的关注度。

很多航空公司为吸引乘客的注意力，把枯燥的安全演示用更丰富的元素展示给了乘客，例如京剧元素、水墨元素、卡通动画等形式的安全演示。

（7）关闭舱门。经过复杂的确认工作，得到机长的允许方可关闭舱门。各门区乘务员操作滑梯预位，并相互检查，通报各区位滑梯预位情况；如遇特殊情况，需实施机门再次开启程序。

（8）客舱安全检查（起飞前和落地后）。主要是根据飞行前的安全要求，对安全带情况、椅背、餐桌、遮光板，通道畅通等情况进行检查。

（9）滑行至起飞前的强化检查。主要是妥善处理有特殊要求的乘客，检查洗手间是否无人使用后锁闭，处理客舱紧急情况，做好应对紧急情况的思想准备。

（10）飞行中的安全检查。飞行中的安全检查即对飞行过程中的安全事项进行处理，清除各种事故隐患，保证全程飞行与乘客安全。包括全程安全带系好、行李箱关闭状态、餐车的滑动控制、全程监控驾驶门、客舱、洗手间、应急出口等。

（11）着陆前的安全服务。着陆前的安全服务即为保障飞机安全着陆所采取的一系列安全措施，包括乘客自身方面、机上硬件设施状况，如便携式电子设备关闭情况检查、安全带情况，走廊与应急出口有无障碍检查，小桌板、电源、门、洗手间占用情况等检查。

（12）到达后的全面服务。做好乘客下机前的各项准备工作。如解除滑梯预位，打开舱门，确认客梯桥或者廊桥停稳。

（13）下机后的安全服务。主要是清理客舱，检查有无滞留乘客与遗留物品。发现问题要登记并及时上报。

4. 救助服务

（1）乘客安抚。对乘机过程出现恐慌、畏惧的乘客提供心理服务，像亲人一样关怀开导，并提供有益的帮助，使其平安到达目的地。

（2）机上医务急救。对由于乘坐飞机而出现不适的乘客，说明缓解症状的办法或提供药物；对有传染病的乘客，进行隔离或者做特殊处理，对旧病复发或突发疾病的乘客进行紧急救助。

（3）特殊救助。对乘客登机后出现的非常情况或困难给予特殊救助，如登机前事情的延续处理、物品丢失，下机后的延续问题等。

5. 娱乐服务

娱乐服务即为乘客提供报纸、刊物、视听等娱乐性服务，使乘客轻松愉快地完成旅程。

6. 咨询服务

咨询服务即回答乘客关心的各种问题，如航线地理、旅行常识、航空知识（如所乘坐飞机的机型特点等）、目的地的情况等。

7. 乘客管理

即通过实施有效的乘客管理，保证整个航程乘客的人身与财产安全，使乘客感觉放心、顺心、舒心，路途无忧。包括非正常乘客的处理，需要特殊帮助服务的乘客、伤残乘客的处理等。

8. 应急处置

应急处置就是发生紧急情况时，在机长指挥下，迅速采取处置措施，消除各种隐患。如应急撤离、火灾、客舱释压、应急求救、危险品处理、客舱排烟等。

（二）延伸服务

乘客的期望是多样性，越具特色超值服务越能感动人，最能感动人的事件也就最能引起人们的共鸣，能够留下深刻的记忆，对乘客越有吸引力。在激烈的市场竞争下，需要从技术层面规范的服务向丰富多彩的内在服务转变，更加重视延伸服务，多为乘客着想，多为乘客解决问题，是客舱服务的基本发展趋势。

1. 免税品服务

航班飞行过程中，为乘客提供了优质的机上免税商品服务。机上免税品多为国际知名品牌，产品丰富多样，优质优价，其中涵盖了香水、护肤品、彩妆、珠宝饰品、手表、香烟、名酒、皮具、潮流数码产品、巧克力糖果、儿童玩具、民族商品等。

2. 个性服务

个性服务是根据乘客的个性需要所提供的服务。个性服务是空乘个性化服务的重要体现，要求乘务人员根据乘客的不同需求，采取积极的态度与特殊化手段提供个性化服务。如喜欢言谈的乘客，就可以适度地与其进行多方面的沟通；对喜欢安静的乘客就不要过多地打扰等。

3. 关怀服务

关怀服务即通过细致入微的服务使乘客感受到家的温暖与踏实。乘务人员通过细心观察，发现乘客心理的细微变化，对乘客嘘寒问暖，像对待朋友、亲人那样，才会让乘客感受到家一般的温暖和亲切感受，同时也会对乘务人员可亲可爱的形象印象深刻。

4. 前后续服务

前后续服务即在登机前与离机后的相关服务，包括购票、到达机场、转机、旅游、住宿、商务、到达站车次等方面的信息服务。

（三）丰富空乘服务内容的基本思路

随着市场竞争与乘客需求的变化，空乘服务内容在不断地丰富，体现了航空公司为满足乘客要求所做出的不懈努力。从世界各国航空公司乘客服务内容的变革来看，空乘服务的发展趋势可以概括为以下几点：第一，重视乘客价值。即以乘客需求为核心，不断通过服务内容的合理设计，更贴近乘客的心理需求。第二，服务细致化。即通过服务内容的丰富，让乘客感觉到细致入微、关怀备至的服务。第三，服务内容延伸化。即不局限于传统服务内容约束，只要乘客需要，都尽力去满足。第四，更关注精神层面。即在理念方面的创新，通过多种形式满足乘客在精神层面的需求。我国民航服务正值不断发展、走向民航服务国际化的过程中，需要通过服务的创新方法丰富服务内容，创建具有中国特色的民航服务模式。

1. 重视乘客的乘机感受，满足其期望值

乘客需求期望是乘机消费固有的特性，在乘客有了乘机权利的同时，也就承认了乘客期望的价值，确认了空乘服务中乘客的核心地位。在重视乘客期望、突出乘客价值方面，国际上知名的航空公司走在了前列。如大韩航空公司将乘客期望作为公司服务的根本，从实现乘客的价值入手，分析乘客所关心的问题，采取切实可行的措施来实现乘客的价值。2007 年他们根据乘客需要和市场竞争的要求，将服务延伸到了对行李的特殊处理上，对头等舱乘客的托运行李进行特殊包装与领取时的便捷处理，大大提升了乘客的价值，使乘客真正体会到了什么是关怀与重视。

2. 为乘客提供全方位的服务

延伸价值指的是体现在主服务范围之外，而对主服务价值产生深刻影响的、具有互补性的服务产品所带来的价值。换言之，当传统的服务处于静止状态时，冲破局限的服务内容，重新建立乘客与公司的联系。尽管这些提升的服务微不足道，却极大地提升了乘客的价值感，增加了乘客的收益。如英航为乘客提供了淋浴与熨烫衣服的服务，为乘客第二天出席会议或执行公务提供了便利。提供全方位的服务将服务的概念贯彻于为乘客服务的每一个细节里。为乘客创造超额价值的机会存在于乘客与空乘人员的接触中，抓住这样的机会，为乘客提供服务，帮助乘客解决问题。对航空公司的空乘服务来说，它的价值体现在乘坐飞机前、中和后三个阶段。三者是一个整体，乘客延伸的价值体现在这个服务过程中。

3. 给乘客提供全新的乘机感受

一个行业的竞争，通常不仅限于产品和服务本身，还涉及产品和服务的吸引力。围绕着可以计量的价格与功能的提高来吸引乘客的企业是理性的，被称为功能性企业，而通过体验提高企业竞争力的吸引力是感性的。在长期发展过程中，企业形成了自己的模式；或者关注功能的吸引力，来增加乘客的价值；或者通过关注情感，来增加乘客的价值。随着时间的推移，两种模式在不同的企业发展中表现得越来越鲜明。

空乘服务传统上具有功能性很强又兼有情感性的特点，目前其核心服务的成分正逐步变成日常消费品，各个航空公司空乘服务的内容日趋同质化，机型、客舱设施等差别越来越小。目前空乘服务正向两个方向发展，其一是简约化服务。一些成本低、节俭型航空公司剥离情感性的东西，只提供最基本的服务，如美西北航空以只提供花生米闻名，一直以低成本竞争战略在美国民航业独领风骚，持续盈利 30 多年。在欧洲这类公司也迅速发展，EASY.JET 的发展最具代表性，也最为成功，它看准欧洲低价的旅行市场，适时地推出了国内与洲内的短途、经济廉价的航班，所有机票价格约是大公司同类价格的 40%～60%，它不使用中介机构，90%的机票是直销。由于价格具有优势，大有与传统大公司分庭抗礼的势头，在该地区航空市场占有很大的市场份额。

4. 增加个性化服务项目，丰富乘客乘机体验

根据乘客的多样化与个性化特征，不断推行服务项目，丰富服务内容，满足不同乘客的需求。特别针对 VIP、CIP 乘客提供针对性的服务，将是未来民航服务的基本要求。国内的航空公司也在不断地加强自身的个性化服务，如很多航空公司都在做机上健身操，带领乘客做些运动，以打发无聊的旅途时间。这些服务项目对稳定乘客群体、稳定市场具有积极的作用，也是体现乘客价值的重要方面。

5. 加强服务细节，贴近现代人根本需求

在细节化服务的落实上更细致、有效。细节是实施乘务服务不可缺少的基本点，服务细节上的优秀是服务优秀的保证，也是对航空公司服务态度的检验。

大凡乘坐过新加坡航空公司、大韩航空航班的乘客都有这样的切身体验，他们的服务细致得不能再细致了！生活中的细节体现着人与人之间的关怀，细节化服务是乘客永远在意的、永不失色的金字招牌。例如，在服务过程中需要有详细的服务流程的准备，要十分明确头等舱、公务舱的乘务员应该注意的事项，询问乘客如果睡着了要不要叫醒和提前多少时间叫醒，对于 CIP 乘客和普通舱不同的乘客在服务上应该注意什么；再如，如何处理在送餐饮时乘客容易忽视呼叫铃的习惯，在客舱送水的过程中，有乘客要通过应该如何妥善处理等。细节是航空公司服务水平的保证。细无止境，“细”闪烁着情感的关怀与体贴。

二、空乘服务的基本程序

空乘服务一般分为四个阶段，飞行前的预先准备阶段、飞行前的直接准备阶段、飞行中的飞行实施阶段和飞行后的航后讲评阶段。

（一）预先准备阶段

空乘服务的预先准备是指客舱乘务员接受任务后，乘务组登机前所进行的各项准备工作。准备阶段是空乘服务工作的起始，也是保证服务质量的重要环节。在准备中，要做到细致、周全、规范，准备过程科学严谨。包括明确飞行任务、了解航班状况，进行个人心理、仪态着装与携带物品准备等。

1. 任务前的准备

由于分工与责任不同，乘务员与乘务长的准备各有不同。乘务员一般需要做好以下工作。

（1）获取航班信息。航班飞行前一天，从航空公司专门的网站上确认航班信息（或者电话确认），包括航班性质、航班号、航段、起飞时间、日期、报告机型、机号等。

（2）了解机组信息，了解执航乘务组员信息以及飞行机组的信息。

（3）熟悉航线，包括了解机场名称、方位、距离市区的距离，飞行时间、距离与高度，航线地理。

（4）复习相关业务资料。包括熟悉紧急情况处理办法，熟悉重要乘客、特殊乘客的服务沟通方法，熟悉各号位岗位职责。

（5）完成个人准备，包括仪容、仪表、化妆、着装，准备业务资料、广播词、体检合格证、登机牌、乘务员手册、客舱服务规范手册以及个人必备物品等。

而主任乘务长（代班乘务长）承担着更大的责任，其准备工作更具有管理与全局性，主要包括以下内容。

（1）完成乘务员接受航班任务的各项准备工作，因为乘务长同时也是乘务员。

（2）领取任务书，确认飞机到场时间、停机位置、客座信息以及 VIP 乘客信息。

（3）领取相关的单据。

（4）领取相关娱乐设备和娱乐视频的储存卡。

（5）完成国际（地区）航线乘务员护照领取与管理工作。

2. 乘务组签到

（1）所有乘务组成员必须按时签到。

（2）了解乘务员的身体状况，如身体健康不合格，及时更换乘务员。

签到时乘务员的仪容仪表必须符合规范要求，如果不符合规范要求要现场整改。确保个人物品携带齐全。

3. 飞行准备会议

（1）起飞前 1 小时 50 分签到后开会，乘务长先召开乘务组准备会明确航班任务，明确各号位分工，提出工作程序。

（2）乘务长向机长汇报乘务组准备会的情况，机长召开机组准备会，对航班飞行情况进行准备。机长提出机组成员主要注意的问题，听取机长的指示与要求。

（3）复习各种情况处理办法，掌握机型设备、服务设备的使用方法，传递局方、公司和客舱部的最新信息。

4. 乘务组出行

在机长和乘务长带领下，统一行装列队前往机场。

（二）直接准备阶段

飞行前直接准备是指乘务组登机后检查相关设备保证飞行安全，以及检查为乘客准备的服务用具、用品的情况，以便迎接乘客登机。一般根据航班起飞时间，最少提前一个小时登机，开始下列工作。

1. 客舱应急设备检查

乘务员需要对舱门、紧急滑梯的压力、救生船、手提式氧气瓶、手提式海伦式灭火器、机组救生衣、乘客救生衣、氧气面罩、安全带、麦克风、防烟面罩、发报机、手电筒、石棉垫、急救药箱和应急医疗箱进行检查。

2. 客舱服务设备检查

厨房设备、供水系统以及电源系统的情况，餐车与备份箱是否固定，娱乐设施的状态，厕所、行李架、小桌板、婴儿摇篮、座椅、靠背、阅读灯、观察窗等。

3. 各类物品的清点、检查与交接

需要检查当天航班机供品的配备情况，以及当天餐食的数量和质量。

4. 客舱卫生状态检查与确认

通常责任乘务员（根据航班情况指定）根据检查单按照标准对负责区域进行检查，检查确认后需要报告主任乘务长（代班乘务长），同时主任乘务长负责清洁部门责任人签字确认。

5. 登机前的清舱

主要包括处理可疑物品或无关人员。如发现可疑物品与人员，应及时报告安全员和主任乘务长，主任乘务长及时向机长汇报，并由机长决定通知相关部门。乘务员如发现乘客遗留物品时，按规定的交接程序处理。

6. 综合汇报

就是经由规定程序，在准备就绪后，由各号位乘务员向区域乘务长汇报准备情况，区

域乘务长向主任乘务长汇报客舱的准备情况，最后由主任乘务长向机长汇报客舱整体准备情况。

7. 登机准备工作

登机准备工作主要包括乘务人员仪态、仪表准备，以及客舱的灯光调节、温度调节、登机音乐播放。

（三）飞行实施阶段

飞行中的飞行实施阶段是指乘客开始登机到乘务组下机之间所做的各项工作，是直接面对乘客的服务阶段，也是航空公司服务品质的展示阶段。可以划分为地面服务阶段、空中服务阶段和落地后服务阶段。

1. 地面服务阶段

此阶段的界定通常是指从乘客登机开始至飞机从跑道滑行起飞止的全部过程，乘务员的工作职责就是完成所有的飞行准备工作。

（1）热情迎接乘客，介绍座位号码，区别不同乘客引导座位，安排行装摆放，对紧急出口座位的乘客进行评估。

（2）公务舱迎宾服务。

（3）清点乘客数量，核对并报告。

（4）汇报机长、关闭机舱、播放安全须知和注意事项。

（5）播放欢迎广播、起飞的安全检查（包括内外场的安全检查：有安全带、小桌板、座椅、遮光板、行李架、过道、紧急出口）。

（6）乘务员就座，回顾应急程序。

2. 空中服务工作

（1）主服务阶段：广播航线、客舱巡视、餐饮服务、清洁洗手间备用、播放录像、客舱值班与健身、免税商品销售、协助乘客填写入境卡（中程夜航、远程国际航班）、预报到达时间、到达站温度、物品回收等。

（2）飞机下降阶段：乘务工作广播致谢、安全检查、向机长汇报、再次确认安全带广播。

（3）落地后的滑行阶段：落地广播、监视乘客状况。

3. 乘客下机阶段的乘务工作

包括解除待命把手操作，汇报机长、打开机舱门，检查随机文件，特殊乘客交接，送客、清舱以及与相关部门交接。

（四）飞行后的航后讲评阶段

飞行后讲评是指乘务组下机后实施的各项工作，是对当日机上乘务工作的总结，也是乘务工作的结束阶段。

1. 对乘务组工作讲评

由主任乘务长主持，会议采取主任乘务长对乘务组进行综合讲评、检查员点评、乘务长讲评和乘务员自我评价等形式，对工作差错、麻烦事例、特殊乘客服务以及突发事件的处置、乘客意见反馈、乘务员业绩、需要改进的建议等进行沟通。

2. 填写乘务组质量记录

由主任乘务长亲自填写任务书、机上事件报告等。

3. 飞行后的交接

飞行后交接是航班信息反馈的一个重要环节，由主任乘务长按规定与各部门人员进行交接，包括护照、乘务长包、各类质量记录和单据等的交接。

第五节 航空安全保卫

随着航空安全环境的变化，威胁航空安全的因素越来越复杂，航空的空中安全越来越引起人们的关注，并在制度、体系与管理上采取了必要的措施。1973 年，国务院、中央军委决定在国际航班上派遣安全员，组建了航空安全员队伍，执行安全保卫任务；1982 年，国务院批准在国际和国内主要干线航班增配安全员；1983 年，中央根据当时国内治安形势的发展变化和保证空防安全的需要，决定将机上安全员工作改由武警承担；1987 年，国务院再次批准民航组建航空安全员队伍，逐步形成了今天我国民航空中安全保卫体系。

航空安全员是指在民用航空器中执行空中安全保卫任务的空勤人员，航空安全员在机长领导下工作。空中安全可以是专职安全员或空警，也可以是安全员兼乘务员。

一、民航安全的解析

航空安保（Aviation Security）是用来维护民用航空不受非法干扰而采取的措施和使用的人力与物力的总和，是航空安全的重要组成部分。

从 20 世纪初开始，通过“三大公约”确定航空犯罪活动的国际司法管辖权，开启航空安全保卫工作；到 20 世纪 70 年代，航空安全保卫的重点关注于防止与控制劫炸机等袭击破坏民用航空器和航空设施事件；20 世纪 90 年代，航空安全保卫延伸到遏制机上普通攻击行为。当今，航空安全保卫已经发展到航空领域的国际反恐合作。

航空安保的目的是阻止危害空防安全行为导致的由航空运输异常所引发的相关人身损害、财产损失或其他损害的发生，抑或避免人身、财产等权益所处的危险状态。危害空防安全行为包括非法干扰行为和扰乱性行为。

（一）非法干扰行为

非法干扰作为一个专门指称危害民用航空安全行为的专用名词，国际航空保安公约所禁止的非法干扰行为所共有的标准如下。

（1）非法的和故意的。即行为人对航空活动的干扰无国家法律的授权或国际法的许可，而且行为人主观上明知危害航空安全的结果但仍持追求或放任的态度。

（2）危害或足以危害航空安全。危害是指该行为直接对航空安全或航空秩序造成损害，如炸机、毁机行为。足以危害是指客观上已具备使危险发生的充分条件，但客观损害不一定达到严重程度，如航空器内打架斗殴。

（3）直接侵害对象是航空器和民用航空机场内的人、财、物。

（4）侵害的客体是国际和平、国家安全或公共安全。

（二）扰乱性行为

扰乱性行为是指除非法干扰行为之外的可能危及飞行安全的行为和扰乱航空运输秩序的行为。其特征，一是治安违法性与刑事违法性并存；二是行为过失性与行为故意性并存。扰乱性行为包括两大类。

（1）可能危及飞行安全的行为，具体包括但不限于：①戏言劫机、炸机；②未经许可企图进入驾驶舱；③在客舱洗手间内吸烟；④殴打机组或威胁伤害他人；⑤谎报险情危及飞行安全；⑥违规使用电子设备；⑦盗窃或故意损坏救生设备；⑧违规开启机上应急设备；⑨其他可能危及飞行安全的行为。

（2）扰乱航空运输秩序的行为，包括但不限于：①寻衅滋事、殴打乘客；②酗酒滋事；③性骚扰；④破坏公共设施；⑤盗窃机上物品；⑥在禁烟区吸烟；⑦冲击机场；⑧强占航空器；⑨其他扰乱民用航空器秩序的行为。

二、航空安全员总则

为了保障民用航空器及其所载人员和财产的安全，加强航空安全员队伍建设，根据《中华人民共和国民用航空法》《中华人民共和国航空安全保卫条例》和其他有关法律法规而制定了航空安全员总则。其主要内容包括以下几点。

（1）中国民用航空总局（以下简称民航总局）对航空安全员实行统一管理。民航总局公安局对民航系统航空安全员业务实施领导。民航地区管理局公安局对本辖区航空安全员业务实施指导。民用航空运输企业保卫部门负责本企业航空安全员队伍的管理工作。

（2）民航总局公安局可以根据情况聘任航空安全员为航空安全技术监察代表，对航空安全员的训练和值勤情况进行检查考核。

（3）航空安全员在机长领导下工作。

三、航空安全员责任与权力

（一）航空安全员责任

航空安全员的任务是维护飞行中的民用航空器内的秩序，防范和制止劫机、炸机和其他对民用航空器的非法干扰行为，保护民用航空器及其所载人员和财产的安全。

（1）在乘客登机前和离机后对客舱进行检查，防止无关人员、不明物品留在客舱内。

（2）制止与执行航班任务无关的人员进入驾驶舱。

（3）在飞行中，对受到威胁的航空器进行搜查，妥善处置发现的爆炸物、燃烧物和其他可疑物品。

（4）处置劫机、炸机及其他非法干扰事件。

（5）制止扰乱航空器内秩序的行为。

（6）协助有关部门做好被押解人犯、被遣返人员在飞行中的监管工作。

（7）协助警卫部门做好警卫对象和重要乘客乘坐民航班机、专机的安全保卫工作。

（8）执行上级交给的其他安全保卫任务。

（二）航空安全员权力

航空安全员在执行职务时，可以行使的直接权力如下。

（1）在必要情况下，查验乘客的客票、登机牌、身份证件。

（2）劫机、炸机等紧急事件发生时，对不法行为人采取必要措施。

（3）对扰乱航空器内秩序，且不听劝阻的人员，采取管束措施，航空器降落后移交民航公安机关处理；为制止危害航空安全的行为，必要时航空安全员可请求乘客予以协助。

四、航空安全员工作内容

（一）预先准备阶段

（1）确认任务；明确航班号、飞机号、机型、机组人员情况、起飞时间、中途站、降落目的地以及航线情况。

（2）根据航线的特点，结合空防形势的通报、上级对空防工作的要求，制定本航班的空防形势措施。配有两名安全员时，要有明确的责任分工，密切配合。

（3）按时参加机组准备会，了解、熟知最新的业务通告，做好与乘务长、机长的沟通工作。

（4）按时领取个人器械，进行个人准备。

（5）乘务组的准配会上要有空防预案，明确分工，专人负责。与机长、乘务员沟通预先措施，听取或执行机长的指示。

（6）各种证件携带齐全，自查证件是否在有效期内。

（二）直接准备阶段

（1）航空安全员登机后，对空舱进行全方位的检查。

（2）检查机上紧急设备是否处于良好的备用状态。

（3）在未派安全员的航线上，机上安全检查的工作由双执照安全员完成，或由乘务长指定负责空防的乘务员完成。

（4）乘客登机前，安全员会同乘务员对客舱进行清舱，保证机上无外来物和人员。

（三）飞行实施阶段

（1）乘客开始登机时，安全员应处于合适的位置，密切注意乘客的状况，注意机场工作人员的情况，防止偷渡人员混上飞机。乘客登机后，确认工作人员已全部下飞机，核实乘客舱单与人数相符。安全员在乘客登机的过程中，应协助乘务员维护机上秩序，处理乘客非法干扰客舱安全的行为。关闭机门后，及时向机长报告，坐到指定的座位上，看护驾驶舱门。

（2）航空器起飞后，按照规定锁定驾驶舱门，出入驾驶舱的乘务组人员必须按照事先的联络方式出入。

（3）航行过程中特殊情况的处置，均按公司《航空安全员管理手册》的规定执行。航程中注意观察乘客的动态，坚持巡视客舱，观察乘客的举动。

（4）对违反机上正常秩序的行为，经机长同意可采取必要的强制性管制措施，并交地面工作人员处理。空中遇劫处置程序、空中发现爆炸物处置程序、执行遣返任务，均按照《国航安全员管理手册》的有关规定执行。

（四）航后阶段

任务结束后，应及时做好器械的交接工作、及时反馈航程中的各种问题，遇有重要情况及时向上级汇报。

第六节　空乘服务主要影响因素与发展趋势

我国目前正处于从民航大国向民航强国的历史转变时期，民航强国除了具有强大的飞行器制造、民航运行监管体系和市场运行能力外，民航服务本身也是重要的内在要素。随着民航运输市场的不断成熟，民航企业间的竞争将不断加剧，民航服务所面临的各种环境叠加，使得民航企业必须正视发展中存在的问题，梳理各种制约因素对服务水平提高的制约方式，寻求解决提高民航服务水平的基本对策。

一、民航服务发展的主要影响因素

1. 市场需求因素

作为便捷的交通运输方式，民航运输面临的最大问题是其他交通运输方式快速发展的冲击，特别是高铁的发展，在一定程度上限制了中短程民航航线的发展，压缩了市场的空间。尽管民航运输的目标市场与其他运输方式定位有所差异，但作为服务的核心，如何提供完善的服务体系，以优质便捷的服务来取得竞争优势，是民航服务必须面对的问题。只有抓住民航目标市场的需求特点，以乘客的需求预期为出发点，建立民航服务的体系，使服务更加精细，才能塑造消费信心，建立乘客的忠诚度，保证民航运输的持续发展。

2. 政府宏观调控

像其他国民经济的重要行业一样，民航运输的公共属性的发挥离不开政府的主导与调控，在发展环境、竞争秩序、服务规范、供需双方权利与义务的规制等方面，都制约着民航服务的发展。特别是对尚不成熟的民航服务市场，政府的宏观调控必不可少，需要以制度和法规的形式，约束企业过度的利益化行为，引导消费者理性消费，建立和谐的民航服务消费关系，保障民航服务市场的健康发展。

3. 企业自身因素

航空公司是民航公共产品的提供者，也是利益追求的主体，如何定位企业行为的导向是关系到企业的发展宗旨，进而决定企业服务导向的根本问题。一个承担社会责任、把消费者利益放在首位的企业，才有长期发展的基础。尽管民航运输服务的市场消费的可选择性有限，但消费者一定会在可选择的范围内去倾向于为消费者着想的企业。因此，民航企业必须坚持以满足消费者的利益为导向，更新观念，服务创新，寻求企业发展的内在动力。

4. 服务质量监控

民航服务的实施过程是在服务规范下的服务者相对独立的自我行为，即宏观上可控与微观上不可控的矛盾性，而只有建立有效的服务质量监控体系，将服务行为规制到服务规范上，对服务行为进行有效的监督与管理，在服务的环节与细节上精准体现服务的宗旨，才能从制度层面解决服务质量的问题。同时，消费者参与服务质量的监控，也是十分重要的环节。健全服务质量监控体系，实施服务的有效监督，是提升我国民航服务水平的重要选项。

5. 消费期望与行为

乘客作为消费者的主体，是民航服务活动的参与者与体验者。从参与者角度看，一个成熟理智的民航消费过程，对民航服务的发展影响重大。乘客的消费预期要理性，预期要客观，在保护自身合法权益的基础上，文明消费，善良宽容，都是和谐民航服务过程中不可或缺的因素。从民航服务的未来发展来看，如何培育健全的消费概念，如何推进文明消费，将是制约民航服务健康发展的重要因素。

二、空乘服务的发展趋势

空乘服务具有显著的国际性与时代性，国际化要素和当代消费的积极要素，必将渗透在未来的空乘服务中，以变革创新为途径，必将是未来空乘服务的发展趋势。

1. 与时俱进的服务理念为先导

服务水平提升的最大潜力在于对消费者价值的认识与在服务行为中的落实。在对国际高水平航空公司的服务分析中，我们不难发现，它们的共同品质集中体现在对乘客的尊敬和价值的认可，并能在服务的细节中得到充分的体现。未来，随着市场竞争加剧和消费者需求层次的不断提升，决定空乘质量的根本还在于如何定位乘客的核心价值。而且，也一定是谁能定位得更超前、更贴近消费者的需求，落实得更细致，服务操作得更有效，这样的航空公司才能立于不败之地。例如，我们常提倡“用心塑造形象，用心演绎承诺，用心留住旅客”，那诸如航班上提供温馨提示卡、设备故障提示卡、关爱卡、睡眠卡和旅客衣物标签卡等都是温馨的体现，而在飞机上准备内含纸、笔、棉签、卫生纸、针线包、方便袋等的爱心包供旅客使用也是细心的体现。

2. 差异化的个性服务体系创新

在服务趋同的条件下，寻求差异化的服务策略是必然的选择。民航市场与其他市场一样，消费差异性更显著，而且未来会更突出，为此，未来民航运输服务必将进一步强化差异化服务，创新服务模式，增加服务体验，以个性化服务满足旅客的需求。同时，就一个目标市场而言，满足消费者个体需求差异也是增加服务吸引力的重要途径。

3. 建设职业道德高尚的服务队伍

服务是高尚的，是社会进步的推进力量，这就一方面要求航空公司必须有服务文化的积淀，同时又必须在塑造服务者服务职业道德方面狠下功夫，在人才培养、人才甄选、岗前培训、职业再培训的过程，必须把培养服务者的职业道德放在首位，而不能重表面，忽视服务者的内在素质培养。

4. 乘客忠诚与员工忠诚并重

好的服务队伍是提高航空公司空乘服务水平的保证，而服务者能否提供优质的服务，很大程度上取决于其是否与公司同心同德，命运共连。空乘人员作为社会的一个个体，其职业归属感和认同感需要有落脚之地，而不是空中楼阁，因此，服务的竞争将从提供服务本身，向为自己内部员工提供良好的职业发展预期和创造优良的工作环境转变，以建立员工的忠诚来保证乘客的忠诚。任何不顾及员工感受的行为，都将无法建立起能够决定乘客感受的一线服务队伍。

5. 以安全为基础管理服务

空乘服务一是保证安全，二是为乘客提供服务。客舱是个特殊的场所，保证安全和提供服务本质上是对客舱资源进行管理的过程，空乘服务如果上升到更高的高度是个管理问题，涉及安全管理、乘客管理、服务管理、质量管理的综合范畴。未来，乘客服务不仅是服务技能问题，更是个管理问题。

6. 服务能力为基石保障服务

服务的过程是服务能力实实在在的展示过程，而非一句口号就能解决的问题，特别是面对飞行过程这样的特殊情景，如服务冲突、飞行安全的威胁、扰乱客舱秩序、飞机紧急迫降等，都需要服务的过硬能力，所以，提高服务能力是服务发展的基石。

本章思考题

1. 从空乘服务特点出发，如何理解空乘服务的高层次、高品质的特点？
2. 如何从空乘服务的本质与核心去充分理解当前客舱服务存在的问题？
3. 从系统角度去全面认识空乘服务的内容，如何理解空乘服务的特殊性及对空乘人员的要求？
4. 如何从空保的性质与工作内容去理解民航的安全责任？
5. 如何体会民航服务强调的安全第一、服务第二？

第九章

民航地勤服务

本章学习目标

☑ 了解民航地勤服务的概念与构成；
☑ 理解民航地勤服务的特点与要求；
☑ 理解民航地勤服务的功能；
☑ 理解并掌握地勤服务的主要内容；
☑ 全面理解影响民航地勤服务质量的因素；
☑ 理解提高民航地勤服务质量的基本途径；
☑ 建立民航地勤服务整体意识，学会从民航大服务的角度思考民航地勤服务的问题。

导读

机场地勤服务——民航运行的门户

说民航服务，更多人更关注飞机客舱中空中乘务人员的服务，也愿意以空乘服务来标榜民航的优秀之处，但人们却忽视了一个环节，在你登机之前的具体事情，是谁来帮助你完成的？在飞机起飞之前，是谁在为飞机提供安全保障？我们可以想象，大规模的人群同时聚集在候机楼中，秩序、安全、人流、物流、服务需求交织在一起，如果没有有利的服务保障，必将影响机场的安全、有序、高效的运行。特别是遇到特殊天气情况下，航班大面积取消或延误，候机楼就容易出现混乱，机场服务面临的压力是无法想象的。登机前，旅客要经由多个程序与通道，完成值机、安检、候机等不同环节的登机前的准备，这些活动都离不开机场服务人员一丝不苟的服务协助，而对于对那些初次乘机体验的旅客而言，更需要关怀与帮助。民航运输之所以能有条不紊地进行，正是因为有机场地勤人员帮助、引导、传递航班信息，也正是机场地勤服务的奉献与高尚的职业情操，保障着民航运输的安全顺畅。民航运输离不开民航地勤的保障，离不开服务人员的精细的工作。

其实，一个国家的民航强弱，不仅仅在于航空公司有多少、机队的规模有多大、开辟的航线有多少，更重要的是民航机场的保障能力以及为乘客出行提供的服务水平。无论是新加坡樟宜机场，还是中国香港国际机场，其良好的口碑都与其民航服务水平有关，它们都能为乘客缔造卓尔不凡的机场体验，人们会把在机场享受的快乐带到世界各地，与其他人共同分享。放眼民航服务，需要我们从民航服务的整体去思考，当我们把民航地勤服务同样纳入像空乘服务那样“爱屋及乌”境界的时候，我国民航服务才能呈现新面貌。

第一节　民航地勤服务的认识

民航的地面服务关系到旅客出行各个环节的相互衔接的工作，无论是旅客们寻找值机柜台，办理值机手续，还是安检、换乘、登机，以及了解不明事情等，均需要机场地勤人员的协助和引导。在民航服务体系中，空勤服务至关重要，关乎到旅客安全舒适地到达目的地，但在登机之前的所有事情，都是整个乘机出行过程中不可分割的组成部分，好的民航服务需要优秀的民航地勤服务的辅助。

一、民航地勤服务概念的解析

民航地勤是相对于民航空勤服务而言的服务范畴，是民航服务的主要环节和有机的组成部分。“地勤”是相对于空勤来说的，是对民航所有地面服务的一个总称，是一个比较广泛的概念。从不同角度和不同研究目的出发，对地勤服务的理解略有差异，通常可以把民航地勤服务分为广义与狭义两种理解。

（一）广义的民航地勤服务

广义的地勤服务包括机场、航空公司及其代理企业为旅客、货主提供的各种服务，以及空管、航油公司、飞机维修企业等向航空公司和乘客提供的各类保障性服务。

（二）狭义的机场地勤服务

狭义的地勤服务主要是指航空公司、机场等相关机构直接面对乘客出行，为旅客提供的各种服务总称，如国内外值机服务、安检联检服务、引导服务、行李服务、登机服务、候机楼商业服务，地面调配、VIP 服务，以及机楼问询、电话问询、航班信息发布、广播、接听旅客投诉电话等服务活动。

二、航空公司地勤服务的任务

地勤服务工作是广泛而又细致的，但其工作的本质就是为飞行安全提供保障、为旅客出行提供技术性支持以及解决旅客遇到的各种困难。从狭义的民航地勤服务出发，航空地勤服务的主要任务有以下几个。

（一）为旅客提供全面的登机前各项准备或抵港后的后续服务

旅客出行可以分为：出行前的准备、完成登机前各项活动、乘坐飞行以及飞机进港后的行李提取、换乘或离港。其中，出行前的准备主要是航班的选择、购买机票以及到达机场的方式与时间安排；登机前各项活动主要是旅客到达机场至登机前的各项活动，包括登机牌办理、行李托运、安检、候机、检票，以及航班变化后的后续处理；飞机进港后与旅客相关的活动，包括行李提取、转机、离港等服务。这些服务都与旅客航空出行密不可分，只要做好相关的各项服务工作，保证每位旅客按规范及时完成必要的手续，才能使旅客顺利完成旅行。

（二）解决旅客在登机前或下飞机后遇到的困难

乘坐飞机看似简单，但会遇到各种困难或疑惑。由于民航的生产组织过程复杂，规范性强，专业性突出，而且对很多旅客而言，对乘坐飞机的各个环节与要求缺乏必要的知识和了解，遇到困难在所难免，如果不能尽快得到帮助，将影响其顺利出行。机场地勤就是扮演着旅客帮手的作用，哪里有困难，哪里就会有地勤人员的身影，基本做到了无缝隙服务。

（三）传递有关航班的各类信息

信息是旅客航空出行的指南，旅客及时获得与航空出行的相关信息，才能更好地完成航空旅行。如航班变更、气象变化、登机口变更、航班离抵港、安检、值机等全面及时的信息传递，对乘客完成登机手续、解决各种困难有着不可替代的作用。

（四）维护机场航站楼的正常秩序

机场是个空间有限、人流密集的特殊公共场所，特别是在航班因故大面积延误或取消的情况下，旅客的管理会面临严峻的考验。为此，必须采取有效措施，解决旅客的安置、疏散、饮水、餐食等问题，同时，还要耐心化解旅客的不满情绪，避免突发事件的发生，确保安全与秩序。

（五）协调旅客与机场、航空公司的关系

地勤服务既为航空公司提供航班保障服务，也为旅客提供出行服务，因此，它起到了航空公司与乘客之间沟通纽带的作用。一方面，要把航班的信息及时传递给旅客，使其安心与航班配合；另一方面，机场地勤需要从旅客角度考虑问题，把旅客的困难、意见反馈给航空公司，创造和谐的承运人与旅客之间的关系。

（六）对各类旅客提供个性化服务

民航对各类特殊旅客的服务有不同的服务规范，这也体现了民航运输的个性化特征，如 VIP 旅客、儿童、孕妇、伤残旅客、老人、无人陪儿童等均有特殊的服务项目，对有特殊要求的旅客也可以提供特殊的服务。

（七）其他任务

航空旅客出行可能会遇到意想不到的情况，也会遇到各种麻烦，都需要民航地勤人员协助解决，如旅客临时遇到的问题、提醒旅客登机、失物寻查、旅客申诉等。

【案例 9-1】

不可或缺的民航服务的要素

姚先生购买了一张当日 13:40 从兰州起飞，18:10 到达深圳的机票，以及一张 21:40 从深圳飞往吉隆坡的特价机票。当日姚先生通过机场安检后准备登机，此时工作人员通知飞机晚点，大约 16:10 起飞。姚先生第一时间找到机场值班工作人员，讲明了自己要搭乘 21:40 从深圳飞往吉隆坡的航班，害怕因前一航班晚点而影响后面无法登机。工作人员答应帮助协调开通绿色通道，让其放心并开具了机场晚点证明，并承诺有专人接送安排登

机。飞机于 20:20 降落在深圳机场后，没有专人接送，也没有开通绿色通道，导致姚先生后段航班未能成行。由于特价机票不能改签，姚先生只得重新买了一张机票。事后，姚先生对工作人员玩忽职守、服务承诺不落实、管理混乱等行为进行投诉。

其实，乘坐飞机并非是简单的事情，即使事先做了周密的安排，各个环节考虑细致，但不可抗拒因素会主导航程的发展，而且，一个乘客个体是无法左右的。从姚先生所遇到的情况来看，在其所面临的特殊情况下，如果没有深圳机场的地面服务人员的帮助，其是无法完成后续登机活动的，而机场地服部门没有按预先的承诺专人接送、开通绿色通道，导致其整个旅行受阻。

三、民航地勤服务特点

民航地勤服务的特点与民航地勤工作的性质、任务以及特殊的场所有关，归纳起来主要有以下几个特点。

（一）系统性

地勤服务涉及民航系统（机场和航空公司）的各个部门、各个岗位，尽管工作地点分散，服务内容各不相同，但每个服务过程和环节都是相互关联的，它们是一个整体。

（二）多变性

地勤服务不是一成不变的，它会随时间、地点的变化而发生变化。每个旅客的需求都不一样，即便是同一个旅客，在不同的时间、不同的地点，其需求也是不同的，所以说地勤服务必须得会变化，要针对不同旅客的不同的需要，及时、准确、全方位地为其提供相应的服务。但是，不是任何时候地勤服务部门都能做到百分之百地准确预测。

（三）一次性

对地勤服务来说，旅客即现即逝，匆匆而过，没有长时间沟通的机会。旅客如果在地勤服务过程中觉得不合心意，就不存在像其他实实在在存在的产品那样，可以有弥补的机会，或者重新制作，一旦服务失误造成旅客不满，很难即时化解。因此，不好的地勤服务产生的不良后果，通常在短时间内很难消除，而且基本上没有弥补改正的机会。

（四）即时性

旅客对航空地勤服务的需求具有很强的即时性，需要解决的问题是即时的，需要即刻完成。换句话来说，只有空乘面临问题，对航空公司或者机场有服务者提出服务需求的时候，地勤服务才能发挥作用，或者说，如果旅客即时面临的问题不能尽快解决，就可能导致其后期出行出现困难。

（五）差异性

民航地勤服务具有很强的差异性，不同航空公司、不同机场提供的地勤服务不同，同时，旅客所面临的问题也不尽相同，需要地勤人员因势利导、灵活机智地妥善处理。只有针对性的个性化服务，才能从根本上满足旅客的出行需要。

（六）保障性

出于飞行的特殊性，一旦选择，必须千方百计地保证旅客顺利登机，这就需要服务具有主动性，甚至具有强制性的服务特征，如已经办理登机手续的旅客，如果不能及时登机，地勤服务人员必将采取有效措施督促其尽快登机，否则将影响航班的正常运行。另外，旅客无论什么原因不能正常登机，都将给其出行带来不可想象的困难，为此，千方百计也要保证旅客的顺利登机。

第二节　民航地勤服务基本内容

一、民航售票服务

从法律关系看，客票是由承运人或承运人代理所填写的被称之为“客票及行李票”的航空运输凭证，包括运输合同条件、声明、通知以及乘机联和旅客联等内容。客票是旅客与航空公司之间签署的运输协议，是承运人和旅客之间订立航空运输合同条件的初步有价证据。

从旅客登机办理登机手续的流程看，机票是登机或随行货物运输的凭证。

从民航运输的过程看，机票服务是民航地勤服务的起点，是为旅客服务的第一步，机票服务包括订座、出票以及客票变更等服务环节。

（一）订座的途径

订座是对旅客预留的座位、舱位等级或对行李的质量、体积的预留。旅客需要先订座，后购票乘机。旅客的订座途径有电话、网络、航空公司及其销售代理人等多种渠道。

（二）订座服务的要求

订座是旅客出行的准备阶段，旅客会根据出行的目的地、出行目的、出行后的活动安排以及相关因素，选择合适的航班出行。为此，旅客关心的是座位选择的合理性、经济性，以及订座渠道的安全性。这要求民航票务服务系统做好以下工作。

（1）通过严谨的渠道向旅客提供可靠的航班信息。目前，订座主要是通过互联网来完成的，无论是航空公司的网站，还是销售代理人网站，首先要保障信息的安全可靠，加强各类机构的监管，确保航班信息的真实可靠。

（2）航班信息要齐全，便于旅客比较选择。旅客选择航空公司及航班均是通过各种信息平台提供的信息。一般情况下，旅客缺乏必要的知识，需要借助各种信息资源的支持来完成航班的选择，这就需要各类航班信息全面、及时，并对机票的约定条件有清晰的说明，如可否改签、退票、延期等。

（3）订座系统要友好，便于购买者与系统互动。订座系统的界面是向购票者提供航空及机票的相关信息，同时也是购票者填写出行者信息的平台，需要订票系统界面友好，便于访问及形成良性互动，帮助购票者清楚地操作，避免出现不确定性。

（4）人工接入系统要智慧化，给旅客以完整的引导。无论是网络订票系统，还是电话订票系统，均需要在必要的时候有人工接入的介入。对于电话订座而言，接线员以及销售员需要清晰无误地说明航班的完整信息，对旅客的航班选择给出正确的引导；网络销售系统同时需要人工的补充，人工系统既是网络售票的辅助环节，也是购票者的帮手，排忧解难，帮助购票者顺利完成订座是其核心任务，同时，对购票者遇到的疑难问题，如退票、变更等问题，给出规范的解决方案。

总之，订座作为民航服务的基本内容，关系到出行便利与经济上的安全，看似简单，但服务不到位或者缺乏系统性，将给旅客的出行带来诸多不便。

（三）订票系统

订票系统包括航空公司系统（ICS，Inventory Control System，编目航班控制系统）和代理人分销系统（CRS，Computer Reservation System）两个子系统。我国民航从1981年开始逐步使用计算机订票系统，至1996年，中国民航建成了中国的民航代理人分销系统。特别是随着互联网的普及，计算机订票系统得到了普及应用。目前，绝大部分国内外航空公司的机票均可以通过互联网购买。在航空公司订票系统处理的所有订票要求中，约75%是通过分销系统销售实现的，另外的25%左右则是通过航空公司的订票控制系统实现的。

CRS作为代理人分销系统，是面向代理商和航空公司中部分从事销售的人员。其目的表现在三个方面：第一，为航空公司代理商提供全球航空航班的分销功能；第二，为代理商提供非航空旅游产品的分销功能；第三，为代理商提供正确的销售数据与相关辅助决策分析结果。今天，CRS已经具备了很强的功能，包括中国民航航班座位分销服务、国外民航航班座位分销服务、BSP自动出票系统服务、运价系统服务、常旅客系统服务、机上座位预订服务、各类等级的外航航班分销服务、旅馆订房等非航空旅游产品分销服务、旅游信息查询系统服务、订座数据统计与辅助决策分销服务等。

ICS作为编目航班控制系统，为航空公司专用。在民航订票系统中，ICS的服务对象为航空公司的航班与座位控制人员和航空公司市场与运营部门的管理人员。

以CRS与ICS为架构，通过它们之间不同等级的联系方式，CRS内部不同的理解等级，以及运行规则，我国的民航票务服务已经接近世界民航先进水平，为民航的持续发展规定了良好的基础。

（四）客票销售

客票销售就是依据购票人本人有效身份证或公安机关出具的其他身份证件，完整无误地填写票据栏目相关内容，核实准确无误后，向购票人出票。

由于互联网技术发展，传统的纸质机票逐渐被电子客票代替，截止到2008年6月，IATA（国际航空运输协会）会员公司中，已经100%可以销售电子客票，全球87%的运输量可以通过电子票的方式销售。

（五）其他

由于旅客或航空公司的原因，旅客出行或航空公司的航班会出现变化，这就涉及客票的变更、退票等问题。

客票变更可分为自愿变更和非自愿变更，由于旅客原因需要改变航程、航班、乘机日期、座位等级或乘机人信息的，均属于自愿变更（经医疗证明旅客因病要求变更除外）。由于取消、提前、延误、航班改变或承运人未能向旅客提供已经订妥的座位，或未能在旅客的中途分程地点或目的地停留，或造成旅客已经订妥座位的航班衔接失误，旅客要求变更客票，均属于非自愿变更。

退票可以分为自愿退票和非自愿退票两种。由于旅客原因，未能按运输合同完成航空运输，在客票有效期内要求退票，属于自愿退票；由于承运人取消航班、未按航班时刻飞行、目的地（含分程地点）改变、航班衔接失误等，致使旅客不能在客票有效期内完成部分或全部航程而要求退票，属于非自愿退票。

二、通用服务

通用服务是民航地勤一系列服务的总称，包括地面交通服务、问询服务、候机楼广播服务、公共信息标志服务以及候机楼商业零售服务等。通用服务是民航旅客服务的延伸，是完整旅客服务不可缺少的基础环节。

（一）机场地面交通服务

机场周边客运系统可以分为外部交通和内部交通两个子系统。机场候机楼之间的交通系统又可以分为步行、轨道交通、巴士、步行输送系统。候机楼内部的交通系统则主要为步行系统。在候机楼的平面方案确定以后，首先考虑人群流动的路线，参照一定的设计标准，力求达到人群的流动顺畅，无任何障碍。接下来才考虑各个公共服务设施的安排和商业设施的布置。

（二）问询服务

问询服务是即时性最强的服务，对旅客出行帮助最大，咨询服务水平也是地勤服务的第一窗口，反映着地勤服务的精神面貌和服务思想。问询服务根据服务方的不同可以分为航空公司询问、机场询问、联合询问；根据方式不同可以分为现场询问和电话询问（人工电话和自动语音答应问询）；根据服务柜台的设置位置不同，分为隔离区外的问询服务和隔离区内的问询服务。

问询服务关乎旅客的顺利出行，体现在服务的细节之中。要做好问询服务工作，需要坚守问询服务的岗位职责，努力满足这些岗位要求：第一，掌握航班动态、登机的技术规范与法律法规，熟悉业务内容，耐心、细致地回答现场乘客的问询。第二，遵守首问责任制。所谓“首问责任制”，即旅客求助的第一位工作人员有责任在第一时间确保准确答复或有效解决问题的前提下提供优质服务，否则必须将用户指引到能提供有效服务的单位或岗位。当旅客提出询问服务要求时，由第一位接到信息的工作人员负责接待，并对询问事项进行办理或协助办理、跟踪反馈，该服务人员即为首问责任人。提供协助或后续服务的人员或部门为第二责任人，相对于第一环节后是后续服务的首问责任人。第三，以旅客顺利出行为服务核心，站在旅客角度思考问题，提供积极的咨询建议。第四，用积极的心态化解乘客的情绪，负责地做好不正常航班的解释工作。

随着移动互联网技术的发展，机场智能咨询服务的出行服务平台建设为机场服务开辟了新的途径。机场智能咨询服务系统依照机场的资源及服务，以移动互联网形式，为旅客提供了全流程的出行解决方案，具备了咨询服务、航班信息、规划旅程、一键上网、机场服务的广泛的功能。

2014 年 1 月，全球首个非完全商业化平台机场 APP——机场移动服务平台（Airport Mobile Service Terminal，AMST）在首都国际机场上线。AMST 在国外称为“机场移动服务终端”，这是基于移动信息服务的机场服务综合解决方案，旅客、机场、航空公司、各服务商等航空旅行机场活动的各参与方可以使用 AMST 进行信息发布和交互，使整个机场活动更加精细化、个性化、高效化。每位到达机场准备开始旅行的旅客都将获得一个 AMST 终端并在其协助下完成在机场的各项活动。据介绍，首都机场 APP 和其他航旅 APP 的定位完全不同①，首先，首都机场 APP 是首都机场移动服务平台在手机上的展示，这个平台是首都机场服务在移动互联网上的延伸和发展，是完全为机场打造的服务。它不完全是一个商业化平台，还承担着首都机场形象宣传、客户服务和信息传递的责任。并且，在特殊情况下，它还必须具备大规模推送机场信息、传递机场声音的职责。其次，移动服务平台的信息主要来源于首都机场的信息技术系统，是合法的、准确的，与旅客在机场航显屏上看到的信息是同步的。最后，机场移动服务平台构建在首都机场，旅客在这个平台上的个人信息是安全的，不会被泄露，也不会被用于其他商业目的。

（三）候机楼广播服务

候机楼广播服务就是利用公共广播系统，发布即时的航空公司航班信息、特别公告、紧急通知等语言信息，是乘客获取出行信息的重要手段。候机楼广播服务系统一般由基本广播、自动广播、消防广播三部分组成。其中，基本广播就是航班信息的广播，包括航班到达、办理（或催促）、催促安检、民航局公告、登机（催促）广播、航班延误（取消）广播、失物招领等；自动广播是在航班信息或航班动态信息控制下，按时间顺序和不同的广播分区进行广播，无须操作人员控制而自动进行。同时，航班信息的广播可以与航班信

① 全球首个机场 APP 上线，非完全商业化平台[EB/OL].（2014-01-17）. http://www.ebrun.com/20140117/90079.shtml.

息的显示同步；消防广播适用于与消防安全相关的信息广播，起到提示、火警通告引导与疏散的作用。

候机楼广播需要使用候机楼广播服务规范用语，中国民航于1995年制定和实施了候机楼广播服务用语规范（MH/T 10001-95），本标准对民航机场候机楼广播用语的一般规定、类型划分和主要广播用语的格式做出了规范，标准规定：①广播用语必须准确、规范，采用统一的专业术语，语句通顺易懂，避免发生混淆；②广播用语的类型应根据机场有关业务要求来划分，以播音的目的和性质来区分；③各类广播用语应准确表达主题，规范使用格式；④广播用语以汉语和英语为主，同一内容应使用汉语普通话和英语对应播音。在需要其他外语语种播音的特殊情况下，主要内容可根据本标准相关规范广播用语汉语部分进行编译。

（四）公共信息标志服务

机场公共信息标志是能方便乘客出行、交流的非商业行为的符号语言，是以图形、色彩和文字、字母等或者其组合，表示公共区域、公共设施的用途和方位，提示和指导人们行为的标志物，作为一种通用的“国际语言”，其使用状况可以体现出现代化机场文明程度和管理水平。

机场公共信息标志服务是机场系统的重要组成部分，体现出民航服务的细微特征。一方面，在设置图形标志时必须按照GB/T 15566—1995相关规定，与消防有关标志的设置应按照GB 15630的相关规范；另一方面，在标志布局系统设计时，要充分考虑与满足乘客的需求，应明确人们需要了解的起点和终点，以及通向特定目标的最短、最方便的路线（如对残疾人）；在该系统中还应该明确所有关键性的点（如连接、交叉等），在这些点上需要设置进一步的导向信息。当距离很长或布局复杂时，即使没有关键的点，导向信息也应以适当的间距被重复。同时，需要对视觉效果、人体高度以及所处位置、安装标志的可行性进行综合分析，就可能消除来自周围环境的消极干扰，提高标志的导向性作用。机场公共信息标志系统要素通常包括以下内容。

（1）标志说明图：列出某场所使用的全部图形标志，并在其旁边给出中英文含义的一种综合标志图。

（2）平面布置图：提供在某区域中的服务或服务设施所处地点的鸟瞰图。

（3）导流图：指导人们顺利乘机的流程图。

（4）综合导向标志：引导人们选择不同方向的服务或服务设施的导向标志，由多个符号与多个箭头组成。

（5）导向标志：一个或多个图形符号与一个箭头结合所构成的标志，由多个引导人们选择方向。

（6）位置标志：设置在特定目标处，用以标明服务或服务设施的标志，该标志不带箭头。

（7）指示标志：指示某种行为的标志。

（8）流程标志：表示乘机过程中需要经过的服务或服务设施的标志，包括出发、到达、问询、行李手推车、办理乘机手续、托运行李手续、安全检查、行李提取、行李查询、边防检查、卫生检疫、动植物检疫、海关、红色通道、绿色通道、候机厅、头等舱候机室、贵宾候机室、中转联程、登机口。

（9）非流程标志：表示乘机时不一定经过的服务或服务设施的标志，包括洗手间、男性、女性、育婴室、商店、电报、结账、宾馆服务、租车服务、地铁、停车场、直升机场、飞机场；急救、安全保卫、饮用水、邮政、电话、货币兑换、失物招领、行李寄存、西餐、中餐、快餐、酒吧、咖啡、花卉、书报、舞厅；入口、出口、楼梯、上楼楼梯、下楼楼梯、向上自动扶梯、向下自动扶梯、水平步道、电梯、残疾人电梯、残疾人等。典型的民航公共信息图形如图 9-1 和图 9-2 所示。

飞机场	直升机场	向上自动扶梯	向下自动扶梯	水平步道
售票	出发	到达	中转联程	托运行李检查
安全检查	行李提取	行李查询	卫生检疫	边防检查（护照检查）
动植物检疫	边防	红色通道	绿色通道	候机厅
头等舱候机厅	贵宾候机室	登机口	行李手推车	育婴室

图 9-1　典型的民航公共信息图形

图 9-2　机场常用标识及用语

（五）候机楼商业零售服务

候机楼的商业零售业是机场的非主业服务，不再赘述。

三、值机服务

值机服务是航空旅客运输服务有关部门为旅客办理乘机手续的整个服务过程，其主要包括办理乘机手续前的准备工作、查验客票、安排座位、收运行李及各种旅客运输服务和旅客运输不正常情况的处理。

（一）传统值机

传统值机是指通过机场候机楼的值机柜台办理值机手续的值机形式，是一种最常用的值机方式。

（二）特色值机

特色值机是指在乘客无托运行李的情况下，无须通过机场值机柜台办理值机手续的特殊值机形式。特色值机是随着互联网技术的发展以及乘客出行需要而不断发展起来的，主要的特色值机方式有以下几种。

1. 机场自助值机

机场自助值机是指旅客在机场借助专门的值机机器 CUSS，自行完成旅行证件验证、选择座位、打印登机牌，如果需要交运行李，则在专设柜台完成行李交运的值机工作方式。

2. 网上值机

网上值机是一种方便、快捷的登机手续办理方式。如果无须托运行李，那么通过网上办理登机手续提前预订座位并将登机牌打印出来，就可以直接通过安检登机，无须到机场服务柜台排队办理登机牌，这样可以节省时间。网上值机是便捷出行的一种在线服务，如今各大航空公司都在各自官网上推出了该服务，有些公司，例如南航在广州、东航在上海机场还支持二维码值机。

3. 手机值机

手机值机指旅客使用手机上网登录航空公司离港系统的自助值机界面，自行操作完成身份证件验证、选择并确定座位，航空公司以短信形式发送二维码电子登机牌到旅客手机上，旅客到达机场后在专设柜台完成行李交运、打印登机牌或者直接扫描二维码，完成安检登机。

4. 异地候机楼值机

对于没有机场的城市，在当地办理值机手续，异地机场乘坐飞机。当前东莞城市候机楼能够办理从深圳、广州机场始发航班的值机服务。

5. 城市值机

在城市候机楼办理的登机牌，方便旅客不一定要到机场才能值机。很多城市都有了自己的城市候机楼。

特色值机中，网上值机的好处很多，越来越为乘客所采用。第一，旅客在到达机场之前就可以从容不迫地自行上网办理值机，方便快捷；第二，旅客只需要在登机之前到达机场交运行李，等待登机，大大减少了候机时间；第三，除去需要设置很少的收运行李柜台外，机场无须准备大量值机柜台和CUSS机，大大缩小了值机区域。

四、行李服务

行李（Baggage）是旅客在旅行中为了穿着、使用、舒适或方便的需要而携带的物品和其他个人财物，乘客出行必备。各航空公司均根据《中国民用航空旅客、行李国际运输规则》和本公司的运输特点，制定行李运输规定，为乘客提供行李托运服务。

（一）行李的分类

行李的分类有多种方法，可以按照运输责任将行李分为托运行李和非托运行李；还可以按照行李的形状分为普通行李和特殊行李，常见的行李类型有托运行李、非托运行李、占座行李、声明价值行李、轻泡行李和逾重行李等。

1. 托运行李

旅客交由承运人负责照管和运输并填开行李票的行李。托运行李的重量每件不能超过50千克，体积不能超过40厘米×60厘米×100厘米。

2. 非托运行李

（1）自理行李。经承运人同意与托运行李合并计重后，交由旅客带入客舱自行负责照管的行李。如易碎、贵重物品及外交信袋等可作为自理行李，重量不能超过10千克，体积不能超过20厘米×40厘米×55厘米。

（2）随身携带行李。经承运人同意由旅客自行携带进入客舱的小件物品，例如零食、书报、计算机等。重量不能超过5千克，不计入旅客免费行李额内，F舱旅客可携带两件，C舱或Y舱旅客只能携带一件，体积不能超过20厘米×40厘米×55厘米。

3. 占座行李

旅客在客舱中占用座位放置行李的（如易碎品、贵重物品等）为占座行李，每一座位放置行李重量不能超过75千克，无免费行李额。

4. 声明价值行李

航空运输规定，旅客托运行李在运输过程中发生损坏、丢失时承运人应按照每千克最高赔偿限额赔偿。

国际航线托运行李每千克超过20美元或自理行李超过400美元可办理声明价值；国内航线旅客的托运行李每千克价值超过人民币100元，可办理声明价值。

5. 轻泡行李

轻泡行李指那些重量低于每千克6 000立方厘米的行李，也称为“低密度行李”，此类行李的重量按体积重量的标准进行计算。

6. 逾重行李

逾重行李是指超过计重或计件免费行李额的部分。旅客携带逾重行李乘机，应支付逾重行李费。

除了上述常见的行李外，民航旅客行李也包含特殊行李，即乘客所携带的行李物品超出行李的定义范围，在一般情况下，承运人可以拒绝运输的行李。但一些特殊的行李经承运人同意，并按承运人要求，采取了特殊、适当的措施或受一定条件限制后，可以成为运输的行李物品。承运特殊行李必须符合国家的法律、法规和承运人的运输规定，在确保飞行安全、人身安全和地面安全的前提下方可运输。

（二）行李不正常运输

1. 行李不正常运输的定义

行李不正常运输是指在行李的运输过程中，由于承运人工作失误造成的行李运输差错或行李运输事故，如行李迟运、错运（少收、多收）、漏卸、错发、损坏、遗失等。

行李运输发生不正常情况时，应及时、迅速、认真、妥善地处理，尽量避免或减少因行李不正常运输造成的损失，挽回影响。

各个航空公司都有专门的处理行李不正常运输工作的部门，分为专门处理国际行李不正常运输的部门和国内行李不正常运输的部门，两个部门的代号分别是LN和LL。同时，航空公司还设立有专门的行李查询中心（代号LZ），以协助各地查询、处理本航空公司行李及赔偿工作。

2. 行李不正常的原因

行李破损与丢失的原因很多，如行李运输设备、箱子的自身质量较差；行李箱内物品放置得过多；机场搬运工野蛮装卸；飞机起降过程中受重力的影响，行李也有可能发生破损。管理与服务意识不足是造成行李丢失的主要原因。

3. 行李不正常的处理

在运输的过程中，由于承运人的过失使旅客的行李全部或部分遭受损坏、丢失、短缺或延误运输，承运人应负赔偿责任。对行李破损或丢失问题的处理，有国际和国内航线之分，国际航线根据《蒙特利尔公约》的规定执行，国内航线按2006年修订的《国内航空运输承运人赔偿责任限额规定》，而且国内外各航空公司在具体执行标准上有所差异。同时规定，因承运人原因致使旅客的托运行李未能与旅客同机到达，造成旅客旅途生活不便，在经停地或目的地应给予旅客适当的临时生活用品补偿费。各航空公司对迟运行李、少收行李、多收行李、无人认领行李、速运行李、破损行李以及临时生活用品补偿费具有详尽的规定，以确保旅客的利益。

【案例 9-2】

小环节，大失误

旅客在某机场办理托运行李时，行李中夹带锂电池（危险品），而旅客对此不知情。行检岗位发现旅客托运行李中夹带危险品，随即拦截该行李，但由于系统问题未能将信息及时传递至安检岗位，因对讲机频率不一致也无法通知航空公司的地服部门处理。旅客未能从上述岗位和部门得知托运行李存在问题，无法及时配合安检机构重新检查行李后进行托运。航空公司地面服务部门在旅客办理托运行李后未能与行检岗位及时主动沟通行李检查情况，仅在行李装机结束后核对托运行李件数和已装机件数是否一致，未能提前发现和通知旅客处理问题行李。因为舱门已临近关闭时间，问题行李已经无法再会同旅客处理后同机运输。待旅客到达目的站，当所有托运行李被取走之后，该旅客才得知自己的行李被前方站扣留。随后，经旅客授权，航空公司将处理完毕的问题行李由后续航班运输到目的站，而航空公司要求旅客到机场自提，不能运至旅客要求的地方，由此产生了旅客打车到机场自提行李相关费用 320 元。

资料来源：http://news.carnoc.com/list/200/200032.html

五、安检服务

机场安检是安全技术检查的简称，它是指在民航机场实施的为防止劫（炸）机和其他危害航空安全事件的发生，保障旅客、机组人员和飞机安全而采取的一种强制性的技术性检查。

安检是乘坐民航飞机的旅客在登机前必须接受的一项人身和行李检查项目。安检服务的根本目的是防止机场和飞机遭到袭击；防止运输危险品引起的事故；确保乘客的人身和财产安全。

安检的主要工作大致有四类。第一类为证件检查：主要负责检查登机人员的身份，协助公安查处通缉人员。另外，还负责机场控制区的通行证件检查。第二类为人身检查：这是安检工作的重点。它采用公开的仪器和手工相结合的方式对旅客进行检查，以阻止隐匿的危险、违禁品进入航空器。检查次序大致为由上到下，由里到外，由前到后。手工检查方法为摸、按、压三种。第三类为物品检查：这也是安检的重点，主要通过 X 光机对所携带的物品进行检查。第四类为监护工作：监护工作分为两种，一为候机隔离区的监护，对隔离区及登机通道进行管理、检查和清理，禁止未经检查的人与已检人员接触和随意进出，防止外界人员向内传递物品，防止藏匿不法分子和危险物品，保证绝对安全；二为航空器活动区监护，主要为飞机监护，对执行飞行任务的飞机在客机坪短暂停留期间进行监护，其范围是以飞机为中心，周围 30 米区域。

机场安检是民航安全的基础，民航安检服务有着完善的相关制度与服务规范，包括《航空安全保卫的国际公约》《中华人民共和国民用航空法》《中华人民共和国民用航空安全保卫条例》《中国民用航空安全检查规则》《中国民用航空危险品运输管理规定》等。

从强制性技术层面看，安检服务人员需要熟悉民航安全检查的制度、法律法规和规范，熟悉各项检查程序和技术，从业人员必须获得不同等级的“安检人员岗位证书”；从服务角度看，安检也是服务的过程，需要具备良好的安全与服务意识，良好的沟通能力和礼仪修养，善于观察和敏锐的思维，能对突发事件进行果断的处理。

六、联检服务

联检服务是指由口岸单位对出入境行为实施的联合检查，对人员进出境由边检、海关、卫生检疫、动植物检疫联合进行检查。主要包括三部分。

（一）海关

海关是依据国家法律对进出关、境的运输工具、货物和物品进行监督管理和征收关税的国家行政机关，属于国家的进出关境监督管理部门。海关的任务就是依据《中华人民共和国海关法》和其他有关法律、法规，监督进出境的运输工具、货物、行李物品、邮件物品和其他物品，征收关税和其他税费；稽查走私；编制海关统计和办理其他海关业务。民航海关是我国海关管理体系的重要组成部分，其职能包括以下几个方面。

1. 进出境旅客通关

（1）进出境旅客行李物品必须通过设有海关的地点进境或出境，接受海关监管。旅客应按规定向海关申报。

（2）除法规规定免验者外，进出境旅客行李物品应交由海关按规定查验放行。

（3）旅客进出境携有需向海关申报的物品，应报请海关办理物品进境或出境手续。

（4）经海关验核签章的申报单应妥善保管，以便回程时或者进境后凭此办理有关手续。

2. 进出境物品的管理

（1）个人携带进出境的行李物品、邮寄进出境的物品，应当以自用、合理数量为限，接受海关监督。

（2）进出境物品的所有人应当如实向海关申报，接受海关查验。

（3）海关加施的封条，任何人不得擅自开启或损毁。

（4）进出境邮袋的卸装、转运和过境应接受海关监督。

3. 行李物品和邮递物品征税办法

为了简化计税手续和方便纳税人，中国海关对进境旅客行李物品和个人邮递物品实施了专用税则、税率。

（二）边防

边防检查站是国家设在口岸以及特许的进出境口岸的进出境检查管理机关，是代表国家行使进出境管理职权的职能部门，是国家的门户。它的任务是维护国家主权、安全和社会秩序，发展国际交往，对一切进出境人员的护照、证件和交通运输工具实施检查和管理，实施口岸查控，防止非法进出境。

1. 入境检查

公安边防检查部门对外国人、港澳同胞、台湾同胞、海外侨胞，中国公民因公、因私进出境进行严格的证件检查。

（1）外国人来中国应当向中国的外交代表机关、领事机关，或者外交部授权的驻外机关申请办理签证（互免签证的除外）。

（2）外国人到达中国口岸后，要接受边防检查站的检查。

2. 出境检查

（1）外国人入境后应在签证有效期内离开中国。

签证的有效期：是指从签证签发之日起到以后的一段时间内准许入境，超过这一期限，该签证就是无效签证。

（2）中国人出境必须向主管部门申领护照，个人因公、因私必须办好前往国签证，才能放行。

（3）外国对中国公民入境、出境、过境有专门规定。

3. 阻止出、入境

凡被认为入境后可能危害中国的国家安全、社会秩序者，持伪造涂改或他人护照证件者，未持有效护照、签证者以及患有精神病、麻风病、艾滋病、性病等传染病，或者不能保障在中国期间所需费用者，边防检查站将阻止入境。

出境的人员如果是属于刑事案件的被告人或者犯罪嫌疑人；有未了结的民事案件者；有违犯中国法律的行为尚未处理，经有关主管机关认定需要追究；未持有效证件或者持用他人证件者，以及持有伪造或者涂改的出境证件者，边防检查站阻止其出境。

4. 交通运输工具的检查

交通运输工具入境、出境、过境必须从对外国人开放的或者指定口岸通行，接受边防检查机关的检查和监护。航空器抵达中国前，交通运输工具负责人要负责向旅客分发入境登记卡，抵达后要向边防检查站提供旅客和机组名单。出境时办完值机手续后各航空公司负责办理值机手续的人员要向边防检查站书面报告旅客人数，经批准后方可离境。

5. 安全检查

为确保航空器及乘客的安全，严禁乘客携带枪支、弹药、易爆、腐蚀、有毒、放射性等危险物品，旅客在登机前必须接受安全人员的检查，拒绝接受检查者不准登机，损失自负。进入机场隔离区的迎送人员必须佩戴有效通行证件，并得到安全主管人员允许后方准进入，对无证者或违犯安全规定者，安全检查人员有权拒绝其进入或依法进行处理。

（三）检验检疫

卫生检疫也称“口岸卫生检疫”，是一国政府为防止危害严重的传染病，通过入出国境的人员、行李和货物传入、传出、扩散所采取的防疫措施。

卫生检疫包括对入出境人员、交通工具、运输设备和可能传播传染病的行李、货物、邮包以及进口食品等实施检疫查验、传染病监测、卫生监督、卫生处理和卫生检验，并为入出境人员办理预防接种、健康体检签发证件，提供国际旅行健康咨询、预防急救药品等。

七、引导服务

引导服务是与旅客登机流程相对应的一个专门服务岗位，其目的是方便乘客办理登机手续。通常，根据国内外航班的登机流程，在各个环节配备专门的引导员（也称为导乘服务），以解决旅客登机过程中所遇到的困难，协助机场的秩序管理，避免旅客因可能出现的失误而影响登机或漏乘等情况的发生。引导服务的设置主要集中于重要环节和重点人群，重要环节包括值机、安检、登机前准备、登机口的检票、廊桥登机、停机坪登机、中转航班的引导、过站航班引导等；重点人群包括重要旅客、过站乘客、中转乘客、无成人陪伴儿童旅客、孕妇旅客、残疾旅客、担架旅客、伤病旅客、老年旅客、特殊餐饮旅客等特殊旅客的引导服务。如图 9-3 所示。

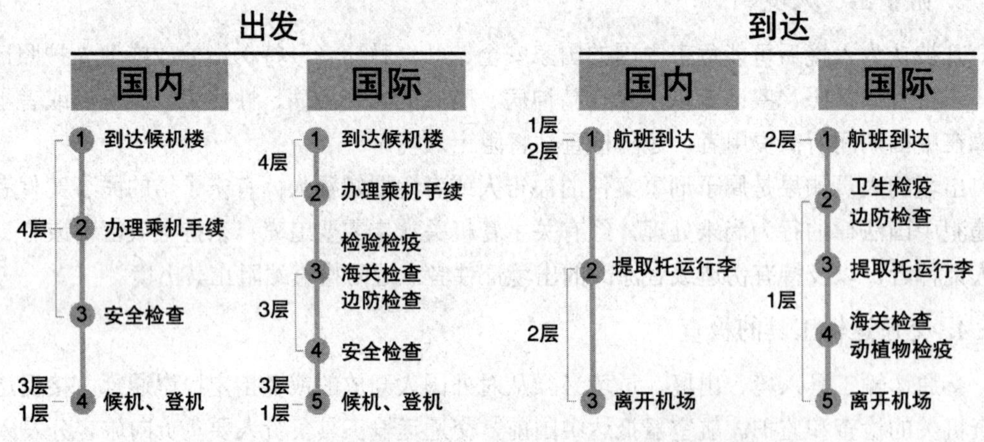

图 9-3 以首都机场为例的国内、国际港进出航班流程

引导服务既是提高机场运行效率、保障民航生产作业的有效运行的保障性服务，又是凸显民航服务风采的重要标志。在引导服务中，需要树立良好的服务意识，全心全意地为旅客服务，做到热心、细心、周到。引导员要有良好的礼仪风貌，特别是要关注老、幼、病、残、孕旅客，初次乘机或语言不通旅客的登机情况，主动提供特别协助。

八、特殊旅客运输

（一）特殊旅客

特殊旅客又称特殊服务旅客，是指在接受旅客运输和旅客在运输过程中，承运人需要给予特别礼遇，或给予特别照顾，或者需要符合承运人规定的运输条件方可运输的旅客。特殊旅客包括重要旅客、病残旅客（病患旅客、担架旅客、轮椅旅客、盲人/聋哑旅客）、无成人陪伴儿童旅客、老年旅客、孕妇旅客、婴儿旅客、犯罪嫌疑人及其押解人、特殊餐食旅客、醉酒旅客、额外占座旅客、自理行李占座旅客、机要交通员、外交信使和保密旅客。

1. 重要旅客运输服务

（1）最重要旅客（Very Very Important Person，VVIP）

我国党和国家领导人；外国国家元首和政府首脑；外国国家议会议长和副议长；联合国正、副秘书长。

（2）一般重要旅客（Very Important Person，VIP）

外国政府部长；我国和外国政府副部长和相当于这一级的党、政、军负责人；我国大使；外国大使；国际组织负责人、国际知名人士、著名议员、著名文学家、科学家和著名新闻界人士；我国省、自治区、直辖市人大常委会主任、省长，自治区人民政府主席，直辖市市长和相当于这一级的党政军负责人；我国和外国全国性重要群众团体负责人。

（3）工商界重要旅客（Commercially Important Person，CIP）

工商业、经济和金融界重要、有影响的人士；重要的旅游业领导人；国际空运企业组织重要的空运企业负责人。

（二）无成人陪伴儿童服务

1. 无成人陪伴儿童的定义

无成人陪伴儿童是指，年龄在 5 周岁或 5 周岁以上至 12 周岁以下的无成人陪伴、单独乘机的儿童，年龄在 5 周岁以下的无成人陪伴儿童不予承运[①]。

2. 无成人陪伴儿童的服务过程

无成人陪伴儿童办理乘机手续：购买机票时，需要提前 3 天以上到航空公司所属售票处或航空公司授权的机票代理点购票，并且在购票时提出无人陪伴儿童服务申请，机场将出票点得到的相关信息记录在案，并做好准备；申请完毕后，要注意查看机票，核对儿童姓名、乘坐的航班号及目的地等内容的同时，还要注意无人陪伴儿童的机票与一般儿童票的不同之处，一般儿童票只在姓名后注明“CHD”，而无人陪伴儿童票除了在姓名后注明

① 年龄在 12 周岁以上至 15 周岁以下的儿童，若其父母申请，也可按无成人陪伴的儿童办理。

无人陪伴儿童的代码“UM”外，还注有儿童的年龄，如果购买了一般儿童票到机场后再提出办理无人陪伴儿童服务手续，一般不予受理；为确保无人陪伴儿童在飞行途中得到妥善的照顾，一般国内航空公司规定每个航班的无人陪伴儿童限制在5名以内，家长应尽早向航空公司提出申请，以免超出限额被拒绝受理；机场办理完毕相关手续，送机的家长不要马上离开，以免特殊情况（如孩子怕生，不愿登机等）发生，要在确定飞机起飞后，家长方可离开。此外，家长所留的电话号码要确保准确有效，便于机场工作人员随时联系。接站时，家长需要携带相关证件，便于目的地机场工作人员确定身份及与孩子的关系，并需在交接联上签名，之后才能领走孩子。

（三）孕妇旅客的服务

承运人对孕妇旅客运输的限制条件：①怀孕8个月或不足8个月的孕妇乘机，可按一般旅客运输；②怀孕超过8个月的孕妇乘机一般不予接受；③如有特殊情况，怀孕超过8个月不足9个月的孕妇乘机，应提供医生诊断证明；④诊断证明书应在旅客乘机前72小时内填开，并经医生签字和医疗单位盖章；⑤怀孕超过9个月的孕妇，一般不接受运输。

（四）病残旅客服务

由于身体或精神上的缺陷或病态，在航空旅行中不能自行照料自己的旅途生活，需由他人帮助照料的旅客，称为病残旅客。医生诊断证明书在班机起飞前96小时内填开有效，病重者起飞前48小时内填开有效；带有先天残疾，如先天性跛足、聋、哑等，已习惯于自己生活的人不应视为病残旅客。

不予承运病残旅客有以下几类。

（1）患有甲类传染性疾病如鼠疫、霍乱及副霍乱、天花或给其他旅客造成不便者。

（2）易于发狂，可能对其他旅客或自身造成危害的精神病患者。

（3）可能对旅客自身或其他旅客和财物造成不必要的损害者。

（4）旅客的身体或医疗状况（包括神经或精神状况）使他们在旅行中没有专门的协助就无法自理者。

（五）担架旅客服务

需要担架的旅客，除需遵照病伤旅客的有关规定外，还需根据下列规定办理。

（1）在航班起飞前72小时提出购票申请，并提供县级以上医疗部门出具的在飞机上不会发生传染病和生命危险的意见及相关病情的证明材料。

（2）担架旅客的随行人员要提出书面保证书，经售票人员确认符合条件并同意后，方可购票。

（3）一名担架旅客因放置担架需拆去或多占座位时，应在售票前掌握情况并向有关部门联系，请示公司生产业务管理部门领导同意后，按实际占用的座位数售票（担架旅客除外），在客票计算栏内注明拆椅数，在票款合计栏内填写按占用座位数计算的票款。

（4）担架旅客必须至少有一名医生或护理人员陪同旅行。经医生证明，病人在旅途中不需要医务护理时，也应由家属或监护人陪同旅行。

（六）轮椅旅客

需要轮椅的病人或伤残旅客，分为三种不同情况，并用下列代号表示。

WCHR——旅客能自行上下飞机，并在机舱内可以走到自己的座位上；WCHS——旅客不能自行上下飞机，但在机舱内可以走到自己的座位上；WCHC——旅客完全不能自己行动，需要别人搀扶或抬着才能进到机舱内的座位上。

目前国内航线上，为需要轮椅的旅客提供的限额是：WCHS 和 WCHC 只限 2 名，并需要为旅客安排运输工具和服务旅客的人员，WCHR 不限人数。

（七）盲人旅客

盲人旅客是指双目失明的旅客。有成人陪伴同行的盲人旅客，按一般普通旅客接受运输。有导盲犬引路的盲人旅客，所携带的导盲犬应符合承运人规定，并具备必要的检疫证明。导盲犬可以由盲人旅客免费携带进客舱或单独装进货仓，同一客舱内只能装运一只导盲犬。无成人陪伴同行和无导盲犬引路的无陪伴的盲人旅客必须能够生活自理。旅客的上机地点和下机地点必须由家属或其他照料人迎送。

（八）其他特殊旅客服务

1. 犯人

由于犯人是受到我国有关国家现行法律管束的，在办理犯人运输时，必须与我国公安部门或通过外交途径与有关国家外交部门密切联系和配合。在办理犯人运输时，应注意符合我国有关法律、法令和对外政策及有关国家的法律。运输犯人必须由运输始发地最高一级的运输业务部门负责人根据有关规定负责审核批准。如运输始发地没有上述运输业务部门，应由始发地负责人批准。在国外由办事处负责人批准。如果需要通过外交途径与有关国家外交部门取得联系和配合时，必须事先申请总局，遵照总局指示办理。

2. 醉酒乘客

由于酒精、麻醉品等中毒，将给其他旅客带来不愉快或造成不良影响的旅客，属于醉酒旅客，承运人不接受承运。承运人有权根据旅客的言谈、举止判断是否属于醉酒旅客。在飞行途中，对于发现旅客属于醉态，不适应旅行或妨碍其他旅客的旅行时，机长有权令其在下一个经停点下机。在旅客上机地点，对于酒后闹事或有可能影响到其他旅客的旅途生活的酒醉旅客，承运人有权拒绝其乘机。酒醉旅客被拒绝乘机，退票时，按非自愿退票处理。

3. 特殊餐饮乘客

（1）特殊餐饮旅客原则上应提前预订，只有在配餐时间允许的情况下，值机员方可为旅客申请临时加餐。

（2）在值机过程中注意查看有无特殊餐食信息，并向旅客核实。

（3）及时通报相关部门，并填写“特殊服务通知单”。

4. 高龄老人

高龄老人出行乘坐飞机须慎重，要视其健康状况而定。对于高龄或者健康不佳的老人，应该向医生询问是否可以乘机旅行，同时让医生出具证明。

在地面，工作人员要询问其健康状况。登上飞机后，乘务员应仔细了解老人的身体状况，对于身体不适的老人，要求出示健康证明或者由机场医生决定其是否可以乘机。

5. 额外占座旅客

额外占座旅客指为了个人舒适而要求占用两个或两个以上座位的旅客。旅客额外占座应在订座时提出申请，经承运人同意后方可运输。办理乘机手续时，为旅客发放一个登机牌，在登机牌上注明旅客占用的全部座位的号码。旅客的座位应根据旅客本人的情况安排。如属于特殊旅客，应遵守有关特殊旅客座位安排的规定。额外占座旅客的免费行李额按其所购客票票价等级和所占座位数确定。

【案例 9-3】

长龙特服保障小组为特殊旅客提供一站式服务

2017 年 1 月 11 日下午，浙江长龙航空从杭州飞往重庆的 GJ8691 航班迎来了一位特殊旅客——因腰椎问题动完手术不久的李先生。李先生在 12 月中旬动完手术，因家中有事急需赶回重庆，所以他致电长龙航空客服中心进行购票并申请机下轮椅。让他有些小意外并感动的是，长龙航空安排的服务保障是如此贴心细致。

2017 年 1 月初，浙江长龙航空地面服务部成立了特殊旅客服务保障小组，专门为特殊旅客提供一站式专享服务。在接到市场部转发的李先生申请机下轮椅以后，特服小组紧张有序地准备起来，提前与李先生电话预约时间以及需求事项，为李先生量身定制保障方案。“李先生，您好！这里是……”还没等电话里那头把话说完，李先生就把电话挂了，心想又是诈骗电话。当这个陌生的号码第三次致电李先生后，他终于接起了电话，“李先生，您好！这里是浙江长龙航空，我是特殊旅客服务保障专员，我们了解到您在购买的 1 月 11 日 GJ8691 杭州—重庆航班中，申请了机下轮椅服务……”李先生此时才恍然大悟，这是长龙航空的工作人员。接下来特服专员详细询问和记录了李先生手术的部位、日期、病患程度等，并与李先生预约 11 日 16:00 在杭州萧山国际机场 13 号到达门等候他的到来。

1 月 11 日 16:00 前，特服专员为李先生及其随行家人提前办理好登机牌，并将轮椅推到约定地点迎接李先生。16:00，李先生如约到达后，特服专员将李先生扶上轮椅，并送至值机柜台前，在李先生确认并签署申请书后，安排好李先生自带轮椅和行李的托运。随后全程保障李先生过安检，优先登机，登机后与乘务长进行交接。

在与长龙特服专员临别之际，李先生再三为自己挂电话的事感到抱歉，并激动地说道：“以前坐飞机需要轮椅要到值机柜台才有，长龙安排专人提前联系并到候机楼门口迎接，让我感到很意外，也非常感谢你们周到细心的安排和服务，下次回杭州还坐你们长龙的飞机。”

在飞机上，乘务组指定一名乘务员全程负责悉心照顾李先生，为其提供毛毯、枕头及餐食等服务。落地前35分钟，乘务员向李先生再次提醒要最后下飞机，在航班落地其他旅客全部下飞机之后，乘务员帮助李先生拿下行李架上的随身物品，并协助李先生坐上地服人员已提前准备好的摆渡轮椅，与地面工作人员进行交接，并由地面工作人员完成后续保障。

长龙航空成立特殊旅客服务保障小组，专门为“特殊旅客”提供一站式专享服务，用实际行动响应民航局“真情服务”号召，并力争将各项服务举措做精做细，为旅客提供更大的便利。

资料来源：http://news.carnoc.com/list/387/387321.html

九、不正常运输服务

不正常航班运输是指客票售出后或因客票填开时的差错，或因客运人员的工作差错，或因航班飞行过程中出现的特殊情况，或因旅客乘机过程中的种种原因，未能如期完成客票上所列航程的旅行，称之为旅客运输不正常。

中国民航局2012年修订了《民航航班正常统计办法》，并在2016年进行了进一步修订，对引起航班延误的原因进行了规范，指出各类航班不正常原因包括天气、航空公司、流量、航班时刻安排、军事活动、空管、机场、联检、油料、离港系统、旅客、公共安全共12大类。

出现旅客运输不正常时服务人员要做到主动、热情、耐心、细致，及时帮助旅客解决困难，尽力为他们提供便利。在服务态度上，对中外旅客要一视同仁，都应热情、主动，不发生与旅客争吵和不礼貌、不文明的言行。

（一）不正常航班的表现类型

1. 旅客运输不正常

旅客运输不正常主要包括误机、漏乘、错乘、超售、无票登机、登机牌遗失等情况。

2. 航班不正常

航班不正常指航班的延误、取消、补班、中断、返航、备降等情况。航班不正常的原因分为承运人原因和非承运人原因。航班发生不正常，运输服务部门对旅客的膳宿及交通问题要做到事先有安排有准备。对航班不正常，有下列情况之一的，承运人可按规定，不预先通知，改变机型或航线，取消、中断、推迟或延期航班飞行。①为遵守国家的法律、政府规章和命令；②为保证飞行安全；③其他无法控制的原因。同时，承运人航班改变机型或航线、取消、中断、推迟或延期，应当考虑旅客的合理需要并采取相应措施。

3. 登机牌遗失

（1）隔离区外登机牌遗失。当乘客办完乘机手续，未进入隔离区时登机牌发生遗失，需提示乘客应立即到原值机柜台向值机商务人员说明情况，并出示有效客票。值机人员应该根据该客票的旅客联查验相对应的乘机联是否一致，确定该旅客确已办理完乘机手续后，按原先发放的座位重新补发新登机牌。对遗失登机牌的乘客，登机时安排在最后登机。

（2）隔离区内登机牌遗失。当乘客通过安全检查进入隔离区以后发生登机牌遗失，应提示乘客立即到承运人登机门的服务台向工作人员说明情况，并在登机门等候。值机人员应查验该旅客客票的旅客联是否与乘机联一致，确定该旅客确已办理完乘机手续后，按原座位补发新登机牌，并应让旅客重新补盖安检章，同时，请遗失登机牌的旅客最后登机。

4. 航班超售

按照国际航空运输行业通行的做法，为了满足广大旅客的出行需求，减少因部分旅客临时取消出行计划而造成的航班座位虚耗，航空公司可能会在部分容易出现座位虚耗的航班上进行适当的超售，以保证更多的旅客能够搭乘理想的航班，其表现形式是航空公司答应的订座数超过了该航班本身所具有的实际运力（座位数）。

超售并不一定意味着已购客票的旅客无法乘机，对于超售的航班，持有订妥座位的有效客票的旅客，在绝大多数情况下都能成行。但在特殊情况下，可能会有个别旅客不能按时成行。对未成行的旅客，航空公司将酌情采取弥补措施。通常的后续服务包括：优先安排最早可乘的航班，保障旅客尽快成行；或按非自愿退票处理，不收取退票费；按非自愿变更航程处理，票款多退少不补；如所安排的后续航班为次日航班时，将免费为旅客提供膳宿。

5. 无票乘机

未满两周岁的婴儿无票乘机，应按婴儿票价补收票款。成人或儿童无票乘机，在始发地发现，应拒绝其乘机；在到达站发现，加倍收取自始发站至到达站的票款。

6. 补班

航班由于天气、突发事件或航空公司飞机故障、航班计划等原因，无法按原班期时刻完成运输，造成旅客在始发地滞留，确定起飞时间后于次日（或次日以后）完成航班任务，则此航班就为补班。

7. 航班备降

航班备降指由于天气或机械故障等原因，航班临时降停在不是预订的经停地点。

（二）不正常航班的服务

从民航地勤服务来看，无论任何原因引起不正常航班，均属于不正常运输服务，这类服务是民航地勤服务中难度最大、问题最多的服务范畴。不正常航班服务涉及问题较多，是机场地勤服务的重点。

2011 年 10 月 17 日，中国民航总局颁布了《不正常航班服务规范》（MH/T 1037—2011），对规范不正常航班服务提出了要求，明确了服务责任。为此，可以从以下几个关键环节入手，做好正常航班的服务。

1. 做好信息发布

信息发布是不正常航班服务的第一步，也是关键的一环。良好的信息发布是与旅客相互沟通，取得谅解的前提条件。要给乘客提供畅通的获得信息的渠道，及时通告乘客真实情况，保障乘客的知情权，乘客抱怨的往往不是不正常航班本身，而是不知道原因，不知行程会被影响到什么程度，所以，必须通过有效的渠道和媒介把信息传递给乘客，避免出现乘客猜疑或聚众现象，引发服务冲突。

（1）航班信息抢先说。一线部门在得到航班确定的延误信息后，要立即发布延误信息让旅客知晓。在航班办理过程中如已知航班延误，应向旅客说明情况。信息的发布应不迟于航班的登机时间，这个就叫“抢先说”——抢在旅客问之前说。这样不仅表明了航空公司主动积极处理问题的态度，同时也给后续工作赢得了主动。

（2）航班信息不断说。旅客为何选择航空运输而不选择其他方式，是因为航空运输舒适、快速。航班的准点对于商务旅客而言尤为重要。航班如果长时间延误，航空公司应定时、不间断地更新航班的动态信息，让急于成行的旅客全面了解情况。避免因为信息的不透明而让旅客站在对立面上。

（3）航班信息统一说。遇到航班延误，如果从现场得到的延误原因与其他途径公布的不一样，旅客将对现场工作人员产生极大的不信任，从而发生矛盾冲突。可见，现场不正常航班服务人员必须谨慎回答旅客的问题，忌“信口开河”。

航班信息的实际情况与乘客获得信息的不对称性，往往是引发乘客不满的主要原因，除了做到“三说”外，还要注意把信息说好。首先，不论是什么原因造成航班延误，可控或不可控，都给旅客带来了不便和时间上的损失，需要理解乘客的心理，而不能抱着与己无关的态度。必须有理解之心、抱歉之心，向旅客致歉，这样解释原因时更容易得到旅客的认可。其次，要有信服力地“说”。航班的现场一定要有资深的值机人员，要“会讲道理”，说服旅客。这就要求现场工作人员具备比较高的业务素质，熟悉航空运输的各个环节，知晓民航相关法律法规、旅客心理学、航空气象知识等。这些知识能使现场工作人员在做说服工作时更“游刃有余”，更具信服力。

2. 注重不正常航班服务的操作环节

（1）充分做好预案。从服务的环节看，问询、售票、值机、登机、到达、行李服务，任何前一环节的失误都可能造成后一环节操作上的问题。所以必须预先明确前一环节出了问题，应提前处置，做好准备工作。例如，中转业务部门应时刻关注进出港航班动态，判断回程航班延误的可能性，及由此造成的回程航班上转机旅客后续航班不能衔接的情况。中转部门应提前联系始发站，让前站对中转旅客预先告知和安排，进行改订或改签。特别遇到转机人数较多的情况，如后续航班座位紧张，应及时向上级运控部门报告，尽量保障中转旅客成行。提前对延误航班情况进行了解，准备预案，越详细充分就越有利于现场的处理。

（2）用心做好服务细节。不正常航班服务最能够体现地面保障的服务水准，航班不正常后给乘客带来的困难是乘客最感困扰的问题，在服务的过程中，需要在权衡公司利弊的同时，以最热情和真诚的微笑面对旅客，冷静处理好各种突发事件，需要服务人员不仅具备良好的业务素养，更要有很好的心理素质和沟通技巧。想乘客之所想，用心体会乘客的困难，在细节上下功夫。如穆斯林旅客需要穆斯林餐等延误餐食的安排；后续有转机旅客的改订改签；需要联系家人的旅客要提供电话；携带婴儿的旅客要尽快安排休息；托运行李大而重的年迈旅客要安排人员协助；等等。让旅客“安心，称心”，尽自己所能解决旅客的后顾之忧。

（3）建立处理突发事件应急预案联动机制。航班不正常，乘客是直接损失者，因此，难免表现出非正常的心理与行为，特别是服务不到位的情况下，容易引发各种服务冲突。所以“难缠”的旅客说话会咄咄逼人，甚至采取激进的做法，这都在所难免，必须做好充分的准备。

通常航班延误发生后，航空公司、机场和空管部门彼此都有各自的应急预案，但在实践中，互相之间往往缺乏沟通协调，各自的职责和功能在应急预案响应过程中不明确，没有形成整体联动机制。因此，在整体战略层面上应建立航空公司、机场和空管等部门的应急预案联动机制，明确各自的任务与职责。在遇有大面积航班延误，或遇有极端天气及其他因素导致不能按时执行航班计划的情况下，航空公司值班经理应主动与机场带班领导取得联系，通报相关情况，共同协调处理有关事宜。航空公司应充分利用机场和自身的硬件设施，主动以多种方式告知旅客航班延误相关动态，积极缓解旅客负面情绪，争取得到旅客的理解。此外，在因航班延误导致旅客大量聚集时，航空公司工作人员应积极发挥主观能动作用，主动承担责任、告知旅客享有的权利与义务。机场应及时启动航班延误处置预案，加强对旅客聚集地区的动态巡逻，并对因航班延误引发的破坏公私财物、扰乱公共秩序、干扰机场正常运营秩序等违法行为进行处理。

本章思考题

1. 简述地勤服务在民航服务中的地位与作用。
2. 从地勤服务的特点来看，如何建立地勤服务的科学服务体系？
3. 简述民航地勤服务与民航总体服务的关系。
4. 分析我国民航地勤服务的现状，并提出做好地勤工作的建议。

第十章

民航服务的发展趋势与对策

民航日新月异的发展，不仅体现在民航企业的增加，航线的拓展，更体现在民航正以崭新的服务模式影响着高端服务业的发展；同时，由于社会进步、消费理念的更新，民航服务面临着如何满足乘客多样性、个性化和体验性需求的挑战。

第一节　影响民航服务的主要因素与发展趋势

一、影响民航服务的主要因素

（一）社会进步因素的影响

社会进步的重要特征之一就是人的思想、观念和生活模式的变化。民航服务的消费群体来源于社会，其消费模式与消费心理必然体现出社会进步的特征，具有显著的时代痕迹与消费诉求，同时，民航服务在服务行业的引领地位，对社会进步因素的影响更具有显著性。

1. 消费取向的影响

随着社会的进步，引导消费、鼓励消费成为一种经济常态，人们也逐渐从节约型消费，向舒适、便捷、休闲、时尚的消费方式转变，敢消费、愿意消费成为一种时尚，而民航运输的独特优势，使其成为人们出行的重要选择，拉动了民航消费发展。在出行经济成本、时间成本的均衡上，人们更愿意以时间成本的最小化作为交通工具选择的准则。这一方面为民航发展提供了市场基础，需要不断地完善民航服务来适应这种市场的变化；另一方面，人们对民航服务的需求呈现出多元化的趋势，民航消费需求倒逼民航服务要在服务的理念、服务的宗旨、服务体系上不断进步。

2. 社会进步推动民航服务进步

不同的社会状态有不同的消费环境、不同的消费秩序和消费规范，社会进步在民航消费层面表现在法制、规范与和谐。因此，从社会进步层面对民航服务的要求越来越高，对服务的规范越来越严格，民航服务的运行管理越来越苛刻。这势必要求民航企业首先承担起社会进步赋予的责任，在民航安全、乘客满意的服务目标中不断前行。

（二）民航国际化的冲击

民航运输是国际化的开放型行业，飞机要飞出国境，境外的飞机要飞进来，不同客源国的宾客接踵而来，数以亿计的国人出行境外，这种国际交流强化了民航服务的国际化特征，也冲击着我国处于发展阶段的民航运输服务业，民航服务融入国际化、吸收国外先进民航服务的理念与模式，也势必成为未来民航发展的必然选择。国外民航服务先进经验会潜移默化地影响我国民航服务的发展，我国传统的民航服务格局、服务模式、服务视野以及服务理念等也会在国家国际化的过程中不断地推陈出新，赋予时代的特征。同时，我国民航要立足于世界民航之林，还必须不断创新，把民族文化风俗与民航服务更好地融合，培育出具有中国特色的民航服务模式，创建自己的民航服务品牌，吸引更多的国内外游客。

（三）不同运输方式的竞争

民航是现代交通工具的代表之一，与高速铁路相互协调发展构成了我国战略性运输方式的主体，而民航运输与高铁优势各异，具有一定的替代与互补性。在运输消费市场层面，尽管客源总量趋于增长趋势，但表现为客源市场占有率的再分配，此消彼长的趋势将成为一种常态，民航运输面临高铁的挑战压力越来越大，民航服务原有的特色服务也已经成为其他运输方式提高对乘客吸引力的有力武器。逆水行舟，不进则退，民航运输服务只有居安思危才能保持持续的发展态势，需要淡化民航自身的优越感和垄断性心态，以平和的心态投身到运输服务中，体会乘客的消费体验，不断创新服务模式，完善服务规范，增加服务的满意度。

（四）不同航空公司的竞争

民航市场是开放的市场，各种资本进入了民航服务领域，航空公司数量迅速增加，航线的使用权也在逐渐放开，不同航空公司之间的竞争关系进一步强化，自主经营的主体显著，这对民航服务发展的影响将超出人们的预期。在民航市场竞争环境下，民航消费有了更大的选择余地，乘客的选择权将挤压一家或几家独大的格局，势必形成民航服务品质提升的内驱力。民航企业势必要通过不断改进服务，培育自己的竞争优势，以“安全飞行，优质服务”作为服务发展战略的核心选择，以“大民航、大消费”的观念来统领自身的发展，以创新求活力，以体贴乘客为手段，以乘客良好的体验为诉求，塑造民航服务的品牌，培育忠诚的乘客群，以支撑企业发展的明天。

（五）乘客期望的影响

尽管民航消费正在从高端消费向大众化消费转变，但乘客对民航服务的期望与期待并没有降低，毕竟乘坐飞机仍然是大多国人的一种新的交通体验，人们依然对民航服务有着“高大上”的心理定位，而且飞机这种交通工具的特殊性和长期形成的服务模式很难冲淡乘客美好的愿望。分析起来，有三个主要因素主导着乘客的预期：第一，较高的机票价格。物有所值是最普遍的消费心理，价格高，服务就该好，追求较高的服务回报在情理之中。第二，乘客需求的多样化所带来的期望值的多元化。每个乘客都有不同的消费期望，体验性需求越来越显著。因此，乘客期望的影响是深刻而深远的，而且是不可抗拒的，只有不断研究乘客期望的变化，了解乘客的需求体验，才能创造出满足乘客期待的服务模式与服务体系。

（六）社会监督机制的影响

民航运输服务具有经济与公共运输的双重属性。经济性要求按法律法规和市场准则，诚实守信，取信于乘客；公共运输属性要求民航运输首先服务于国家发展战略的需要，承担社会发展的责任。在民航服务自律监控的基础上，需要建设社会监督体系，为民航服务的健康发展保驾护航，如民航局设有专门受理消费者投诉的平台；多家机场和航空公司启动服务质量外部监督机制，聘请“服务质量社会监督员”对服务质量进行监督；各级消费者协会、新闻媒体等广泛的监督渠道。可以说，越来越严谨的消费者保护屏障，对民航服务提出了更高的要求，使我国民航服务关系人们的生活质量。随着社会监督机制的不断完善，对每个航空公司服务水平的评价将更公正，公众整体利益将得到进一步保障。

二、民航服务的发展趋势

（一）由“表”及“里”的服务转变

民航服务是基于服务过程与服务内容达到让乘客满意，进而取得企业经济利益的过程。只有以乘客需求为导向服务体系，处处真实体现乘客价值与真情投入的民航服务，才能感染乘客，才能开启乘客心理感应之窗。而要服务能感动乘客，表面化的服务是无法触及消费者内心的，只有服务能调动消费者的内心感受，才能引起消费者的共鸣。由表及里就是要通过丰富多彩的服务形式，向乘客提供承诺的服务，但必须充满真情，以尊重之心对待乘客，主动为乘客利益着想。必须把企业的服务精神传递给乘客。

精诚所至，金石为开。乘客的内心是最清楚的，他们不会浪费机票所赋予的消费权利，在乎的是民航企业究竟把他们放在什么位置上，是不是敷衍了事应付差事，是否找借口推辞应该承担的责任。由“表”及“里”的服务转变，就是视乘客为亲人，把亲情呵护送给每位乘客，本质上就是提升乘客的地位，充分体现服务的社会价值，不辜负乘客的重托与期待。

（二）由“模式化”向“体验化”转变

模式化服务是满足普遍共性需求的基本方式，虽然有其规范化的特点，但无法体现出服务的生机与活力。体验型消费是未来消费的发展趋势，体验来源于过程、场所与产品，但不依赖，是文化、氛围、意识、价值的综合结果。民航服务的生命力在于服务的精细性所体现出来的温暖与真情的交融，民航服务的风采在于服务中人文风情与高雅服务礼仪的展示，这就体现了服务的体验性。未来民航服务必将面对需求个性化的挑战，而满足个性化的需要，提高乘客的出行体验，正是优秀民航服务企业的特色，也必将成为未来民航服务的发展之路。

（三）从重视“自身价值”向尊重“乘客价值”转变

目前民航服务大多体现着作为特殊的运输工具、特殊的服务群体所具有的独一无二的个性，有张扬优势之嫌，过多地顾及“自身价值”。也就是说，民航服务更多的是从“我能为你提供什么服务”的角度体现自身的优越性。同时，从民航安全的角度，往往把乘客视为近乎“挑剔”的群体，自觉不自觉地把乘客划到航空服务企业的对立面，滋长了很多不良的情绪。其实，乘客群体就是社会的缩影，无所谓好坏之分，他们就是消费者，既然是消费者，他们就有平等消费权利，为他们提供服务就是民航服务的责任。其实乘客出行是追求快乐，是自身价值在社会层面的体现。如果给予乘客尊重，体现他们的价值，一切问题都会迎刃而解。

【案例 10-1】

空姐服务细节感动旅客

2014 年 8 月，MU2514 济南—昆明航班上发生了一个故事。那天航班上有一个 17 岁少年，叫陆地园，是北京京剧团一名优秀的小演员，但被查出患有白血病。这无疑是个晴天霹雳。为给地园治病，家里已经用去了十几万元，可是病情仍不见好转。飞机上，得知这一情况后，空姐们决定在航班上开展爱心捐款活动。当乘务长张甜甜把 3 500 多元捐款送到地园父子手中时，地园的爸爸眼里闪烁着泪花，哽咽着对她们说：“本来乘坐东航的飞机只想快点回家，想不到遇到这么多善良的乘务员和热心的人们，谢谢你们!”

还有一次，南航湖北公司空姐王萌执行武汉—青岛航班，迎客时，她发现一名脸上缠着绷带、严重烧伤的特殊旅客，一同登机的旅客都被那张烧伤的脸吓得躲出很远，王萌一边热情、自然地向他问候，一边为他安排了一个较安静的座位。提供饮料时，王萌首先将一瓶矿泉水拧开盖，并细心地插上了一根吸管递给了这位旅客，因为他那缠着绷带的嘴已无法像正常人那样喝水，他充满感激又略带吃惊地抬头看了王萌一眼，轻声说了句“谢谢”。由于客舱内很干燥，这名旅客尚未痊愈的伤口开始干裂并向外渗血，他那痛苦的表情很快就被一直留意他的王萌发现，在得知他随身未带任何药物时，王萌将干净的小毛巾在沸水中煮了消毒，放凉后再送到旅客的手中……

某天，在 MU2484 武汉—深圳航班上，旅客刚刚落座，一位先生害羞地问空姐夏曦：“姑娘，一会儿有饭吃吗？”夏曦一听，就知道这名旅客可能是赶航班没有用晚餐，但此趟航班不在配餐时间段。为了不让旅客挨饿，夏曦赶紧把自己的机组餐给了旅客。

2014 年 3 月，一个武汉—上海商务包机航班，满载着法国贵宾从武汉天河机场起飞。法国旅客一踏进客舱时，就闻到了怡人的百合花香味，甜美的空姐胸配鲜花，用流利、地道的外语欢迎他们到来。飞行途中，一份份外文报纸及时送到了他们手中，法国旅客用生硬的汉语告诉乘务长：“武汉是个美丽的城市，但武汉的空姐更美丽!”

他们不知道，为了完成这次包机任务，空姐们多次奔赴东航总部，向国际航班的空姐们取经，并多次召开“试餐会”，选定符合法国客人口味的正餐、水果、点心和饮料。

资料来源：https://tieba.baidu.com/p/3366930298?red_tag=1686945473

（四）由“作业型”向“全过程”服务转变

民航服务是若干个“作业型”服务所形成的集合，在服务的周期内，空勤人员是按服务计划的安排，按服务指令的要求，完成指定的服务内容。但乘客的需求具有连贯性，而且服务的某一环节的瑕疵将影响乘客的消费体验，即使在服务的最后环节或最后时刻出现问题，也将影响乘客的情绪，进而影响乘客的服务体验，“1%等于 100%”的服务质量定律也说明每一环节的严重性。为此，民航的全过程精致服务就成为优质服务的特征之一，体现在服务环节衔接井然有序，服务过程无懈可击。优秀是一种习惯，把一件事情做好不难，把所有的事情都做好很难；某一时刻把事情做好随时可得，而保持始终如一的服务风格需要更多努力。完美服务无论对民航企业，还是服务者都是一种挑战，而这恰恰正是服务品质差异所在。在推崇个性化服务的趋势下，要求通过个性化提升服务品牌，使乘客得到个性的关怀，同时，推行“责任乘客制”和“全过程服务”等服务模式会成为未来民航服务重要的发展趋势。

（五）由“硬服务”向“软服务”转变

对乘客来说，利益的满足不仅是需求具体指向上的满足，更重要的是服务氛围、服务环境、服务文化所带来的心理感受提升后所达到的满足程度。也就是说，服务的具体标准是满足乘客需求的必要条件，而不是充分条件。只有通过服务氛围去调动乘客的心理感受，升华乘客的心理感知，才能最大限度地满足乘客的需求，使乘客的满意达到心理喜悦的程度。如果我们将服务的具体内容比喻成“硬”服务的话，服务过程中的氛围、环境感染力、传递的感情就是“软”服务。只有“软”服务到位，“硬”服务才能具有生命力。例如，向乘客递上一杯茶，这是“硬”服务，而如果服务人员表情冷淡、眼神游离，那么乘客的心理感受是不言而喻的；如果服务人员带着微笑，用热情的眼神传达出无微不至的关怀，那么，乘客感受到的就不仅仅是一杯茶，而是在品味一种文化，体验一种亲情，唤起的是舒心的感受。

由“硬”服务向“软”服务转变就是要不断地增加服务的内涵，并通过服务过程将这些内容传递给乘客。这就要求民航服务人员不断地提高自己的内在素质，提升自己的职业素质与修养，做到心与服务同在，热情与动作相协调。

（六）由“规范化”向“灵活化”服务转变

服务的灵魂在于服务适应性，提供乘客需要的服务远比把服务作为一种契约的内容强加给乘客的效果更好，而其付出的成本更低。从一定意义上说，“投其所好，顺其自然”也是对服务把握的一种导向。服务规范完成纲领性文件，具有强制性和可操作性，约束了服务行为，使服务更规范，更具有可见性，但也在一定程度上限制了空勤人员创造性和服务智慧的发挥。服务的最高境界是以最低的服务代价，获取乘客更高的满意度。不一定付出劳动越多，服务的感受就越好，而好的服务往往不是用力服务，根据服务状态灵活调整服务方式才是精明的服务所为。服务的灵活性是服务的灵气所在，起到“画龙点睛”的作用，可谓服务过程的“灵魂”，它驾驭着整个服务过程，体现着服务的艺术，这就要求服务者具备灵敏、机智、果断的品质，具备洞察服务状态能力和左右逢源处理问题的能力。

第二节 我国民航服务存在的问题与基本对策

一、我国民航服务存在的主要问题

与发达国家相比，我国民航服务业还处于成长期，伴随着民航强国战略的实施，需要我们保持清醒的头脑，认清实践中存在的问题，找出症结，奋勇前行。

（一）缺乏服务文化引领的服务设计

民航服务文化是企业发展的基石，诠释了民航企业对服务宗旨、精神、行为准则，以及对社会与乘客的态度，而民航的服务设计是系统实现企业服务目标的具体实施方案，是高品质服务的决定性环节，只有在服务设计中融入服务文化精髓，服务设计方案才能承载实现服务目标的重任。我国的民航企业发展历史较短，企业文化的积淀不够深厚，也缺乏员工的认知与共鸣，这在深层次上制约着民航服务的发展，在民航服务的大是大非面前往往显得摇摆不定，在处理企业利益与乘客利益、员工利益与企业利益之间的关系中，缺乏应有的格局。同时，在服务设计中缺乏服务文化的引领，服务设计很多处于低水平状态，服务还显得粗糙，服务的接触细节与服务传递周密性还没有很好地体现出来。

（二）缺乏对民航服务人员正确的职业定位

民航服务的职业内涵与人们认知存在扭曲错位，表现在民间对民航服务“高大上”的定位与民航服务的责任偏离。其实，民航服务就是一种服务，如果说民航服务是高层次、高品质的服务，是因为民航服务所承载的责任更重，服务的难度更大，对服务者的要求更高，驾驭服务过程更复杂。也正是在“高大上”观点的片面引领下，视“空姐”“地勤服务人员”为美丽的化身，过分追求形象化，把人的形象作为第一人才要素本身就曲解了人作为资源内涵的真正含义，那么服务人员缺乏内涵也就不难理解了。其实容颜是服务者的一个积极要素，其不能取代服务者的核心素质——内在素质决定的服务意识与职业精神，国际航空公司的航班上、机场中，经常会遇到形体各异、年龄参差不齐的空乘人员或地服人员，能说他们的服务不好吗？

正由于职业角色定位的偏差，导致对服务本质认识的片面化，忽视了人的内在因素的决定性作用。因服务者内在修养不足导致心理浮躁，服务不扎实，可塑性差，职业忠诚度低，使服务队伍不稳定。尽管业内人士都在呼吁要重内在、淡化外在，注重服务质量、淡化服务形式，但传统认识根深蒂固，很难在短期有根本的改变，需要在机制上做出改变。

【信息卡】

中外航空公司招聘空姐的差异

内航看长相：据了解，国内航空公司非常注重空姐的外形条件，近似“选美”。以某航空公司的招聘标准来说，对空姐的基本要求是五官端正、仪表清秀、身材匀称、肤色好，身高164～173厘米。年龄一般为18～23岁，也有的航空公司将年龄限制在22岁以下。在学历上一般要求是大专。面试倾向个人形象、才艺等，外界反映疑似“选美”。

外航看素质：外航招收中国空姐对外形条件的要求宽松得多，更注重应聘者的综合素质、英语能力、心理素质、亲和力和服务意识等。在新加坡航空公司开出的招聘条件上，能讲标准的普通话和英语、学历在大专以上两项要求成为首选。而招聘年龄则放宽到20～30岁，有服务行业或民航业工作经验的35岁以下都有可能入职。

（三）民航服务人员职业能力仍显不足

职业能力是履行职业职责的根本保证，职业能力的欠缺不仅会导致职业形象品位的滑坡，更重要的是，使空勤人员面对艰巨的服务重任力不从心，久而久之丧失了最初的工作热情与信心。由于缺乏信念的支撑，离职率居高不下。民航服务中，熟练的技能与灵活的应变能力是职业能力驾驭服务的核心要素。缺乏职业能力的主要原因在于：一是教育水平，即受教育与职业训练的程度；二是职业经历，即职业生涯的周期性的积累。从业于民航服务的人年龄偏低，职业生涯短暂，实践经验明显不足，生活历练少，价值观不稳定，这是民航服务发展的瓶颈之一。

（四）职业发展激励机制不健全

人是企业发展的核心因素，决定着企业的发展，人需要在一定的环境与条件下才能满腔热情地投入工作中，凡人都有爱，凡人都有欲望，满意的员工才能提供令人满意的、快乐的服务，而这需要激励机制和职业生涯发展规划的落实，强调奉献不意味着可以放弃个人利益，员工忠诚不是自然形成的。总体来看，我国民航服务人员的职业发展政策与工作环境并不理想，普遍存在着管理机制匮乏、管理观念落后、管理方法简单、激励机制不健全等问题，需要从顶层设计上系统地解决问题。

（五）缺乏科学的人才培养选拔体系

用什么方法就能培养出什么人，是什么岗位就应使用什么样的人。我国在民航服务人才培养上缺乏人才培养标准与能力结构的科学研究，办学门槛偏低，培养能力偏弱，也缺乏应有的监督与考核。如在培养规格上存在重外在，轻内涵；重技能，轻文化底蕴；重眼前，轻发展潜质倾向。这样的培养方法致使航空服务人才培养面临数量过剩与高质量人才短缺的尴尬局面。而在就业选拔上也存在着选聘机制与人才标准把握不足的问题，致使民航服务人力资源长期存在质量与数量的矛盾，也在深层次上制约着民航服务水平的提升。

二、提高民航服务水平的基本对策

提高民航服务水平是个综合性问题，必须标本兼治，立足于民航服务的未来发展，以国际化视野与社会进步的要求去审视与思考。

（一）以更新观念促民航服务发展

服务观与企业的价值观是推动民航企业进步的两个车轮，决定着民航服务的走向，良好的服务文化氛围孕育着有格局、有远见、有责任、有担当的民航服务体系，使服务者崇尚服务，敬畏服务对象。要解决好民航企业靠什么获得乘客的忠诚问题，乘客是上帝，空勤人员也是企业的宝贵资产。没有向心力与凝聚力，就没有团结合作、积极向上的服务队伍；没有服务者的真心服务就无法让乘客满意，通过员工忠诚来创造乘客的忠诚应该成为正常思维，保护好员工权益就是为企业发展的明天投入资本。没有精致的服务，民航的生命力会淡然失色，没有扎扎实实的服务过程，实现服务目标就会成为空中楼阁，民航服务需要体贴入微，要发自内心地去服务，做到心细、动作轻柔、神情投入，使乘客在精细的服务中体会到民航服务的品位。

【案例 10-2】

实实在在为乘客做事

人们在乘坐国内航班时经常会发现，例行客舱服务后，就很少看到乘务人员的身影了。但在新加坡航空公司的航班上，即使例行服务结束后，只要放眼向客舱巡视，总会看到空姐的身影：偶尔伏身观察熟睡的乘客，偶尔伏身回答乘客的咨询，偶尔为乘客提供服务，偶尔疾步走到求助的乘客面前。看着乘务员专注的神情，乘客会由衷地感到特别亲切，有了困难就愿意请她们帮忙。曾有人询问新航的一位空姐：“你们巡航值班时，为什么工作做得这么细致？”她的回答使人印象深刻：“巡航时乘客最需要亲人般的关怀呀！”是啊，熟睡中的乘客就像一个孩子，很需要乘务人员像母亲一般的关怀。也许例行工作结束了，但乘客的需求是不会停歇的！

资料来源：https://wenku.baidu.com/view/3ad8b3d6fad6195f312ba6fc.html

（二）以服务创新推动民航服务发展

创新是民航发展的动力，特别是在民航快速发展的趋势下，逆水行舟，不进则退，创新才能为民航服务增添动力。民航的服务管理、服务模式、服务技术都需要以国际化的视野重新审视，创新服务内容，丰富服务细节，提高民航服务的魅力和影响力，进而提高企业的核心竞争力。

（三）以回归职业定位激发服务者的积极性

定位准才能揭示职业的内涵，才能挖掘职业功能的内在要素。要认识到民航服务是实实在在的艰苦工作，光鲜亮丽的背后是辛苦的付出，需要职业情操与奉献精神的支撑。去民航服务职业的神话色彩就是要从职业的客观性出发，在服务中回归踏踏实实、一丝不苟的服务品质。要以企业想象为上，使服务者端庄秀雅，成为整个文明的风景线；要优化社会环境，公允评价民航服务者的奉献精神，使其自律、自勉，激发其奉献航空的志向与热情。要避免民航服务职业的“时尚”性倾向。

（四）以管理机制调动人员的积极性

延长服务职业周期，才能稳定民航服务队伍。要建立科学管理体系，健全管理制度、考核与激励机制，理顺用人机制，最大限度地调动民航服务人员的积极性。要遏制年轻化、短期化的不稳定的倾向，充分考虑民航服务人员的职业生涯恐惧，拓宽二次就业渠道，使民航服务人员安心于空乘本职工作。要关心民航服务人员的身心健康，给予他们更多的关爱，让其全身心地投入乘务服务中。

（五）以科学的标准把好人才入口

什么样的人更适合于民航服务职业的要求，又如何把适合的人遴选出来？要在人才选拔中关注亲和力、服务意识、服务态度，考核职业发展的空间与发展潜质，避免单纯“以貌取人”的选拔原则，通过建立行业人才选拔的标准和程序，避免人才选拔的随意性。另外，人才培养要有培养标准，办学门槛要适度抬高，要监督办学条件的保障程度，建立培养质量监控体系，建立教育机构“准入门槛”，从源头入手，提高人才培养质量，为我国航空服务水平的不断提高提供人才保证。

【案例 10-3】

为了什么而工作

一群铁路工人在上班时，铁路公司的总裁由一群下属陪同到基层视察。总裁满面春风地跟其中一位工人打招呼：“嘿，比尔，你好！”那位名叫比尔的工人跟总裁寒暄了几句之后，总裁离开了。

其他工人好奇地问比尔是怎么认识总裁的。比尔说：“20 年前，我和总裁一起在这里工作。”

“那为什么他现在是总裁而你还是一个铁路工人呢？”工人们七嘴八舌地问。

“因为，”比尔回答，“那时候总裁就是在为铁路事业而工作了，而我只是为一小时 50 美分的工资而工作。”

点评：对于空乘服务人员而言，我们是为航空公司的服务事业而工作，不是单纯为了工资而工作。工资不是工作的唯一报酬，从自己优秀的对客服务中得到的成就感、塑造公司形象的自豪感，都是我们努力工作的报酬。

【观点交流】

小议当代民航服务人才标准

1. 外在条件

良好的外在条件可以在乘客的心理上建立良好的第一印象和亲切感，增加感染力与亲和力。研究表明，美丽的外表可以增加人的魅力，而魅力使人感到安全、信任、可亲、可敬，也可以缓解心理压力；从更高层次上说，美是一种力量，美是一种环境要素，从美丽的整体来说，美就是生产力。而且，民航服务人员展示着民航企业的形象，因此，对民航服务人员外在条件的基本要求是必需的。

需要指出的是，对外在条件的要求，目的是为了以外在条件为基础折射出内在气质中的整体美和亲和力，而不是简单的漂亮外表。

2. 意志品质

人的意志品质是由自觉、坚持、果断、自制等四个基本因素构成，它既能调控态度，又能调控情绪，并且能促进和保证理智的充分发挥。鉴于意志品质在工作生活中的特殊作用，民航服务人员的意志品质的考查与培养将成为今后招聘和培养空乘人员的重要方面。

3. 心理素质

在空乘服务中，经常遇到突发事件、复杂问题，需要冷静果断地进行处理。这就需要乘务人员具备良好的心理素质。经验表明，各种突发事件处置得成功与否，取决于机组人员在整个特殊情况处置过程中是否具备良好的心理状态，是否采取正确的决策、正确的处置程序和方法。因此，作为一名成熟的机组人员，其技术素质得以充分发挥与其良好的心理素质是分不开的。健康稳定的心理素质，使空乘人员面对各种突发情况时都能做到处变不惊、沉稳果断、游刃有余。如果没有稳定的心理素质，机组人员很难镇定自若、迅速有效地处置复杂问题。同样，面对挫折、打击，甚至受到乘客不公平的对待时，良好的心理素质决定了其行为趋势，也就决定了其行为后果。

4. 文化修养

文化是一个人思想意识、行为举止、道德风范以及价值观念的根基，通常所说的“服务在服务之外”就说明了文化修养对服务人员潜移默化的作用。我国汉代文学家刘向说：“书犹药也，善读之可以医愚。”所谓“医愚”，从心理与保健角度讲，就是使人开朗、消怒化郁，提高对人生意义的认识。读书作为一种积极的思维模式，可以增强人的信心和能力。有良好的文化修养的人更豁达，心怀更开阔，更容易理解他人，更容易创造良好的沟通氛围。

文化修养支撑着人的品位、思维方式、内在气质以及合作意识，有利于塑造高雅的气质和亲和力，同时，深厚的文化底蕴有利于学习型组织的形成，有利于职业生涯的延续。因此，提高空乘人员的文化层次、文化修养将是提高空乘人员素质的重要手段。

5. 合作精神

合作是一种价值取向，在实际工作中合作是指能主动配合、分工合作，协商解决问题，协调关系，从而确保活动顺利进行，同时，每个人都在相互配合中实现了目标。现代社会中，合作是基本的工作方式，也是趋势性价值取向。

客舱内的工作环境十分复杂，所出现的突发事件都具有不同程度的危害性。同时，由于飞行技术的复杂性以及危机事务处理技术的复杂性，需要机组人员团结一致，分工合作，互相鼓励，密切配合。合作是一种精神，也是一种职业道德，合作是一种力量。因此，对合作精神的要求是选拔、培养空乘人员的重要方面。

6. 服务意识与技能

服务意识是服务人员主动、全面、周到服务的思想动机，是人们服务行为的方向与驱动力。有了良好的服务意识，就可以很好地体察并马上满足乘客的需要。有人会说：“你想到了，而我没有想到呀!”事后的领悟与超前的意识，使事情处于两种截然不同的状态，这就是服务意识的差别，也就从根本上决定了服务水平。

服务意识与服务技能，两者是辩证统一的关系。只有服务意识是不够的，必须有服务技能做保证，“服务意识到了，但没有做到”，这是技能方面的差异。在提高服务意识的前提下，乘务人员还需要坚持不懈地努力，掌握全面、熟练的服务技能，保证服务质量。

参 考 文 献

[1] 胡欣悦. 服务运营管理 [M]. 北京：人民邮电出版社，2016.

[2] 黄建伟，郑巍. 民航地勤服务 [M]. 3 版. 北京：旅游教育出版社，2013.

[3] 张淑君. 服务管理 [M]. 北京：中国市场出版社，2010.

[4] 张澜. 民航服务心理与实务 [M]. 2 版. 北京：旅游教育出版社，2010.

[5] [美] 詹姆斯・赫斯克特，小厄尔・萨塞，莱恩・史科莱斯格. 服务利润链 [M]. 王兆刚，夏艳清，译. 北京：机械工业出版社，2005.

[6] 高宏，王华峰，等. 空乘服务概论 [M]. 3 版. 北京：旅游教育出版社，2017.

[7] 王景霞，代少勇. 真情服务的奥秘 [M]. 北京：中国民航出版社，2017.

[8] 陈淑君. 这才是服务 [M]. 北京：人民日报出版社，2011.

[9] 范秀成. 服务管理学 [M]. 天津：南开大学出版社，2006.

[10] 黄永宁，张晓明. 民航概论 [M]. 北京：旅游教育出版社，2013.

[11] 王丽华. 服务管理 [M]. 2 版. 北京：中国旅游出版社，2012.

[12] 邹建新. 民航企业服务管理与竞争 [M]. 北京：中国民航出版社，2017.

[13] 李宏斌. 服务创造价值——民航机场服务理念探索与案例剖析 [M]. 北京：中国民航出版社，2012.

[14] 刘嫚. 慢慢飞想——一个金牌乘务长的空中感悟 [M]. 北京：中央编译出版社，2010.

[15] 武永红，范秀成. 顾客价值导向的企业竞争力及其提升策略 [J]. 中国流通经济，2004（11）.

[16] 菲利普・科特勒，凯文・莱恩・凯勒. 营销管理 [M]. 北京：中国人民大学出版社，2010.